CUBA

EN LA MIRILLA

LEÓN PADRÓN AZCUY 2015

Creado por: Baute Production Publisher
www.bauteproduction.webs.com
Teléfono: (813) 693-8879
Email: authors@usa.com
Tampa, Florida, USA. 2019.

Libro creado en tres formatos:
Impreso, Digital y Audio.
Diseños: Héctor Torres

El autor sólo se responsabiliza ~ y no es poco~ con lo que escribe y con lo que piensa, pero en ningún caso cómo está escrito y su elocuencia. Eso es cosa de Dios que me ama demasiado. Entretanto, les envío mi agradecimiento y mi devoción: a los escritores Luis Iglesia Pérez, quien realizó una preliminar edición de este libro; Luis Cino Álvarez, autor del prólogo. Debo añadir además a dos persona ~ fruto de la providencia divina~ que finalmente le dieron el brillo necesario y definitivo al libro: Héctor Torres, diseñador de la portada y al excelente escritor Milco Baute, autor de decenas de libros, basados en temas de filosofía, política, religión, profecía, economía y motivación, quien con un espíritu solidario se convirtió en el editor principal del libro "Cuba en la mirilla", ofreciéndome un apoyo que no había tenido para lanzar el libro.

Probar una verdad puede ser fácil, lo difícil es hacerla creer cuando, a fuerza de repetirse, una mentira empieza a parecer verdad.

Carlos Ripoll (Escritos cubanos)

No me enfurece tanto el abuso de una dictadura contra un pueblo que se la permite, sino la complicidad de los gobiernos con esta.

Milco Baute (Escritor cubano)

Abre tu boca por el mudo en el juicio de todos los desvalidos. Abre tu boca, juzga con justicia, y defiende la causa del pobre y del menesteroso.

Proverbios 31: 8

Prólogo

Les engañaría si les digo que me asombró este libro. Conozco bien a León Padrón Azcuy, tengo el privilegio de ser su amigo, lo he visto crecer como periodista, y sé de su tesón y oficio, que es mucho. Así que no esperaba menos de él.

La mayoría de los trabajos recogidos en el libro los conocí desde antes que fueran publicados en diversos medios digitales, cuando solo eran ideas que bullían en la cabeza de su autor, y por eso no paraba de hablar sobre ellas hasta que lograba concretarlas en un reportaje o un comentario. Y es que Padrón Azcuy se entrega de lleno y con mucha pasión a lo que hace, nada logra desviar su atención ni hacerlo desistir de su empeño. Para eso cuenta, más que con cualquier otra cosa, con su fe, que es inconmovible, como los mogotes de su tierra pinareña.

Padrón Azcuy se unió a la oposición pro-democrática en 1995. En 2002 creó el Movimiento Liberal Cubano y en 2007 el Partido Liberal Nacional, que presidiría. Unos años después se inició en el periodismo independiente.

En el periodismo, su avance ha sido rápido y sostenido. Se puede apreciar la calidad de su trabajo si uno sigue la secuencia de sus artículos, aparecidos en Cubanet, Primavera Digital, y otras páginas digitales para las que escribe. Y es de prever que seguirá creciendo todavía más, porque les puedo asegurar que en cuanto a superación y perfeccionamiento, el hombre no tiene para cuándo parar.

Su libro es como un testimonio vivo de lo que han sufrido, y todavía sufren los cubanos humildes. Su temática está enraizada dentro del periodismo independiente: las privaciones y los abusos a que estamos sometidos, las violaciones de los derechos humanos, pero Padrón Azcuy los refleja con su visión muy personal y su sensibilidad. Así, cobran nuevas resonancias las voces de los pobladores de los barrios marginales, de los edificios en ruina, los albergados, los abusados, los náufragos de la sociedad socialista.

No es sólo lo que dice, sino cómo lo dice. Sin ambages, sin dar rodeos, incluso hasta cuando habla de pelota, de un evento cultural, o de Jesús. Y uno no puede hacer más que creerle, aunque se tenga alguna que otra discrepancia. Ya él, luego de escuchar tus argumentos, siempre con atención y respeto, se encargará de persuadirte... O hará todo lo posible. Que no es por gusto, según escribe al principio del libro, que Dios y los ángeles, lo aman. Tras leerlo y escucharlo, puedo dar fe de ello.

Luis Cino Alvares (Escritor cubano)

ÍNDICE

II (NAÚFRAGOS DEL SOCIALISMO)

VI (BIBLIOTECAS INDEPENDIENTES)

VII (REPRESIÓN)

VIII (JAQUE AL DEPORTE)

IX (TEMAS SOCIALES)

I

LA POLÍTICA DEL RÉGIMEN, SIN AMBAGES

Más allá de la desobediencia civil

Muchos líderes de la oposición pacífica, sin distinción de ideologías, han concebido en algún momento que el actual régimen político cubano pueda cambiarse a través de las propias leyes. ¿Quiénes no recuerdan aquella iniciativa llamada Proyecto Varela, echada andar por una gran porción de la sociedad civil a principios de la década del 2000, que llegó a involucrar a miles de pobladores?

La oposición implicada con este aliento desplegó como "fórmula mágica" el artículo 88 (g) de la discordante Constitución Cubana de 1976, la cual permite, entre comillas, a los ciudadanos proponer leyes si 10.000 electores registrados presentan sus firmas a favor de la propuesta.

La mayoría de los 11020 cubanos que firmaron el contenido del Proyecto Varela, Sencillamente los alentaba el propósito de fomentar un proyecto de ley que abogara por reformas políticas en la isla a favor de mayores libertades individuales.

Para nadie es un secreto que esta fue, la única vez que los hermanos Castro apreciaron una sospecha real de perder su poder absoluto. Y es que de pronto veían como un segmento de la oposición lograba tener un acercamiento serio con un importante fragmento de la población dispuesto a creer que podían mejorar sus vidas.

De ahí que este ánimo sería abortado descaradamente por la dictadura de Birán a través de su Asamblea Nacional, y seguidamente sabemos lo que pasó. Todos los que apoyaron de una manera u otra la iniciativa fueron víctimas de la represión, vigilancia, persecución y encarcelamiento de manos de la temible policía política.

En estos tiempos cuando ya transitaron más de 10 años de aquel suceso, y el cartel de Birán balbucea como resultado de su envejecimiento, numerosos planes para construir la democracia dentro de Cuba siguen apareciendo. Mutualidades como el proyecto Emilia, Todos Marchamos, la UMPACU, Candidatos por el Cambio, Arco Progresista, Foro Antitotalitarista Unido, las incansables Damas de Blanco, y otros, protagonizan de diferentes maneras sus reclamos en contra del infamante régimen castrista.

Y si bien la desobediencia cívica es legítima contra este régimen de opresión, también está claro que conducir los destinos de la nación si un súbito cambio llegará a la isla, va mucho más allá de lo que imaginamos. La oposición necesita una amplia erudición. El gran estratega militar Quintín Bandera fue un afrodescendiente de gran temperamento que se entregó abiertamente a la causa por la libertad de Cuba, de soldado llegó a pasar a Mayor General de las guerras de independencia, pero terminada esta, se vio obligado a trabajar como zapatero por su poca cultura.

Una oposición alternativa, tiene que esbozar programas que definan la política del país en toda su visión. Para esto tiene que apoyarse en la teoría del conocimiento y dirección por objetivo, la negociación, el liderazgo y la comunicación, y poner la mira en el futuro y progreso de su pueblo.

Los comunistas y su política ilógica, inmoral, e ilegal

Al contrario de lo que piensa la mayoría del pueblo cubano sobre la política, hay que decir que ésta no es propiedad de los "políticos". La política es una ciencia que estudia de alguna manera, las relaciones entre los seres humanos, por lo que evadirla es un hecho irresponsable.

La política está presente en todas las manifestaciones de la vida práctica, y constituye un indispensable instrumento para cambiar el rumbo de un país. Ella tampoco constituye el derecho de un grupo de personas o un partido político, y menos aún proscribe o cancela la opinión de otros.

Hoy los insulares exhiben un equívoco desinterés por la política de su nación. Debido en gran medida a las aburridas y reiteradas reuniones que el régimen ha impuesto a cada ciudadano, sin más resultado que la ciega obediencia a un solo partido.

Esta práctica notoria en cada barrio, universidad, escuela o centro de trabajo anula la participación ciudadana de su propia política, y facilita al PCC, amplias prerrogativas, sin apenas mirar que es el propio partido quien cancela todas las libertades fundamentales de los cubanos.

El Partido Comunista - el único existente en Cuba- aparece como la primera e insuperable fuerza polí- tica de la nación, permitiéndose el lujo de involucrar en su seno a todos los pobladores, quienes, a través de sus organizaciones de masas, responden directamente a sus intereses. Un mecanismo que- incluso de manera inconsciente- suscribe a militancia, a la mayoría de los ciudadanos sin ser militantes.

Por solo citar un ejemplo: un trabajador del Ministerio de la Pesca, por supuesto pertenece a la Central de Trabajadores de Cuba. Y, ¿qué tienen que ver con el partido?, pues todo. Fue el Partido Comunista el que agrupó a todos los trabajadores en un mismo sindicato. En teoría y práctica, ese compatriota se comporta como si fuera un militante del PC. Y así sucede con la población y sus diferentes estratos sociales.

No es casual que, para solicitar un empleo en cualquier parte de la isla, el primer talonario a la vista te pregunta: ¿A cuáles organizaciones políticas o de masas pertenece? Y es raro que alguien no pertenezca a alguna.

Esto no sucedía antes de 1959, y mucho menos sucede en el mundo democrático: una cosa es pertenecer a las organizaciones de masas, que debieran ser independientes, y otra es tener una militancia activa, comunista u otra cualquiera. Son cosas diferentes y lo fueron siempre en Cuba.

Esta independencia propició que el movimiento 26 de julio organizara el derrocamiento de la tiranía de Batista. Se sabe que la FEU en ese entonces, tenía su independencia, de igual manera los diferentes sindicatos, quienes lograron grandes avances reflejados en la propia constitución del 40.

En cambio, actualmente todo responde al Partido Comunista. Ningún cubano puede hablar ni como individuo independiente y mucho menos como organización, ya que todo su discurso tiene que ser aprobado a partir de lo que le convienen al oficialismo, lo cual es algo totalmente ilógico, inmoral y hasta ilegal.

Hoy mientras los cubanos permanecen como pichones a la espera de los grandes cambios que impone la globalización, la dictadura comunista no asimila el ritmo de los cambios que el país necesita.

Sus transformaciones, ya sean económicas, migratorias o de cualquier índole, no encuentran la manera de enrolarse en la ola del verdadero cambio.

Los renglones del perfeccionamiento humano en la isla no están a 20 años de atraso, sencillamente se ubican en una aldea taína. ¿Por qué sucede esto? Mientras los países más ricos y desarrollados del mundo tienen una política avanzada, los cubanos tienen un solo partido, y una política dirigida por líderes que no han cambiado el esquema en sus cerebros, y lo peor es que no admiten que la democracia y el pluripartidismo sean los pilares para el progreso de las sociedades.

¿Qué pues les queda a los cubanos para acelerar la llegada del bien al país? Entre otras cosas: solo bastaría que los abuelos, las amas de casas, los trabajadores y los jóvenes de la isla, empiecen a particularizar su propio proceso político.

Para ello tienen que empezar por deslindarse de todas las ataduras que les impone el Partido Comunista que, contrario a las obligaciones de los gobiernos, junto a la cúpula militar cubana, jamás han cumplido con el precepto ético de la preservación de la paz y prosperidad, la protección de sus ciudadanos y sus derechos.

Viernes 1 de febrero 2013

El Socialismo y su disfraz

Como toda teoría filosófica el Socialismo tiene sus aspectos buenos. Lo malo es que muchas veces las teorías se arrastran a casos extremos.

No revisaremos las complicadas raíces del Socialismo, no citaremos a Max ni Lenin, y mucho menos las intrincadas doctrinas que desde el Kremlin se dictaron para muchos lugares. Nada de eso. Veremos de una manera anecdótica e imaginaria, los errores cometidos en Cuba al aplicar esta doctrina.

Y es que no se puede crear prosperidad desalentando la iniciativa propia. No se puede fortalecer al frágil debilitando al dinámico, y no se puede ayudar a los pequeños, aplastando a los grandes.

Para comprender mejor lo que el Socialismo ha significado para los cubanos he aquí algunos razonamientos que deberían hacernos meditar e invitarnos a sacar nuestras propias conclusiones.

Nos situaremos en una universidad imaginaria y narraremos lo que sucedió al interior de una de sus aulas. Supón que eres un alumno más y toma asiento en un pupitre.

En esta universidad se suscitó una discusión entre el maestro de Economía y sus alumnos, quienes insistían en afirmar que el Socialismo era bueno, y que, si funcionaba bien, era la mejor forma de gobierno, puesto que en él no existe la división por clases sociales, no hay pobres ni ricos, siendo todos iguales. Se vive en una sociedad donde la producción y las riquezas son repartidas equitativamente para beneficio común.

El maestro escuchaba con atención, y propuso entonces hacer un experimento con todos los alumnos. Planteó él siguiente plan:

"Muy bien. De ahora en lo adelante, las calificaciones que obtengan ustedes en los exámenes serán promediadas entre todos los alumnos. Así cada cual obtendrá ese beneficio del estudio y del esfuerzo común".

Aunque no todos los estudiantes entendieron el propósito del profesor, aquellos que iban más atrasados en sus estudios - eran los más numerosos- aceptaron de inmediato, logrando fácilmente la mayoría de los votos.

Al llevarse a cabo el primer examen se vio que las calificaciones promediaban un 7,8 para el colectivo. Naturalmente los estudiantes que se habían preparados bien estaban inconformes, en tanto, los que no habían estudiado lo suficiente se encontraban satisfechos y felices. ¡Ah, qué excelente idea es obtener más, sin mayor esfuerzo!

Para el segundo examen, los alumnos que estudiaban poco, ahora estudiaron menos, y los que lo hacían mucho decidieron no empeñarse tanto, al fin y al cabo no iban a lograr nunca un diez. El promedio fue de 6,5, trayendo como consecuencia la pérdida general del ánimo entre la masa estudiantil. Nadie quiso continuar estudiando más, ni hacer tareas, ni dedicarle tiempo al aprendizaje. Por tanto, la motivación se desplomó. Los buenos estudiantes se quejaban de que no se tomaban en cuenta su energía y dedicación, su talento e inteligencia. En cambio, los flojos afirmaban que sí era justo obtener las mejores notas gracia al esfuerzo ajeno, pues las calificaciones obtenidas debían repartirse equitativamente entre todos. "Y aun exigían más". Sin darse cuenta estaban estableciendo los principios básicos del comunismo.

Finalmente se llevó a cabo el tercer examen. Vino la debacle: el promedio fue 4 para todos, y quedaron reprobados.

Los estudiantes empezaron a pelearse entre sí, culpándose uno a otros por los fracasos obtenidos, hasta llegar a los insultos y agresiones. Ninguno estaba dispuesto a estudiar para que otros que no lo hacían se beneficiaran. Y sucedió que las notas nunca mejoraron. Obviamente perdieron el año escolar en la clase de Economía.

El maestro preguntó si comprendían ahora lo que era el socialismo, en el cual todo es de todos y, a la vez, de nadie en particular.

Estos 53 años de socialismo en Cuba ubica perfectamente a los cubanos en esta aula. Y es que, la llamada Revolución pasó por alto que el ser humano está dispuesto a sacrificarse, trabajando muy duro, cuando la recompensa es atractiva y justifica el esfuerzo propio. Todo lo contrario, sucede cuando el gobierno suprime ese incentivo y le resta al sujeto fructífero con tal de igualarlo con el improductivo. En fin, nadie va hacer ya el sacrificio necesario para lograr la excelencia.

La Habana, 11 julio de 2011

Los vástagos del poder

En los últimos tiempos se observa un inducido y creciente "protagonismo" de dos retoños de la familia Castro, que no muestran diferencias fundamentales respecto a sus progenitores.

Estos dos hijitos de papá han sido sembrados por el poder en sectores muy sensibles, ante la vista de los ciudadanos.

Al Dr. Antonio Castro, hijo menor de Fidel, se le promueve desde los predios del beisbol cubano. De simple médico del equipo Cuba, ha pasado a ser el nuevo zar del deporte nacional, amén de ostentar hoy el influyente cargo de vicepresidente de la Federación Internacional de Beisbol Amateur (IBAF), nominación que para muchos resulta inexplicable. Esta brecha le ha permitido convertirse en una figura conocida entre la población, lo que aprovecha para mostrar un rostro amable y moderno.

Por otro lado, está la sexóloga Mariela Castro Espín, hija de Raúl, y directora del Centro Nacional de Educación Sexual de Cuba, organización que cuenta con un total respaldo por parte del gobierno. Este puesto la ha lanzado a la palestra pública al frente de un programa social en defensa de los derechos de los gays, lesbianas, bisexuales y transgénicos, que le permite fácilmente proyectar una imagen de benevolencia y posmodernidad, alejada de la anterior generación de los Castro, fuertemente homofóbica.

Gran parte de la comunidad LGTB presta ingenuamente sus hombros para que Mariela Castro se eleve a costa de una supuesta lucha por la ruptura de tabúes. Se trata de un buen resquicio utilizado por la dictadura para que la hasta hace poco anónima heredera, calzada ahora con una constante publicidad positiva, escale posiciones y fama, no sólo dentro de la Isla, sino de cara a la opinión pública mundial que ya toma nota de la "encomiable labor" de esta Marielita en pos del respeto a los derechos LGTB. Una muy mediática causa, muy bien vista en la actualidad.

A principios de este año, Mariela se dio un buen salto hasta Holanda, donde su visita a la Zona Roja, un barrio de meretrices en Ámsterdam provocó gran revuelo mediático. Su elogio a las condiciones en que trabajan estas mujeres en Holanda, donde la prostitución es legal y regulada, nos recordó las declaraciones de su tío Fidel, quien hace algunos años habló sobre las virtudes de las prostitutas cubanas, "las más educadas del mundo". Fidel Castro, con su característica memoria selectiva, no parece recordar que al triunfar su revolución prometió erradicar la prostitución en Cuba, y la calificó como un engendro, legado del capitalismo.

Recientemente la sexóloga también viajo a EE. UU. y desde allí, se perfiló su imagen como probable instrumento de las componendas de "cambio" que se desarrollan entre dos fuerzas: algunos poderosos inversionistas del exilio cubano y la familia Castro, al frente de la dictadura comunista.

Una parte del exilio reaccionó con un sinfín de diatribas, que paradójicamente sirvieron para darle más cobertura mediática y resonancia a la visita de Mariela, manteniéndola en los titulares de la gran prensa norteamericana. Ella, por su lado, declaró apoyar la reelección de Barack Obama, un mensaje sin duda procedente de la familia Castro Ruz, que aprovecha la oportunidad para fomentar en los medios la imagen de la posible heredera como una líder liberal y progresista.

Autoritaria e intolerante, según dicen algunos que la han conocido, Mariela Castro peregrina por el mundo supuestamente para defender los derechos de los homosexuales, pero aprovecha todas las tribunas a su alcance para limpiar y modernizar la imagen de la familia, defender abiertamente la política del régimen dictatorial de su padre y negar todas las violaciones de los Derechos Humanos que su padre y su tío cometen desde hace más de medio siglo en Cuba. Su doblez se manifiesta una y otra vez.

Inexplicablemente, a gran parte de la gente y los medios en el mundo no parece importarle que Mariela solo se ocupa de defender a los homosexuales "revolucionarios", sin mover un dedo para proteger a los muchos homosexuales que pertenecen a la sociedad civil cubana y que luchan por una Cuba mejor para todos. A esos la policía política los arresta y reprime por pedir, de modo independiente, lo mismo que supuestamente Mariela reclama mediante sus conferencias internacionales y sus manipuladas conguitas callejeras.

Más claro ni el agua: la monarquía de los Castro, al igual que la de Corea del Norte, apuesta por posicionar a sus vástagos como los nuevos líderes, herederos del poder familiar. Y ya ha comenzado la intensa labor mediática.

Antonio y Mariela son solo las cabezas más visibles, pero no son los únicos del clan que han ido ascendiendo en los últimos años.

A mí, personalmente, me parece que es Mariela la que heredó los más puros y duros genes del señorío. El tiempo lo dirá.

La Habana, 11 de junio de 2012

Mariela Castro, de cara a la prostitución en Cuba

Recientemente los parlamentarios cubanos discutieron en comisiones de trabajos, sobre los temas indispensables de la vida socioeconómica del país, que van desde la vivienda, la salud, el deporte, la cultura, la ciencia, la tecnología y el medio ambiente, hasta abordar los asuntos familiares y la prostitución de los jóvenes. En este último punto, según la prensa oficial, se discutieron las posibles estrategias para enfrentar la prostitución y el proxenetismo, tan expandido hoy por toda la isla. Lo que significa un claro anuncio de las fracasadas políticas, puestas en marcha hasta ahora, para erradicar el negocio.

Es conocido que desde 1959 el régimen comunista proclamó abiertamente que la mujer no tendría necesidad de vender su cuerpo, porque la Revolución las proveería de un trabajo y un salario dignos. Todo eso ha quedado en el folletín del fracaso, y la prostitución es una opción de supervivencia den- tro de la juventud cubana.

¿Cómo evitar que un cada vez mayor enjambre de jóvenes prostitutas y proxenetas salgan noche tras noche a actuar en ese lucrativo mercado que mueve tantos miles de dólares y euros? Dudo mucho que el Parlamento cubano tenga en la manga la solución de este problema que día a día corroe a la sociedad cubana. Las maniobras del gobierno para erradicar la prostitución sólo han sido del orden represivo, sin ir al meollo que la provoca. Las medidas fluctúan: realizan deportaciones, envían a centros de reclusión transitoria. Montan operativos policiales, abren expedientes por peligrosidad social.

"No importa la profesión educacional, lo cual no sirve para nada. Solo con turistas tenemos la posibilidad de visitar los más famosos restaurantes, cabarets, discotecas y hoteles que hay en la isla, comprarnos buena ropa y zapatos, resolverles los acuciantes problemas de nuestros familiares y poder salir algún día de este país". Así se expresaba Yeilis, una joven guantanamera de 19 años que vive alquilada desde hace dos años en la habana, ejerciendo la prostitución.

Otra fuente, que no quiso identificarse, dijo: "La Cecilia, Dos Gardenias, el Salón rojo del Capri, La Mesón, Don cangrejo, el Diablo Tun Tun, 3ra y 8, Copa Rum, El Café Cantante, y las casas de la música -entre otros- son los centros turísticos más renombrados en la capital habanera, que desde hace ya varios años funcionan con eficiencia dentro del mercado de la prostitución. Aquí los pagos de los "yumas" a las jineteras fluctúan entre 80 y120 CUC por noche, sin contar los pagos de protec- ción, y vigilancia, a la policía y los custodios, así como el soborno al personal de la casa".

A estas alturas llama la atención que el General Raúl Castro se lamentara del sombrío panorama sobre la crisis de valores presente en la sociedad cubana, especialmente en la juventud. Y, aunque es mejor tarde que nunca, el Presidente desaprovechó la oportunidad -una vez más- para reconocer la responsabilidad directa del régimen, cuya única preocupación durante todos estos años ha sido mantenerse con el mando único, sin importarle el deterioro de "valores morales y cívicos, decencia, vergüenza, y decoro" que exhibe la nación, ahora como resultado de la alarmante situación socioeconómica de la familia cubana.
Tal vez la parlamentaria Mariela Castro Espín, a diferencia del supremo líder de la Revolución (su tío), quien hace algunos años declaró que las prostitutas cubanas eran las más sanas del planeta, pueda hacer algunos aportes más novedosos a la estrategia para combatir la prostitución en Cuba, toda vez que en un reciente viaje a Holanda visitó el barrio Las Rosas en Ámsterdam, y pudo apreciar cómo viven las prostitutas en ese país.*11 de julio de 2013*

<u>Las mentiras del fidelismo y sus ruinas</u>

Si comparamos el momento que vivimos, con la época en que
Fidel Castro, tras liderar el ataque al Cuartel Moncada asumió su
alegato, conocido como La Historia me Absolverá, veremos que
los males que aquejaban a la isla en 1953, bajo la tiranía de Batista,
son similares a los que vivimos hoy.

El líder revolucionario justificó su fallido intento, acusando a la
tiranía de cercenar la democracia, menoscabar a los trabajadores,
llevar al país a la pobreza, promover la corrupción, y finalmente
los interpeló por la persecución política.

Aquella "Batalla Estratégica" que prometió acabar con los males
de la nación, terminó por empeorarlos.

Medio siglo después, Cuba, La llave del Golfo, es ahora una
mísera isla cautiva, que además exhibe - sin el más mínimo pudor-
una maquinaria represiva que encarcela, apalea y reprime a sus
oponen- tes pacíficos en plena calle.

Con seguridad, si la población cubana hubiera imaginado lo que
le sobrevendría, no hubiera sido arrastrada tras una ideología -el
marxismo leninismo-, cuya doctrina promocionó sueños que a la
postre sólo sirvieron para que los dueños del poder les
monopolizaran sus vidas.

A nadie se le ocurrió hacer la pregunta más importante cuando
estamos valorando comprar algo nuevo: ¿funcionará esto tal como
anuncia la propaganda?

Los títulos llamativos nos llevan a creer que las doctrinas, como
los artefactos o los productos, son extraordinarias. Sin embargo,
la experiencia enseña que en la práctica no son lo que sus

fabricantes dicen que son.

El entonces incipiente régimen utilizó hasta los muertos, a quienes les asignó la tarea de ser abanderados de millones de cubanos. Los cartelitos de: alfabetización, trabajo y fusil, fueron colgados sobre las espaldas de los líderes revolucionarios: Camilo, el Che y Mella. Aparecieron además las metáforas: "Patria o Muerte", "Socialismo o muerte", "Cuando un pueblo enérgico y viril llora, la injusticia tiembla", "Ahora si vamos a construir el socialismo" y otras tantas consignas, terminaron mezclándose con: el pollo por pescado coge tu picadillo de soya, disfrute el café mezclado, o la batallita de las ideas.

Hoy los cubanos pagamos las consecuencias de la tiranía comunista, que se reflejan en los sectores de la vida. La corrupción abunda y los trabajadores permanecen abandonados a su suerte. Se vive bajo la persecución política contra los que profesan otras ideas. Este escenario político no se diferencia del vivido en 1953.

La veracidad de la defensa presentadas en el alegato de la "Historia me Absolverá" no es digna de ser escuchadas en las aulas cubanas, tal vez por eso se hacen tan difícil encontrarlo en las librerías.

27 de Septiembre de 2011

Raúl Castro y el Patrón del mal

Con el nombre de Patrón del mal, la televisión colombiana Caracol trasmite un serial que describe la vida del narcotraficante Pablo Emilio Escobar Gaviria, un hombre que dejó para Colombia un horrendo legado de terror e ingobernabilidad.

Este programa se está viendo clandestinamente en muchos hogares de la capital cubana. Las grabaciones de cada capítulo se distribuyen en discos o memorias flash, a través de aquellos que tienen "milagrosamente" antenas parabólicas. A quienes los intermediarios le reclaman cada capítulo, para venderlos a dos pesos cada uno.

Y si bien es una realidad que a muchos cubanos les interesa saber de la vida que llevaba este delincuente, también es cierto que el serial les ha informado de las excelentes relaciones de Pablo Escobar con la cúpula militar cubana.

Estas aseveraciones se acentúan en reiteradas ocasiones en el serial, e inexorablemente nos remontan al escándalo por narcotráfico en que se vieron envuelto los hermanos Castro en la década de los 80, y que vinculó a Raúl Castro, actual gobernante, con el crimen y la droga en esos momentos.

Mucho se ha especulado del pasado de Raul Castro, principalmente en las opiniones de sus colaboradores y ex compañeros de armas, quienes, con conocimiento de causa, en reiteradas ocasiones, han revelado su verdadero rostro.

El hombre que adquirió de un plumazo desde julio del 2006 la herencia total de la Isla, y ahora tras el paso del tiempo ha intentado dar una imagen familiar, mostrando un carácter simpático y bonachón, desde el lejano 1956 ejercía como practicante de verdugo. Se conoce que, en una corte marcial en México, cuando se preparaba la expedición del yate Granma, pidió para su compañero de armas, Calixto Morales Hernández, la pena de muerte.

Más tarde, durante la insurrección, Raúl fue un jefe despiadado. Así nos lo hace saber el comandante Huber Matos, quien en una de sus tantas declaraciones dijo: "Estando en la Sierra Maestra una madrugada sonó un disparo y al preguntarle a Raúl que había pasado, me respondió que se le había disparado el fusil a un soldado, cuando en realidad fue el mismo Raúl quien le hizo el disparo en la sien". Y continúa asegurando Matos que Raúl mismo le contó que cuando él llegó a la franja que le destinó la comandancia, ya habían alzados en el lugar y controló la zona matando a quien no se le sometiera, incluso fusiló algunos presos que él sabía que cooperaban con el Ejército Rebelde, como fue el caso de un comandante de la policía, de apellido Asa.

Lo cierto es que este hombre que hoy ocupa el poder en la Isla siempre consideró, según algunos compañeros de lucha, que todos los que se oponían a la Revolución debían ser fusilados. Se le responsabiliza con haber dado la orden para derribar dos indefensas avionetas de la organización Hermanos al Rescate, en aguas internacionales, con un saldo de cuatro personas muertas.

Las someras alusiones del serial el "Patrón del mal" al vínculo del Gobierno Cubano con el Cartel de Medellín se quedan chiquitas con las que aparecen plasmadas en el libro "El verdadero Pablo". En este afamado libro, Jairo Velázquez, conocido por el sobrenombre de Popeye, mano derecha del Rey de la droga colombiana Pablo Escobar, nos revela información espeluznante sobre Raúl Castro.

El conocido Capo afirma que: *"Bajo instrucciones directas de*

Raúl Castro se realizaban todas las operaciones de narcotráfico hacia la Isla. Arnaldo Ochoa y Antonio de La Guardia asumieron durante dos años el mando de estas operaciones ilegales a través de una Empresa llamada MC, creada para estos fines, periodo en que enviaban repetidamente a Colombia al capitán Jorge Martínez, quien era el enlace directo con Pablo Escobar Gaviria, quien a su vez consideraba que era un placer hacer negocios con Raúl Castro pues lo creía un hombre serio y emprendedor".

Muchos cubanos que han visto el serial colombiano El Patrón del mal coinciden en que éste ha venido a derrumbar la tesis de desconocimiento, proclamada por el régimen, en relación al narco- tráfico. Y se preguntan ahora quién puede confiar en el circo montado por Fidel Castro en aquel entonces, negando enérgicamente los vínculos de su hermano Raúl, y fusilando a Arnaldo Ochoa, ¿qué sin lugar a dudas fue su mejor general?

Martes 13 de noviembre de 2012

Incógnita en el poder del pueblo

Buscando un espacio dentro de la sociedad civil cubana, figuras de buena voluntad dentro del Pueblo, la diáspora, y algunos opositores de la vieja guardia, promueven dentro de la isla el Proyecto Nueva Disidencia (NUDISI).

Para Hilario Rodríguez Cruz, coordinador de esta iniciativa, con sede en la calle Ronda No 9 en el Vedado, la principal tarea del proyecto está su amor a las personas en general, entregándose desinteresadamente a trabajar por ellas y a procurar su progreso y bienestar.

En tal sentido, Hilario afirmó que "para lograr estos objetivos es necesario usar las herramientas ideales, tales como: promover aquellas estrategias que favorezcan el diálogo, la tolerancia, la discusión con argumentación, en fin, la mutua comprensión entre todos los cubanos. Nuestro interés es desarrollar a partir de principios comunes los razonamientos que ayuden a alcanzar la unidad, siempre por las vías pacíficas, para lograr los cambios necesarios en la política, en la economía y en nuestra sociedad civil".

Entre enero y febrero del año 2014, varios integrantes del Proyecto NUDISI facturaron una encuesta en el Municipio Plaza de la Revolución con el fin de comprobar el conocimiento de los pobladores sobre los políticos actuantes, que dirigen los designios de este importante territorio.

La iniciativa se puso en práctica en base a una sola pregunta que se le formuló a los 800 entrevistados al azar en las calles del municipio, cuyas edades fluctuaban entre los 16 y 70 años.

La pregunta era la siguiente: ¿Quién es nuestro alcalde, o el presidente de la Asamblea municipal del Poder Popular en Plaza?

Tras el exhaustivo análisis de las respuestas, se obtuvo que la totalidad de los encuestados respondieran no saber quién era.

Al término de la pesquisa, el equipo de encuesta y divulgación del proyecto "NUDISI" se presentó en la sede del organismo del Poder Popular, en la calle Calzada, en el Vedado. Allí hicieron la misma pregunta a las dos recepcionistas: la primera dijo conocer el nombre y el primer apellido, y la segunda si dio la información completa: con los dos apellidos. Pero a la pregunta del por qué la población no conocía a nuestro alcalde, solo una de ellas afirmó que era un hombre trabajador y participativo.

Posteriormente para verificar si los encargados de la Atención a la Población de la Asamblea Nacional del Poder Popular en Playa conocían el nombre del presidente de gobierno de Plaza, llamaron al teléfono 209 3854 (lo buscaron en la Guía Telefónica de Etecsa), y una voz de mujer, muy atenta, dijo no saberlo y que consultaría. Al final, obtuvieron el número telefónico: 838 2513, de la Asamblea del Poder Popular del Municipio Plaza (atención a la Población). Cuando llamaron, otra voz de mujer afable les brindó la información correcta y hasta deletreo su primer apellido: Norberto Puchades Ferrer, quien hace poco más de un año sustituyó a Virginia Carneado como presidente del gobierno de Plaza. Este político, en su corta gestión, poco o nada ha podido hacer para evitar el acelerado deterioro de este municipio en toda su magnitud.

Con respecto a la expresión Poder Popular, éste ha sido manipulado desde 1976 por los gobernantes cubanos, y se asocia al concepto de poder para el pueblo, pero los cubanos de hoy están convencidos de que ese Poder del Pueblo es una máscara, es decir, un intento por disfrazar la dictadura, aparentando un sistema democrático, el cual se estructura mediante un mecanismo unicameral que se denomina Asamblea Nacional del Poder Popular, y que comienza a prefabricarse cada 5 años con la "elección", a dedos, de dos delegados por cada circunscripción.

En realidad, la propia Asamblea jamás ha tenido trascendencia ni los poderes que determinen la mejoría y el bienestar de la nación. Ella siempre actúa como un Instrumento, una agrupación coral donde se dice que sí a todos los caprichos de los hermanos Castro.

¿Qué esperar entonces de los niveles que subyacen bajo este "poder"?

Para nada es de extrañar que el resultado obtenido por la encuesta de NUDISI tuviera semejantes respuestas de incertidumbre.

Martes 4 de marzo de 2014

El Socialismo, al igual que el Infierno, está empedrado de buenas intenciones

La primera parte del siglo XIX trajo consigo la fe en un progreso humano sin límites. Se abandonaron las viejas ideas basadas en la religión y la superstición, a favor de las fundamentadas básicamente en la ciencia y en el pensamiento racional. Una de esas ideas recibió el nombre de Socialismo, que se convertiría en una de las más poderosas de la historia.

El Socialismo prometía un mundo de armonía y abundancia, compartiendo la propiedad y distribuyéndola de forma equitativa entre todos. Tal ideología se difundió más lejos y rápido que ninguna religión de la historia.

Esta idea que cambió al mundo se vino abajo en un abrir y cerrar de ojos cuando a finales de la década del 80s y principio de los 90s del siglo pasado, millones y millones de personas en la Europa del Este se rebelaron contra esta esclavitud de nuevo tipo – llámase estado- que durante muchísimos años los había atado bajo la supuesta igualdad del Socialismo.

A pesar del estrepitoso desmoronamiento, el marxismo- leninismo es capaz de disfrazarse como el camaleón, y reciclarse. Increíblemente, en pleno siglo XXI, aún permanece en países como Corea del Norte, China, Cuba, Venezuela y otros ilusos que no encuentran el camino al desarrollo.

Esta maldición, o más bien una plaga, que infestó la Isla a partir de 1959, continúa destruyendo todo cuanto a su paso encuentra. Y peor aún, en nuestras propias narices vemos que todavía se expande y se exporta desde Cuba con hipócrita destreza a base de una propaganda engañosa, por muchos lugares de América Latina y un poquito más allá.

La larga permanencia del socialismo cubano, no la hubiera creído ni Robert Owen, promotor del fracasado experimento, llamado New Harmony, puesto en práctica en Indiana, EE. UU., en 1825, a orillas del *Río Wabash,* de donde se cree nació por primera vez las ideas socialistas.

Este industrial británico, llegó poco a poco a la conclusión de que, tanto la propiedad, como el beneficio individual, estaban minando las oportunidades de crear una nueva sociedad y mejor. Fue entonces que desarrolló una teoría sobre la naturaleza humana, que se convertiría en una de las claves fundamentales del socialismo. "El carácter humano se podía moldear… La verdad más importante es que el carácter de un hombre está dirigido y no por sí mismo", así pensaba Owen, quien además creía que el ser humano estaba determinado por su entorno y que, empezando desde el nacimiento, a través de la educación y la liberación del intelecto y el espíritu, se podía conseguir un carácter manejable y perfecto.

Sobre su fracaso posterior, su hijo Robert Deis -y no sin razón- escribió: "Todo esquema de cooperativa que proporcione igual remuneración al hábil y trabajador, que al ignorante y ocioso debe ganarse su propia ruina por su injusto plan".

En lo adelante la idea de poner en práctica el socialismo, continuó generando gran entusiasmo en el mundo. La clave: terminar con la propiedad privada, lo cual animaría al socialismo durante los siguientes 150 años.

Poco después, dos filósofos alemanes: *Federico Engels* y Carlos Marx estructuran la idea como profecía, y aceptarían la utopía, convirtiéndola en fe, afirmando que el socialismo no era solo deseable, sino, inevitable en el destino del mundo.

En el verano de 1844, forjaron una de las amistades más fructíferas de la historia. La personalidad de Marx y su naturaleza lo convertían en una figura carismática. Juntos escribieron un programa para la organización obrera con base en Londres. Un panfleto que se unió indisolublemente a la revolución, conociéndose rápidamente como el Manifiesto Comunista.

Pronto el mundo conocería una sencilla premisa del Marxismo: "Mientras el capitalismo progresara la clase obrera sería cada vez mayor y más pobre, a tal punto que la Revolución sería inevitable".

Ya en enero de 1848, estudiantes y obreros tomaron las calles de Palermo, y un mes más tarde se había extendido a Paris. Muy pronto cincuenta levantamientos conmocionaban el continente europeo, desde Rusia hasta el Canal de la Mancha. El resultado sería el socialismo: un nuevo Estado obrero donde la gente contribuyera según su capacidad, y recibiera según sus necesidades, con la certeza de que al tiempo el gobierno mismo fuera innecesario, dando paso a una nueva sociedad sin patria, a la que Max y Engels llamaron comunismo.

El Manifiesto Comunista, se convirtió en uno de los panfletos más influyentes jamás publicados. Propugnaba que "aunque el obrero llevara una vida miserable y la lucha política pareciera desesperada, la historia se abría paso hacia ese final".

Al comienzo del siglo XX, la Revolución Bolchevique se propone cumplir la profecía a cualquier precio. Esto incluyó asesinatos en masas, confiscaciones de propiedades, e implementación de la dictadura del proletariado. Todo esto bajo la dirección de la figura de Lenin, quien a menudo trajo discrepancias entre muchos socialistas, con otros puntos de vista.

En los siguiente sesenta años, personas que se llamaban así mismo como socialistas, a menudo discrepando ardorosamente entre ellos, llegarían al poder en países de todo el globo, hasta gobernar a más del 60% de la humanidad…

Martes 4 de abril de 2013

Granma y una propuesta bochornosa

Hace algún tiempo el periódico Granma publicó un artículo de la autoría de Manuel E. Yepe, donde se propone la eliminación inmediata de la libreta de racionamiento que perdura desde 1962.

Bajo el título "Cincuentenaria estrategia contra el bloqueo", el órgano oficial del Partido comunista - genio de la manipulación- presenta la existencia de la libreta de los mandados, como "un mecanismo de defensa contra el propósito imperial de derrocar por hambre al gobierno revolucionario cubano".

Como ya es habitual en la prensa cubana, no existe ni una sola de las adversidades por las que haya pasado nuestro pueblo a largo de este último medio siglo, en la que el oficialismo no culpe al embargo norteamericano, ocultando de esa manera, el bloqueo interno impuesto por el régimen de Castro a los propios cubanos.

En una parte del mencionado artículo se lee: "La libreta ha servido durante todo este tiempo para garantizar a cada uno de los 11 millones de cubanos una modesta canasta básica de alimentos (arroz, frijoles, pan, café, huevos, carne, azúcar, aceite y otros productos) a precios subsidiados por el Estado, a fin de excluir de la realidad cotidiana de los cubanos el hambre, ese denigrante fenómeno social propio de las economías de mercado, del que no escapan siquiera los países más industrializados".

¡Qué vergüenza presentar como un garante de vida a este vetusto documento que además de controlar a la población cubana, planifica su mala alimentación!

No debieran cantarse loas para unos míseros productos que apenas alcanzan para los primeros días del mes, con pésima calidad. Qué decir sobre ese café, mezclado con una enorme cantidad de chícharo, o quién adivina qué. Qué decir sobre esos frijoles sucios, cascarudos, siempre negros. Y en cuanto a la carne, ¡vaya sarcasmo traerla a colación! La carne fue desterrada de la mesa del cubano. Solo una vez al mes el Estado suministra una vejatoria ración de picadillo de soya, y media librita de "jamonada", cuya calidad ofende hasta a los perros de la calle.

El articulista de Granma disfraza a su antojo la verdadera responsabilidad de la existencia de esta libreta, que debería llamarse más bien de desabastecimiento.

Mientras la presenta casi como un héroe ante el embargo norteamericano, deja por fuera realidades insoslayables que con toda certeza nos llevaría a otras colijas más allá del embargo. En tal sentido cabría preguntarse ¿Dónde quedaron los desvaríos de Fidel Castro y sus grandes promesas de desarrollo alimentario para la isla? No conoce el Granma que justamente en el momento en que se instauró la libreta (ley 1015 de 1962), el viejo caudillo en su afán militarista y sed de poder, convirtió unilateralmente a la nación en un apéndice del bloque soviético, a quien le cedió la isla para almacenar armas nucleares, poniendo al mundo al borde de una guerra nuclear, y de quien también recibió más dinero que el invertido en el Plan Marshall para la reconstrucción de Europa, y cuyo destino no fue precisamente para alimentar al pueblo de Cuba.

Sólo tras la caída en la década del 90 de sus patronos comunistas, que condujo al funesto periodo especial, Fidel Castro concedió ciertas libertades a los cubanos para emprender negocios por cuenta propia y que su dictadura había aniquilado desde el principio de su reinado.

¡Vaya berraquería infame la del articulista, al satanizar la economía de mercado, cuando en pleno periodo especial la rescató, como una tabla de salvación, su supremo líder, autorizando la existencia de los negocios particulares, dando así por sentado la gran capacidad emprendedora de los cubanos cuando les dan un dedo de libertad!

Tales fueron los ánimos empresariales en la isla por esa época, que solo por citar algunos ejemplos, diré que el paladar Amor, ubicada en el calle 23, e/ B y C, en el Vedado, logró tal eficiencia que desde Francia los turistas empezaron con tiempo a reservar su oferta culinaria. Ni qué decir de una cafetería administrada por dos hermanas en la calle B y 29, conocida como "La Casa de los Tres", que llegó a brindar un servicio tan aceptable que los trabajadores de los hospitales Fajardo, Oncológico, y Ortopédico, y residentes de las inmediaciones, la frecuentaban. El gancho: sólo por tres pesos cubanos podían consumir un disco de queso, un coctel de fruta, un flan, una tostada con mantequilla, o un vaso de café con leche.

La vida ha demostrado que el comunismo no es compatible con la generación de riquezas. Insospechadamente sobrevendría lo inesperado. Pronto el gobierno empezó a obstaculizar los negocios florecientes, y a presionar por todas las vías a los cuentapropistas.

En el caso de La Casa de los Tres, primero les hicieron disminuir las sillas dentro del local, después deshacerse de ellas, y finalmente exigían los vales de compra de todas las materias primas, que, unido al alza de los impuestos y constantes inspecciones, les hicieron claudicar.

De este bloqueo interno no habla el artículito "Cincuentenaria estrategia contra el bloqueo". Lo peor es que el periódico Granma considera que "con los sólidos avances que ha venido experimentando la economía cubana no obstante el embargo, aconsejan ya proyectar el objetivo de eliminar la cartilla de racionamiento".

Cuánta locura triunfalista. ¿Estarán preparados los cubanos para esta contingencia cuando sabemos que los salarios y la existencia de una doble moneda los tiene amarrados de pies y manos? ¿Son suficientes las transformaciones económicas del gobierno de Raúl Castro, quien por intermedio de su genio mantecoso, Marino Murillo, plantea que las reformas económicas solo tratan de perfeccionar el viejo sistema comunista?

Con un ingreso que no rebasa los 20 dólares mensuales, los cubanos sienten que el régimen no ha encarado con sentido común las lógicas transformaciones que necesita Cuba. Por ende, antes de proponer la eliminación de la libreta de "desabastecimiento", primero hay que levantar el bloqueo interno al pueblo cubano.

Martes 23 de julio de 2013

Cintas Amarillas

Este 12 de septiembre del 2013, miles de cubanos portaron cintas amarillas con el fin de exigir la libertad de cuatro espías presos en EE. UU por espionaje. La convocatoria de la dictadura cubana contó con la tutela de René González Sehwerert (Chicago, 1956), uno de los cinco espías, casado, con dos hijas, piloto e instructor de vuelo, agente de la DGI y sentenciado a 15 años de prisión, quien regresó a la isla tras cumplir 12. Una jueza norteamericana le permitió regresar sin cumplir los 3 años de probatoria que se le impuso en los Estados Unidos, luego de su liberación.

La historia americana cuenta sobre la partida de un soldado a la guerra y su petición a la novia para que lo esperara, con una cinta amarilla, de no haberse comprometido con otro. Tal relato sirvió de soporte para dicha convocatoria, la cual fue lanzada "casualmente" un día antes de la celebración que ofrecen los fieles católicos (8 de septiembre) a La Caridad del Cobre, considerada la patrona de Cuba.

Resulta sospechoso que el día escogido para portar las cintas amarillas, que no solo se colgaron en las prendas de vestir, también en las manos, en los autos, en los balcones y portales, fue el día 12 de septiembre, fecha en que la religión yoruba rinde honores a Ochún, un orisha sincretizado con la Virgen de la Caridad del Cobre.

La fiesta, o demanda por la libertad de los 4 espías, terminó con un acto multitudinario en la llamada tribuna antiimperialista, enclavada frente a la Oficina de Intereses en La Habana, y trasmitida a toda la isla por la televisión nacional, una nueva ocasión para entretener y manipular a la población, quien cada día se sumerge más en una terrible crisis económica y social, para la que no encuentran solución.

Alberto, recogedor de bolita del Vedado, sancionado en múltiples ocasiones por ejercer este juego prohibido, era uno de los entusiastas que agitaba un gran lazo amarillo. Cuando le pregunté por su identificación con los cuatro espías me aclaró rápido: ¡No, esto no es por los cinco, es por Ochún… que hoy es su día!" y me acordé del personaje Panurgo, del escritor francés Rabelais, cuando echó al agua desde un barco un carnero para que el resto del rebaño se tirase tras él.

La libertad de cualquier preso inocente es asunto de toda la humanidad y cada cual tiene el derecho hacerlo cómo le plazca, de hecho, la Biblia nos enseña a orar por todos los presos como si estuvieras juntamentc con él, pero en este caso la descomunal manipulación del gobierno castrista, que persigue, encarcela y reprime a hombres y mujeres pacíficos dentro de Cuba, y que de origen vuelve falsa esta causa de los cinco.

Me pregunto cómo es posible pedir al pueblo cubano ponerse un lazo amarillo, en demanda de la libertad de cuatro espías, cuando el gobierno a través de los órganos represivos ha ordenado arrebatar de la mano las pulseras blancas de la campaña por el cambio, que usan los demócratas de la oposición y han roto los pulóveres a los activistas que promocionan campañas pacifistas. El cinismo y la desvergüenza se hizo manifiesto en la voz de la locutora Arlette Roque Fuentes, cuando al finalizar el acto, dijo: "Dios nos ha bendecido por cuanto esta noche no llovió".

¡Qué poco tenían para ofrecerles a los pobres cubanos! Dios no puede bendecir a los que claman a otros dioses.

12 de septiembre de 2013

Los cines 3D: otra estafa del Castrismo

Escribir de estafas del gobierno cubano a su pueblo resulta hoy día tan fácil como respirar. Nuestros dirigentes se han encargado de hacérnoslos simple, del mismo modo que dicen y se contradicen en su enjambre de estrategias sórdidas, siempre para su beneficio.

"Como nos íbamos a imaginar de que nos tomarían, una vez más como conejillos de Indias, para un burdo experimento", dijo el dueño de una de las salas de video-juegos, ubicada en el Vedado, y que han sido declaradas ilegales, quien aseguró que el estado empleó el capital y el ingenio de los particulares para saber si los cines 3D y las salas de videojuegos funcionaban, pues temían perder su dinero en inversiones que luego no pudieran recaudar.

Este hombre, se siente abatido por ser parte del grupo de ingenuos cubanos, que creyeron una vez más en los comunistas… ¿qué se puede esperar de un gobierno, que como sabemos nos esclaviza pagándonos una limosnita simbólica para que saquemos los escombros alimenticios que racionaliza una libreta macilenta.

Los cines 3D y las salas de videos-juegos, resultaron negocios rentables y encantaron a un pueblo tan carente de diversión, de esperanzas y hasta de sueños, que vio en todas esas pantallas una ventana a la recreación y de ese modo escapar de los abundantes flagelos que pululan en nuestra sociedad.

Esta última estafa de la administración castrista ha suscitado muchas interrogantes entre los perjudicados. Uno de ellos dijo: "¿A dónde fueron a parar tantas y tantos meses de pago de la seguridad social, de los importes de recaudación y de las licencias, no idóneas, del sector tributario? ¿Acaso me serán devueltos todos estos importes?".

Lo cierto es que después de hacer su negocio legalmente y de aspirar, como cuentapropistas, a tener un retiro el día de mañana, la mayoría de los dueños de estos negocios no saben ahora cómo van a recuperan el dinero invertido: en TV, computadoras, consolas, sillas, iluminación, aires acondicionados y reparación de locales.

¿Por qué dejaron proliferar y prosperar estos negocios como los cines 3D y salas de videojuegos si "nunca estuvieron autorizadas"? ¿Y si no estaban autorizados, tal como dicen ahora, entonces por qué no los hacen legales, viendo sus ventajas en la población?

Los perjudicados opinan que sirvieron como medidores, como pruebas piloto que ncccsitaba el estado.

La disposición del cierre de estos centros se vino abajo sin una excusa. Ni tan siquiera se tomaron el trabajo de exponerla con antelación en los medios de comunicación.

La realidad es que todos los cines particulares, tanto en la decoración, como en el listado de filmes, las ofertas gastronómicas, la tecnología y hasta el aire que respirabas eran cualitativamente superiores al de las salas de proyección institucionales.

De acuerdo a datos oficiales, Cuba cuenta con poco más de 300 salas cinematográficas, con formato de 16 y 35 mm. La mayoría edificadas antes del año 1959. En la actualidad, los cines que funcionan presentan alarmantes deterioros y no poseen el equipamiento tecnológico para dar el salto al 3D. Otros han desaparecido, o fueron transformados en escuelas de circo, teatros de compañías mediocres y almacenes de objetos ociosos.

Al estado verde olivo jamás se le ocurrió la tarea de modernizar, climatizar y hacer atractivas sus propuestas fílmicas. Tampoco pensó en la construcción de salas de videojuegos. Ahora tuvieron que mirar el éxito, con rostro envidioso, desgajando la añoranza de los muchachos y niños que acudían a estos centros particulares para escapar mediante los juegos electrónicos de sus tristes realidades, y de su aburrimiento, ya que en sus casas mamá y papá, con sus míseros sueldos "revolucionarios", ni trabajando diez años pueden comprarle una computadora o una consola para entretenerse.

Esta medida, junto a la prohibición de vender ropa, tiene un claro fin: evitar que el cubano le haga la competencia al gobierno en la venta de artículos importados, así como la asistencia a los cines estatales. Los oligarcas persinten en monopolizar toda Cuba.

En definitiva, estas medidas van orientadas a evitar que el cubano prospere y que con el tiempo pueda surgir una clase media que ponga fin al régimen dictatorial cubano.

Ya están cerrados los cines 3D, solo nos queda leer en el periódico Granma, antes de usarlo para envolver la basura, o para secar la orina del gato, que: "No se trata, en lo más mínimo, de dar un paso atrás. Todo lo contrario, seguiremos avanzando decididamente hacia la actualización del modelo económico cubano".

Martes 5 de noviembre de 2013

¡Quién se acuerda de los cines de barrio!

El cine llegó a Cuba el 15 de enero de 1897, tras el arribo a San Cristóbal de La Habana del francés Gabriel Veyré, representante de los hermanos Lumière. Se sabe que unos meses antes los habaneros y los españoles habían disfrutado del quinetoscopio (el aparato precursor del proyector de películas) desarrollado por el fotógrafo e ingeniero Dickson mientras trabajaba con el inventor Thomas Alva Edison.

Gabriel Veyré alquiló un local en Paseo del Prado #126, al lado del Teatro Tacón, donde montó su salón oscuro, al que llamó Cinematógrafo Lumière, con capacidad para unos ochenta espectadores. Y la entrada costaba "50 centavos para las personas mayores y veinte para los niños y militares sin graduación". Incluso, el 7 de febrero de 1897tomó las imágenes de una maniobra del Cuerpo de Bomberos de La Habana. Dicha cinta, titulada *Simulacro de incendio*, de un minuto de duración, se considera "la primera película del cine cubano". Al mes siguiente, el 16 de marzo, esta sala sufrió un incendio real, quedando inutilizada. Para esa fecha, el francés ya había obtenido en nuestro país ganancias ascendentes a unos veinte mil pesos.

Antes que el teatro Payret funcionara también como cine en los primeros tiempos del siglo XX, se construyó en el Cerro con el advenimiento de la República de Cuba (1902) el primer salón cinematográfico como tal, y no un teatro que sirviera a la par para exhibir películas. Estuvo emplazado en la Calzada del Cerro, esquina a Palatino. Su nombre fue el Florodora, renombrado como Alaska. Luego, en esa misma dirección, surgiría el Maravillas, que se mantuvo funcionando (hasta su extinción) durante la década de los 90.

Cubanet conversó con varias residentes de este territorio y recorrió el municipio para indagar el estado actual de los siete cines con que contaba.

"El cine Maravillas, comenta Sierra, un anciano de 82 años, era propiedad de Valentín Díaz, español, dueño también del cine Valentino, ubicado en la Esquina de Tejas, y derribado en 1960. Recuerdo que a veces los domingos en el Maravillas se daban funciones artísticas; por aquí pasaron Olga y Tony, Tintán, y Tongolele (Yolanda Montes), actriz y bailarina exótica, muy celebrada como rumbera".

También Catalina, nacida en el Cerro hace 78 años, aseveró como en un susurro:" Este barrio fue uno de los más industrializados de Cuba hasta 1959". Cuando le recordé que el Cerro (además de La Llave) poseía siete cines, me contestó apurada: "¡Ay, mi hijito! Quién se acuerda ya de los cines de barrio. Esta gente lo ha dejado destruir todo. Yo llevaba a mis hijos a la matiné de los domingos, para ver los muñequitos en el Valentino, que fue demolido por este gobierno. Pero mi preferido era el City Hall, porque tenía aire acondicionado, unas cómodas butacas forraditas con terciopelo rojo, y no se formaba esa gritería como pasaba en los otros".

En la actualidad el único cine que funciona es el City Hall, situado en la Calzada de Ayestarán, pero es ahora un cine- teatro (que el municipio Plaza se cogió) donde exhiben filmes de video y de 35 mm. También posee una videoteca para alquilar DVD y VCD, y se ponen obras en las tablas a cargo de la Compañía de Teatro Caribeño de Cuba.

En cuanto al resto de los cines: el México, en la calle Salvador, esquina a San Anselmo, es la sede de un grupo teatral infantil. El Edison, sita en Calzada del Cerro #1951, esquina a Zaragoza, pertenece al grupo de teatro Cimarrón, pero como la instalación corre peligro de derrumbe, no pueden trabajar en él. El Principal, Calzada del Cerro, esquina a La Rosa, cerró hace más de 25 años. Por el frente, donde antes estuvo la entrada, vive una familia, y al lado, en lo que fue la cafetería, hay una casita habitada por un cerrajero. La techumbre del cine desapareció, y el espacio de los asientos y la pantalla, se transformó en patio que sirve de carpintería y reparación de autos. El Coloso se levantó en Las Cañas, pasó a ser una discoteca, pero los vecinos protestaron por los problemas que generaba en derredor, y fue clausurado. Con el paso del tiempo se desplomó y la gente se fue llevando los ladrillos y todo aquello que le fuera útil. Entonces les dieron el terreno a cuatro funcionarios del Ministerio de la Agricultura que levantaron sus viviendas. Finalmente, el Maravillas está desactivado.

Juan Carlos, conocedor del séptimo arte, comenta que los críticos de la cinematografía cubana únicamente aluden a las 80 películas producidas antes del 59 y a los filmes cubanos Lucia, Memorias del subdesarrollo, los documentales de Santiago Álvarez, etc., pero jamás se pronuncian sobre el deterioro generalizado de la mayoría de los cines del país".

La ciudad de La Habana en 1959 se enorgullecía de tener casi 300 cines en activo. Pero 34 años después sólo funcionaban 68, según se puede comprobar en la Cartelera del periódico Granma (17 de junio de 1993). En estos momentos quedan siete cines para la programación de filmes de estreno, más un puñado de los que han logrado sobrevivir al naufragio de este país.

29 de noviembre de 2015

"Star bien", como Colomé

No son poco los militares que ya en las postrimerías de su carrera están manejando por medio de terceras personas o familiares cercanos, exuberantes negocios ante las propias narices de los pobladores de la Isla.

En una porción del barrio del Vedado, conocida por "La Pequeña Habana" y que solamente la conforma la manzana comprendida entre las calles B, C, 29 y Zapata, el General Abelardo Colomé Ibarra (Furry) exhibe una parte de su patrimonio familiar.

Aquí el Ministro obsequió a su hijo José Raúl Colomé, una bellísima casa de dos plantas, destinada al arrendamiento de extranjeros. Pero a diferencia de otros rentistas de esta zona, el hijito de papá también es propietario del Restaurante Paladar STAR BIEN, uno de los más reconocidos y visitado por la élite citadina del momento.

Esta imponente mansión, ubicada exactamente en la medianía de la calle 29 # 205, entre B y C, fue totalmente remozada y decorada para convertirse en una Joya de la culinaria capitalina que compite en precios y en calidad con los mejores restaurantes del sector hostelero de la capital.

Según algunas fuentes que prefirieron el anonimato, el recinto fue adquirido entre telones, y sumando los costos de restauración, equipamiento, ambientación, servicios y decoración, ahora mismo este inmueble esta tazado en más de cien mil CUC. Además, cuenta con una excelente gestión económica a base de un trabajo de marketing y promoción, teniendo prioridad en los planes de Havanatur y Cubatur, por encima de prestigiosos restaurantes o paladares, como La Guarida y Gringo Viejo, por solo citar a dos de los más famosos.

STAR BIEN recibe casi todas las noches varios ómnibus atestados de turistas y en sus alrededores se observa una interminable fila de autos aparcados, cuyos dueños, o son representantes del cuerpo diplomático, acreditado en La Habana, o bien, reconocidos artistas, deportistas y otras figuras con solvencia económica que frecuentemente van a consumir las delicias culinarias que allí ofertan.

Algunos vecinos, que encontraron empleo en este lugar, evitaron hacer comentarios ante este reportero por temor a perder su salario que obviamente es superior al de las entidades estatales. Otros sí declararon su inquietud. Uno de los serenos que se dedicó al cuidado de las propiedades de los Colomé, cuyo nombre omito por razones de seguridad, a pesar de que ya no trabaja en el lugar dijo: "Me da tristeza ver como la mayoría de los pequeños negocios del cubano de a pie, cierran o jamás prosperan por la cantidad de limitaciones que afrontan, mientras los de los cubanos verde olivo florecen como las margaritas".

Mientras hoy un gran número de viviendas en la capital habanera, incluyendo el propio Vedado, se derrumban como soldados en la guerra, la familia del General Abelardo Colomé, quien fuera un fiel precursor de la justicia revolucionaria durante toda la dictadura de los hermanos Castro, tienen en su haber un bello complejo de propiedades, incluyendo un amplio y confortable apartamento en el edificio 706, de la calle B, entre 29 y Zapata, obsequio de su hijo José Raúl a su madre, donde se imparten clases de inglés a los jóvenes de la élite, y de vez en cuando lo alquila.

Resulta irónico y paradójico, pero no difícil de entender. Téngase en cuenta que estos señores feu- dales de la Cuba castro-comunista, se han repartido la piñata de nuestra querida tierra, y solo han dejado para el famélico pueblo cubano el carcomido lema: socialismo o muerte. *Martes 7 de enero de 2014*

La figura de Mandela no puede contemporizar con la opresión

Hace apenas un mes la mayoría de las naciones del mundo presentaron sus condolencias por el lamentable fallecimiento de Nelson Rolihlahla Mandela, galardonador del Premio Nobel de la Paz en 1993, y Presidente de Sudáfrica desde 1994 al 99.

Mientras esto ocurría, todos los medios de difusión en la isla aprovecharon la ocasión para entretejer una burda manipulación alrededor del hecho. Tanto la prensa plana como la televisión y la radio dedicaban extensos programas para entrelazar la vida y obra de este gran hombre, con la infame carrera de Fidel Castro, un caudillo que luego de su victoria armada el primero de enero del 1959, instauró una dictadura comunista que persigue, intimida, y encarcela a hombres y mujeres que luchan pacíficamente a favor de los derechos humanos, de la misma manera que lo hizo Nelson Mandela en su país.

¿Cómo es posible entonces, para un régimen opresor y violador de todos los derechos humanos como el de Cuba, contemporizar con las ideas de Mandela, un hombre que cumplió 27 años de prisión, siguiendo la inspiración de Gandhi, justamente por oponerse a una opresión más o menos, semejante a la que sufre hoy la isla?

Vaya ironía. De igual manera usted puede preguntarse cómo es posible que Raúl Castro con su cara dura viajara a Sudáfrica para ofrecer "respeto" póstumo al legendario líder sudafricano, mientras ordenaba a la temible policía política de su régimen aplastar cualquier intento de celebración por el Día mundial de los Derechos Humanos en la isla. Y no solo eso, sino que durante todo el mes de diciembre del pasado 2013 mantuvo una despiadada represión contra los disidentes cubanos, registrándose nada menos que 1 123 detenciones de corta duración a lo largo y ancho del archipiélago.

Así actúan los propagandistas ideológicos y tantos otros mentirosos profesionales. Emplean técnicas sugestivas en su quehacer, que consiste en inculcar ideas que no han sido asimiladas por el juicio crítico de sus víctimas, algo que desde muy temprana edad los hermanos Castro aprendieron.

Una idea sugestiva casi siempre es más exitosa cuando el inductor, una especie de hechicero de la palabra, sabe condicionar la mente de los sujetos inducidos. Entre tantas tácticas, ésta se hace provocando emociones en forma de entusiasmos patrióticos, o exaltaciones heroicas foráneas. De tal manera que se resaltan figuras mundiales como Nelson Mandela, Martin Luther King, Jr. y otros, mientras se ordena categóricamente sojuzgar a los que sigan tales ejemplos.

Aunque los jerarcas comunistas cubanos siguen engañando y silenciando a la opinión pública mundial, resulta descabellado comparar las cualidades de Nelson Mandela con las ruindades de un politiquero como lo es Fidel Castro.

Al líder surafricano se le admira por su determinación definitivamente para con la lucha pacífica no violenta contra la política de segregación racial, (el apartheid), que lo convirtió en vida, en una figura legendaria que representaba la falta de libertad de todos los hombres negros sudafricanos.

Martes 14 de enero de 2014

<u>Sin libertad, el recuerdo agradecido del 10 de Octubre es imposible</u>

El próximo 10 de octubre del 2012 se cumplirán ciento cuarenta y cuatro años de la importante gesta de La Damajagua. Proeza inolvidable en la historia de Cuba, por cuanto ese día Carlos Manuel de Céspedes –Padre de la Patria –dio la libertad a sus esclavos, iniciando así la guerra por la independencia y libertad de los cubanos del yugo colonial extranjero.

Un empeño que tras un largo periodo insurreccional se consolidó en 1902 con la instauración de la República de Cuba. Tristemente, en enero de 1959, la Isla sucumbiría ante el sueño revolucionario de Fidel Castro, quien devino en dictador, trayendo a la Isla caribeña una ideología, jamás concebida ni por Céspedes, ni por ninguno de los padres fundadores de la Independencia de Cuba.

El Manifiesto redactado por Céspedes, fechado en Manzanillo el 10 de octubre de 1868, increíblemente denota un escenario político, económico y social, similar al que vive –ahora mismo– nuestra amada Cuba.

La hipocresía del Gobierno cubano y todos sus acólitos se pone en evidencia con la más miope lectura de este documento. "Nadie ignora que España gobierna la Isla de Cuba con un brazo manchado… teniéndola privada de toda libertad política, civil y religiosa…nadie puede pedir remedio a sus males sin que se le trate como rebelde, y no se le concede otro recurso que callar y obedecer… los cubanos no pueden hablar, no pueden escribir, no pueden ni siquiera pensar… Cuando un pueblo llega al extremo de degradación y miseria en que nosotros nos vemos, nadie puede negarle que eche manos a las armas para salir de un estado tan lleno de oprobio. La Isla de Cuba no puede estar privada de los derechos que gozan otros pueblos, y no pueden consentir que se diga que no sabe más que sufrir. A los demás pueblos inocente, ilustrado, sensible y generoso. No nos extravía rencores, no nos halagan ambiciones, solo queremos ser libres e iguales como hizo el creador a todos los hombres".

Luego de casi siglo y medio de aquel esfuerzo, el gobierno militar de Cuba pisotea los derechos consignados en la Declaración Universal de los Derechos Humanos. Y lo hacen con un absoluto descaro y sin el más mínimo arrepentimiento.

La Declaración, un anhelo de la humanidad desde 1948, otorga – entre otras libertades- la de "opinión y expresión" y se aclara que ese derecho "incluye el de no ser molestado a causa de sus opiniones, el de investigar y recibir información sin limitación de fronteras". Pero en Cuba, según consta en la Constitución, los medios de difusión pertenecen al Estado, ¿quién entonces puede dar a conocer sus opiniones sin permiso del Gobierno? ¿Y quién se atreverá a disentir si el código penal prevé indistintamente "desacato" con pena de cárcel, o en el mejor de los casos, el que se atreve hacerlo, la propaganda oficialista lo tacha de mercenario, pagado por una potencia extranjera?

La imposición a la ciudadanía de una "concepción marxista leninista" que tenía como fin "formar a las nuevas generaciones en los principios ideológicos y morales del comunismo", ha estado más cerca del esclavo o del maniquí, que del pleno desarrollo de la personalidad.

En silencio, la mayoría de los cubanos mandan sus hijos a las escuelas a recibir la "programada" educación, que diseñaron esos mismos que nos quitaron la libertad. Quienes no desaprovechan la oportunidad para adoctrinar desde la niñez bajo la óptica "socialista" a nuestra juventud. Tarea recurrente, puesto que los maestros actuantes también fueron educados, enseñados y adoctrinados bajo el mismo precepto. Imposible será enseñar a nuestros hijos el recuerdo agradecido del 10 de octubre de 1968 mientras Cuba no sea verdaderamente libre.

El fallecido disidente Osvaldo Payá dijo ante el Parlamento Europeo: "Las tiranías no tienen color político, vengan de donde vengan son una sola".

Si bien el tiempo de las armas y la violencia quedaron atrás, tal vez usted que me está leyendo dirá:

¿con qué lo vamos a derrotar? ¡Ah! Esa pregunta se la hicieron al Mayor Ignacio Agramonte en un momento bien difícil de la guerra frente al poderío militar de España y la complicidad de todos los países de América. Un escenario muy parecido al de hoy. "¡Con la vergüenza de los cubanos"! Contestó.

Vergüenza que es desasimiento de intereses personales, vergüenza que es la repulsión de caminos tortuosos, vergüenza que es el débito irreductible a favor de la Patria. Y no más compromiso con el Castrismo, responsable de todos nuestros males.

1 de octubre de 2012

Ley de Ajuste Cubano ha venido a ser un bálsamo

Con anterioridad a la llegada del comunismo a la isla, los ciudadanos cubanos que deseaban viajar o emigrar a los Estados Unidos recibían igual tratamiento que un ciudadano de cualquier otro país y, como ellos, debían realizar legalmente la tramitación correspondiente.

La instauración de la dictadura castrista replanteó una nueva expresión de la política migratoria de los Estados Unidos hacia Cuba a través de la Ley de Ajuste Cubano.

Desde los primeros años y hasta ahora, un considerable número de cubanos lograron beneficiarse con esta ley, a pesar de que la mayoría de ellos por muchísimo tiempo creyeron ciegamente en el discurso pérfido de Fidel Castro, quien solía catalogar con insistencia a la Ley de Ajuste cubano, como un engendro legislativo "o ley asesina", responsable de incentivar las salidas ilegales de ciudadanos cubanos hacia ese país.

Hace unos días pude conocer el caso de un matrimonio que vive en el céntrico barrio del Vedado, y que pasa por un momento de alegría, aunque también de tristeza. Y es que el otro de sus hijos, José Ángel, después de recorrer un engorroso papeleo para obtener la ciudadanía española, llegó a Miami a través de un tercer país y pidió refugio político -al amparo de la Ley de Ajuste Cubano- para reunirse con su hermano mayor que desde hace cinco años también obtuvo tal beneficio, y ya posee la ciudadanía estadounidense.

El joven José Ángel, amante del humanismo y del desarrollo de los pueblos, aunque albergaba ciertas dudas sobre la historia del proceso revolucionario, creía —como lo hicieron sus padres en algún momento- que a pesar de todo tenía algunas cosas muy buenas. De tal manera le penetró esta influencia, que mantenía una foto del Che Guevara cerca de su computadora.

Hace unos días, un amigo de este joven me dijo que le envió un email preguntándole: ¿Qué tal, Pepe, el "imperialismo"? A lo que el tierno Pepito contestó: "Oye, de p… Lo que nos estábamos perdiendo. Llevo media hora cambiando de canales en la televisión de aquí y no he repetido uno, jejeje. He visto una pila de videos en Internet, coñooó… Asere, ni qué contarte, bueno, con decirte que el aeropuerto José Martí cabe dentro del de Miami unas cuantas veces, y sobre la jama, (comida), vaya. Ahí te envío esta foto comiéndome un insurrecto bocadito de atún".

Nadie pone en duda que la Ley de Ajuste Cubano *ha venido a ser un bálsamo* para millones de cubanos. Bajo su protección, muchos encontraron un excelente abrigo de libertad y de prosperidad en EEUU, que aún es inexistente en su patria.

No hace tanto tiempo, dos figuras del beisbol nacional también fueron auxiliadas con la Ley de Ajuste cubano. Uno, Antonio Pacheco Masó, símbolo del beisbol revolucionario, capitán de los equipos nacionales y fiel depositante de sus triunfos beisboleros en la figura de Fidel y en la Revolución; y el otro, Gabriel Pierre, estelar tercera base de los equipos orientales, y de quien se dice fue uno de los que trató de evitar la fuga de Reinaldo Ordoñez y de Edilberto Oropesa en las XVII Universiadas de Búfalo, EE. UU.

A pesar de que esta ley, única de su tipo en el mundo, ofrece a los cubanos que llegan a los Estados Unidos por vías ilegales (también legales) privilegios que no reciben los ciudadanos de ninguna otra nacionalidad ni país, el régimen castrista ha logrado meter en la cabeza de la mayoría de la población que la aplicación de la Ley de Ajuste Cubano constituye la base del problema migratorio existente entre los dos países.

A diferencia de la emigración de los mexicanos a través del Río Grande, o los africanos que van a los países del sur de Europa y los asiáticos, hacia el Japón, por evidentes causas económicas, los cubanos viven bajo una férrea tiranía que comete a diario violaciones de los derechos humanos. Las personas que piensan distinto a lo que dicen los líderes, sufren la represión política, y el control policiaco. Solo existe un partido único, que niega rotundamente los preceptos de la democracia.

Si bien algunos cubanos se han visto frustrados por la complicada actitud migratoria del gobierno norteamericano hacia Cuba, ya que en algunos casos, los balseros son devueltos al ser atrapados en sus costas, es bueno reconocer también, que miles y miles de ellos agradecen a la política migratoria de los Estados Unidos por darles abrigo y amparo.

12 de agosto de 2014

La Habana: una capital sin capital

Un simple recorrido por cualquier barrio de La Habana, dejar ver que muchos ciudadanos en su afán por atenuar la pésima entrada económica con que malviven, guerrean cualquier oportunidad que derive en un medio de sobrevivencia.

Para mal de la ciudad, y producto de la carencia de una infraestructura que garantice el parqueo de los automóviles privados -por solo citar un ejemplo- desde hace bastante tiempo se viene generando un abundante desorden constructivo que afea aún más, el precepto arquitectónico de la capital de Cuba y su ornato público.

Sobre este complicado asunto donde hay mucha tela por donde cortar, solo me referiré a los cientos de hogares que en un barrio como el otrora Vedado, han sacrificado el espacio en sus jardines o portales para construir unas jaulas enrejadas, hechas a base de cabillas, tejas de fibrocemento, y planchas metálicas, donde resguardar los autos y las motos de las inclemencias del tiempo y del robo, para ofertarlas mediante el pago en divisas a quienes carecen de este servicio.

Es conocido que la mayoría de los antiguos garajes y los lugares construidos para aparcar bajo techo ya han desaparecido de este mundo al ser reciclados como viviendas ante la demanda habitacional que sufre el pueblo. A lo que se añade que, las mal concebidas construcciones de microbrigadas, salidas de las cabezas soviéticas y que llegaron aquí, jamás concibieron que ningún inquilino fuera a ser propietario de un auto, razón por lo que la mayoría de estas viviendas están desprovistas de parqueos.

A Tomasito, un ingeniero que vive en uno de estos edificios de Micro, ubicado en la calle 25, entre A y B, en el Vedado, no le quedaba otra opción que dejar su auto Lada a la intemperie, hasta que una madrugada fría le robaron las dos gomas de atrás y la radio-casetera. "Imagínate lo que me costó reponer todo lo que me llevaron. Me abrieron un hueco en el bolsillo, peor que el agujero negro. Al final tuve que decidirme a gastar 30 dólares mensuales en el alquiler de un garaje particular, pero ya duermo tranquilo" dijo.

Con el paso del tiempo, la cacareada estimulación a la actividad por cuenta propia se ha visto mutilada por el aumento de los impuestos, la proliferación de obstáculos, y la falta de interés gubernamental por incentivar una cultura empresarial.

No hay que ser un especialista para darse cuenta que la mayoría de las actividades económicas, sean independientes o estatales, no interaccionan con su entorno medioambiental y arquitectónico, ni materializan una idea de forma planificada. Y lo peor, aun cuando satisfacen las demandas y deseos de clientes, les falta una estrategia coherente, con objetivos, tácticas y políticas de actuación.

Joseíto, un jubilado residente en el Vedado, quien convive con su hija -madre soltera- y su nieta, decidió pedir ayuda monetaria a su hijo que reside en España para abrir una cafetería en el espacioso portal de su casa, pero al recibir el dinero, tuvo que desistir del proyecto, y en su lugar habilitó uno de los mencionados parqueos que le proporcionan unos 60.00 CUC mensuales, ya que en su caso tiene capacidad para dos autos.

Al preguntarle el por qué cambio de estrategia, dijo: "Para abrir un negocio se necesitan estrategias productivas y cierto conocimiento empresarial, y yo de empresas no sé ni papas, así que decidí comprar las cabillas, las tejas y el enrejado para hacer este parqueo, que, aunque me salió caro, poco a poco, saqué la inversión, y ahora, sin muchas preocupaciones compenso mi sueldito todos los meses.

Otros como Joseíto, que, si paga impuesto a la ONAC, sin importarles los recios controles de los inspectores de esta oficina y la policía, también construyeron estas espantosas jaulas que ha devenido en un negocio no solo en el Vedado, sino por toda la isla.

Está claro que el desastre perpetrado en esta Habana, una capital sin capital, inmersa en un total naufragio arquitectónico, recae sobre el gobierno comunista. Su negativa e incapacidad para facilitar las prestaciones de servicios a la sociedad, su ley del hielo ante la creación de un ambiente de confianza y estabilidad que garantice la defensa de los derechos individuales de los ciudadanos; definidos éstos en términos de libertad, de vida plena y de dignidad, no les permite tener una visión previa de prosperidad para el desarrollo estratégico de la economía cubana.

Miércoles 18 de marzo del 2015

¿Qué impide el desarrollo de una verdadera sociedad civil en Cuba?

El poder absoluto existente por mandato constitucional, que descaradamente potencia la facultad del gobierno para restringir las libertades esenciales.

El abogado argentino Ricardo Manuel Rojas, con una amplia experiencia en maestrías del Derecho y el Derecho Constitucional, escribió un magistral libro en la primera mitad de la década del 2000 sobre los derechos fundamentales y el orden jurídico e institucional de Cuba.

Lamentablemente, la censura del régimen imperante en Cuba no permite que este texto esté disponible para la mayoría de los cubanos que viven en la isla. Solo un atrevido grupo de ellos puede tener la dicha de encontrarlo en algunas bibliotecas independientes, o tal vez de manos de algunos de los activistas del Movimiento Cívico Cubano.

Es conocido que mientras el mundo actual tiende a la globalización en muchos aspectos, especialmente en la protección universal de un conjunto de derechos básicos, inherentes a la persona humana, cuyas cláusulas son aplicadas con preeminencia a la legislación interna; el régimen que durante los últimos 55 años desgobierna Cuba, ha incrementado en la última década, los niveles de represión a los derechos fundamentales de sus ciudadanos.

En su libro, Ricardo Rojas analiza con suma agudeza, varios aspectos del orden político cubano a través de un estudio de la organización institucional de Cuba. En su primera parte, acentúa la evidente supremacía del poder del estado cubano, referente a los derechos humanos básicos, quebrantados sistemáticamente en nombre de los intereses propios del gobierno.

No es un secreto la gigantesca falta de información entre la población cubana, quien se ha visto avasallada a base de constantes manipulaciones y adoctrinamientos ideológicos. De ahí que el autor reconozca la posible subjetividad, propia de todos los regímenes personalistas que siempre se derivan de estas discusiones, cuya verdad solo se irá descubriendo, mucho después de fenecer el régimen castrista que le dio vida.

El autor de "Los derechos Fundamentales y el Orden Jurídico e Institucional de Cuba", analiza en profundidad un hecho histórico: El Proyecto Varela, dentro de la lucha cívica de la oposición cubana, para demostrar la inexistencia de instituciones políticas capaces de garantizar la irradiación del poder político, el control de los actos y las garantías de los ciudadanos frente a las decisiones del gobierno.

Quién mejor que este Proyecto Varela para demostrar la falacia y falta de voluntad política de la tiranía de los Castro. Todos sabemos, incluyendo el propio régimen, que el propósito del mismo era fomentar un proyecto de ley que abogara por reformas políticas en la isla a favor de mayores libertades individuales. Este se fundamentó en el artículo 88 (g) de la Constitución Cubana de 1976, la cual permite a los ciudadanos proponer leyes si 10.000 electores registrados presentan sus firmas a favor de la propuesta.

Las 11.020 firmas presentadas en el 2002, que apoyaron esta iniciativa, y otras 14.000 adicionales recogidas en el 2004, fueron rechazadas de cuajo por la Asamblea Nacional. Y todos los que contribuyeron de una manera u otra con esta iniciativa constitucional fueron víctimas de la represión, de la vigilancia, la persecución y el encarcelamiento.

Es conocido que estos cambios, de haber sido aceptados por el gobierno y aprobados por el voto popular, habrían introducido en

Cuba la libertad de asociación, la libertad de expresión, la libertad de prensa, las elecciones libres, la libertad de empresa, y una amnistía para los presos políticos.

De ahí que, ese poder absoluto existente por mandato constitucional, y que descaradamente potencia la facultad del gobierno para restringir las libertades esenciales, no solo pudo abortar el Proyecto Varela en aquel entonces, sino además sancionar a largas penas de cárcel a 75 demócratas de la oposición bajo la ley 88, un engendro judicial salido de la cabeza de la llamada Asamblea Nacional del Poder Popular.

Rojas examina y cataloga a esta Asamblea como un instrumento servil del Partido Comunista, la cual concentra el poder absoluto y de decisión sobre la vida de los ciudadanos, diferenciándola de aquellas instituciones políticas que en los países democráticos se han constituido para garantizar la división de poderes.

En este punto, también termina desenmascarando la facultad instrumental que el código penal vigente otorga al régimen castrista, a través del llamado "estado de peligrosidad", que autoriza a detener a los ciudadanos si los factores del barrio consideran que la persona se encuentra en un estado peligroso, aunque este no haya incurrido en delito alguno.

Finalmente, otras verdades son expuestas a la luz de este magnífico libro. Ricardo M. Rojas va a corroborar todo lo que la sociedad civil independiente de Cuba ha venido denunciando durante años.

En una parte de su libro expresa: "En suma, más allá de las invocaciones retóricas, es posible mostrar que objetivamente el sistema constitucional y legal cubano ha sido elaborado con el propósito de justificar el poder absoluto y arbitrario en manos del gobierno, y que fue la herramienta que permitió a una sola persona convertirse en el gobernante supremo durante más de cuatro décadas"

Aun hoy, en pleno siglo XXI, el régimen cubano en manos ahora del General Raúl Castro continúa siendo uno de los más grandes depredadores de la libertad, su desprecio por la dignidad humana y por el derecho internacional no tiene límite.

Martes 9 de junio del 2015

La honestidad frente a la retórica de los hermanos Castro

Recientemente un joven graduado en Derecho me comentó riendo sobre aquel cartel, erigido cerca de la Sección de Intereses de los EE. UU en La Habana, que advierte: *Señores imperialistas ¡no le tenemos absolutamente ningún miedo!*, el cual debiera cambiarse ahora por: *¡Señores hermanos solidarios de la patria de Lincoln ¡no le tenemos absolutamente ningún reproche!*

Lo cierto es que el reciente diálogo al más alto nivel, entre los EE. UU. y el gobierno de los hermanos Castro, que incluyó una conversación telefónica de Raúl con Barack Obama, presidente de los EE. UU., sigue generando grandes expectativas dentro de la población.

Más allá del "entendimiento" alcanzado, donde EE. UU. puso en libertad a Antonio, a Ramón y Gerardo, tres espías que se mantuvieron encarcelados en ese país por más de 15 años, la población mira con expectación el gesto de Barack Obama. Esta vez -según sus palabras- para dar los primeros pasos, y colocar los intereses de los pueblos de ambos países en el centro de la política de EE. UU.

De ahí, el inmediato restablecimiento de las relaciones diplomáticas, interrumpidas desde enero de 1961, que prevé la promoción de intereses mutuos, tales como la salud, la migración, la lucha contra el terrorismo, el narcotráfico y la cooperación ante situaciones de desastre. Además del incremento de los viajes, el comercio y el flujo de información hacia y desde Cuba.

Todas estas facilidades (otra vez los demócratas extendiendo una mano amiga a la tiranía más vieja del planeta) anunciadas en la voz de Obama, continúa generando un torrente de opiniones entre los habitantes de esta isla, con la esperanza siempre puesta en el país del norte.

Para mi primer entrevistado, el poeta y novelista Luis Iglesias Pérez, asociado desde hace más de 15 años a la Unión de Escritores y Artistas Cubanos (UNEAC), la pregunta que ronda por los rincones de la isla es: ¿Podrán los insulares salir de la pobreza y suprimir la falta de libertades con este cambio de política de los EE. UU. hacia Cuba?

Según Iglesia, una ojeada al discurso de Raúl Castro al dirigirse al pueblo de Cuba, tras este suceso, pudiera darnos una pista de la respuesta a esta pregunta, y añadió: "Nuevamente el General-Presidente como lo hacía su hermano, apeló a la retórica revolucionaria, utilizando argumentos fuera de lugar, y es que al reiterar su disposición a sostener un diálogo respetuoso con el gobierno de los Estados Unidos, sin condicionamientos, es decir, tomando (como siempre) el tema-pretexto de la autodeterminación del pueblo cubano. Por supuesto, entendemos que este pretexto lo que verdaderamente significa es: Aquí se hace lo que dice la familia Castro, y nada de democracia, nada de respetar los derechos humanos, y mucho menos, libertades para todos y por el bien de todos", concluyó el escritor.

En tal sentido, Sergio Giralt Estrada, un activista del Movimiento Cívico Cubano, y presidente de una Peña Deportiva independiente en el Vedado, también declaró: Para que el dialogo sea serio y creíble, los Castro deberían ratificar todos los Pactos Internacionales de Derechos Civiles y Políticos y Económicos Sociales y Culturales, así como permitir la creación de partidos políticos, sindicatos independientes y una prensa libre.

Una parte de los cubanos confía en que con el restablecimiento de las relaciones diplomáticas entre Cuba y EE. UU. se pondrá fin a varias décadas de penurias, sufrimientos, y ausencia de libertades que padece el pueblo de la mayor de las islas del Caribe. Otros ciudadanos permanecen escépticos.

Piensan que el balón de oxígeno sólo lo recibirá la clase gobernante, la cual seguirá viajando y enriqueciéndose a costa del comunismo. Y estos últimos, los escépticos, señalan que la clave de las reales intenciones de Raúl, y compañía de Los Vive-bien, está en la frase de su reciente discurso en la clausura del Cuarto Periodo de Sesiones de la Asamblea Nacional: *La inquebrantable fe en la victoria que nos inculcó Fidel continuará conduciendo a todo nuestro pueblo en la defensa y perfeccionamiento de la obra de su Revolución.*

El discurso de Obama, que estuvo al alcance del pueblo, solo en la prensa plana, -nada de televisión- es el triunfo de la honestidad, frente a la retórica de los hermanos Castro.

Muchos comentarios y opiniones diversas suscitaron el anuncio del presidente Obama de restablecer las relaciones diplomáticas. Y verdaderamente se ha originado un sinfín de especulaciones sobre el futuro de la nación caribeña. Por lo que aún sigue en pie la pregunta inicial: ¿Habrá una notable mejoría para el pueblo de Cuba en los próximos dos años? Ojalá Dios lo permita. En lo personal me resisto a creer en aquella estrofa de una canción del cantautor Joan Manuel Serrat que dice: *"Despertad, gente tierna, que esta tierra está enferma y no esperes mañana lo que no te dio ayer..."*

23 de diciembre 2014

Cuba, de la miseria a la prosperidad

Tras este larguísimo período de involución, la mayoría de los cubanos se preguntan si algún día será posible transitar de la miseria a la prosperidad, y ahora buscan respuestas de alivio para calmar el desespero que los invade. En tanto, las esperanzas e ilusiones se diluyen entre la supervivencia, el dolor y el miedo.

Resulta que el desconocimiento de su papel como ser humano dentro de la sociedad cubana, los paralizó en el tiempo al permitir que su preexistencia se supeditara al ritmo de la idiotez, confundiendo lo grato con lo deshonesto, la mentira con la verdad, la soberanía con la libertad. Y creyendo ciegamente en un discurso nacionalista, cuya falacia independentista, sus consignas adormecedoras de patria o muerte, con el tiempo se han disipado.

En medio de este engaño que perdura hasta hoy, la inquietud se refleja más dentro del sector que va de la juventud a la madurez, víctima del fraudulento experimento de ingeniería social que los concibió como arcilla del "hombre nuevo". Un sistema de adoctrinamiento que roza los límites del fundamentalismo, donde Fidel Castro es el "sabelotodo" que pretendió arreglar los males, despojando a los cubanos de su libertad.

La frustración reina entre los cubanos, que tras la cooperación con el régimen, comprueban que su fidelidad ha sido en vano, y que el pago recibido fue la supresión de todas sus libertades. A estas alturas, lamentan haberse identificado con un depredador, que irónicamente achaca todos los desbarajustes mundiales, incluyendo los suyos propios, a las sociedades abiertas y democráticas.

El desarrollo mundial alcanzado, junto a las tecnologías avanzadas y las mentes abiertas de un reducido grupo de demócratas de hoy en día, parecen brindar esperanzas para el cese final de esta pesadilla.

No hay que olvidar los ejemplos de Túnez, Egipto, Libia, Yemen, que aunque pertenecientes a diferentes zonas geográficas e idiosincrasia, sufrían males similares.

En resumen, nadie desea una situación anárquica en Cuba. Las transformaciones deberán ser graduales y pacíficas, y deben transitar por un proceso de reconciliación y perdón, olvidando las afrentas del pasado, en aras de elegir por voluntad propia, libre y secreta, bajo supervisión internacional, un sistema de gobierno que ofrezca garantías para el recomienzo de una Cuba, que, enrumbe su destino a planos superiores a los que se encontraba antes de 1959.

2 de agosto de2011

La buena comida, solo en la memoria de los cubanos

Es una larga historia. A veces de golpe, otras, paulatinamente, la leche, el pan con mantequilla, el queso, los jugos naturales, la carne de res y el pescado, iban desapareciendo de la mesa a la hora de sentarse a comer.

Con el paso de los años se ha generado un déficit alimentario, razón por la cual, hoy muchos ciudadanos culpan al gobierno cubano por el rápido aumento del número de personas que tempranamente sufren desgaste en sus huesos, otras andan con anemia crónica, y abundan las que pierden la dentadura en las edades juveniles, además de la empobrecida salud general del pueblo para enfrentar las enfermedades, debido a la malnutrición.

La subsistencia de una gran parte de la población de Cuba se basa en lo que distribuye el estado en pequeños poquitos por persona una vez al mes, a costa de una libreta de abastecimiento. Da pena llegar a una de las míseras bodegas donde la gente hace cola para comprar la cuota normada, que consiste en pan, arroz, azúcar, sal, café, aceite, huevos, frijoles, pollo por pescado, o "picadillo enriquecido" y yogur de soya para los niños; y para de contar.

Este periodista se propuso recoger algunos testimonios en la calle, cosa que no me fue difícil. En la esquina de A y 27 en el Vedado, me encontré con Sarita, enfermera y madre de tres niños, cuando regresaba del mercado que está ubicado en este lugar, y sin yo preguntarle, me dijo indignada: *Estas migajas sólo alcanzan para que una familia corta se alimente durante unos días. Menos mal que no hemos perdido la memoria, y como un recuerdo vago, aún nos quedan los olores del potaje y algún bistec que nos hizo la abuela, grabado en las neuronas*. Entonces al terminar sus palabras, saltó una viejita que venía pasando y añadió: "recuerdo que antes la leche me la ponían en los bajos del edificio, la carnicería me quedaba en la esquina, muchos pensamos que la libreta de "productos alimenticios" insertada desde los comienzos mismos de la Revolución era para garantizar la supervivencia del pueblo equitativamente. Pero lamentablemente todo desembocó en el comunismo que es hambre y miseria".

En la Cuba secuestrada por los hermanos Castro, los nuevos esclavistas, mantienen su obstinada negativa para flexibilizar los "preceptos económicos" que han producido estas excesivas carencias, y le echan la culpa al bloqueo yanqui, de la mala alimentación de los cubanos. Y añaden: *El capitalismo feroz es el único responsable de todos los males que aquejan a nuestra nación.*

Si bien algunos consideran que el embargo mismo no se justifica ya, también es importante reconocer que EE. UU., hogar de los cubanos emigrantes, es el primer proveedor de remesas a la Isla. Sin dudas, esta es una de las principales vías de entrada de dólares a la economía nacional. Pero la información sobre el dinero que envían los cubanos a sus familiares en la Isla, se le oculta al pueblo. Luego de haber vivido este país bajo la égida de un anacrónico tirano por casi medio siglo, llega al poder su hermano Raúl Castro en el 2006, para seguir transitando por los mismos recovecos oscuros del pasado, porque la mayor preocupación de los dictadores es mantener el poder y morirse en paz, aferrado a él.

Todos los cambios anunciados con bombos y platillos por el Reycito actual se inventaron para no cambiar nada. A ellos, los Castro, nunca les preocupó la destrucción que causaba la maquinaria comunista sobre el desarrollo económico que la isla había alcanzado antes del año 1959, tanto en la esfera intelectual, como en la ganadería, las pequeñas y medianas industrias, los productos del mar o la cría avícola.

Muy lejos está ahora la posibilidad de incentivar una atractiva inversión, que le abra el camino a cualquier cubano para crear empresas propias, y cuyo acicate esté enfilado a desarrollar una poderosa industria que garantice una alimentación adecuada a su pueblo.

Y sobre este punto, al ser interrogada para conocer su opinión, me decía Raquel, una minusválida que reside en el edificio de veinte plantas que está en Tulipán en nuevo Vedado: *"Aquí todo, desde la arrancada inicial, se ha hecho mal y al revés, y en vez de propiciar el desarrollo alimentario e industrial de este país, lo paralizaron con arrogancia, ignorancia, y terquedad".*

Después quise conocer la opinión de unos ancianos jubilados que se sientan día tras día a vender cigarros y periódicos en el área conocida como el trencito de Tulipán y Loma: *"Todo se quedó en la manía de Fidel Castro, estando Cuba a 90 millas, de hacer carrera de político antiimperialista, para que el mundo lo estimase como un líder genial".* Ahí mismo, el más flaco y arrugado del grupo, que prefirió el anonimato, se embulló a participar: *Y aunque parezca que ya no interviene en nada, no es así. Ahora su hermano pone la cara, y pagará los platos rotos.* Entonces un muchacho de secundaria que oía la conversación alegó: *Pero él continúa detrás, moviendo los botones del mando.*

En fin, el hambre y la miseria son los compañeros habituales de la Cuba actual.

Martes 25 de noviembre 2014

Este tipo de régimen no es salvable, y hay que echarlo abajo

El colectivismo forzado suele fracasar dondequiera que se impone, dado que es contrario a la naturaleza humana. Cuba es el ejemplo más notorio de estos tiempos, ya que el país se está deshaciendo en múltiples retazos por la espeluznante improductividad del sistema y la incapacidad de sus administradores.

La historia del fracaso de Fidel Castro como desarrollista de Cuba, comenzó cuando quiso que los cubanos no vivieran confortablemente, sino que fueran meros esclavos, e hicieran suyas las supuestas ventajas morales de la pobreza, mientras los miembros de su clan mafioso sí disfrutan de los viajecitos al exterior, o hacen excursiones por el país, visitan lugares de esparcimiento y se albergan en los mejores hoteles. Estos grupos apegados como piojos a la cabeza del poder viven sin preocupaciones en las fastuosas residencias que el gobierno comunista les robó a los ricos; conducen buenos autos; van a clínicas especializadas y están rodeados de tantas otras prebendas, que se podría escribir un libraco sobre ese tema.

La visión del castrismo proclamó a bombo y platillo el cliché de que se debía juzgar a la revolución por el número de analfabetos que dejaron de serlo, por los avances logrados en la salud pública y en la educación, desconociendo adrede que la Cuba del año 1953 ocupaba el lugar 24, en cuanto a desarrollo, entre todas las naciones del planeta.

Tras el derribo del muro de Berlín, la desaparición de la Unión Soviética, y el marxismo leninismo en los países de la Europa del este, los objetivos históricos de la revolución cubana se vendrían abajo, pero de la misma manera que los cínicos Castro, y su camarilla de amnésicos, en los años 60 cambiaron sus objetivos económicos, también a partir de los años 90s modificaron su programa político para justificarse en el poder omnímodo y eterno.

Bajo el pretexto de evitar un zarpazo del imperio yanqui sobre la isla, se modificó la constitución de 1976, desempolvando al olvidado apóstol José Martí, quien había sido sustituido por Marx y Lenin, y se asume ahora el nacionalismo martiano como fuente de inspiración revolucionaria, buscando su antecedente en las luchas de los mambises, y dando paso al otro maquillaje de la dictadura castrista.

El período especial obligó a la familia Castro a inventarse una nueva variante económica del comunismo: el capitalismo mixto de estado, el cual le ha permitido asociarse a los empresarios extranjeros para explotar la mano de obra cubana en empresas público-privadas. Así, con el mismo espíritu de un estado esclavista, el régimen de los dos Adolfitos caribeños arrienda grandes cantidades de trabajadores – en especial los profesionales de la salud o entrenadores deportivos- a los países extranjeros que los puedan pagar.

Todos recuerdan que el eje Cuba- Caracas, fraguado por Fidel y Chávez, fue una especie de tabla salvadora a la que se aferró El Caudillo del Archipiélago, hasta su inhabilitación por enfermedad. Tras este suceso, Raúl hereda el poder con una economía en ruinas, y promete un proyecto que no hunda más rápidamente en el lodo al país.

El General Presidente, -sin apartarse mucho del guión que su hermano le ha dejado por escrito, puso en práctica su propia perestroika, que no llega a ser ni la troika de Pérez.

El reformismo impulsado por Raúl Castro, bajo unos lineamientos del Partido Comunista, aferrado al unipartidismo, a la planificación económica y al rol hegemónico de la clase dirigente, nada tienen que ver con aquella perestroika llevada a cabo por Mijaíl Gorbachov, y que contempló la renovación de los cuadros del Partido con el propósito de atraer a los más jóvenes e idealistas, descentralizar los mecanismos y toma de decisiones, aumentar el alcance de las actividades económicas privadas, mejorar la gerencia del país con tecnología del mundo capitalista y combatir la corrupción y privilegios de la nomenclatura.

En la práctica, se ha demostrado que este programa de gobierno jamás devolverá el vigor a la agonizante economía cubana.

Sin respeto a todos los derechos humanos, sin libertades civiles, económicas y políticas, no podrá haber prosperidad.

Está claro que la creación de empresas rentables, generadoras desarrollo, y que constituyen la base del bienestar capitalista, no está en las intenciones del General, sino todo lo contrario. Todo su afán económico no vas más allá de la autorización del el timbirichismo cubano, que no hace avanzar la economía, solo absorbe una parte de la mano de obra improductiva existente en la Isla.

Ahora bien: ¿fracasarán las reformas de Raúl Castro?

Claramente que sí. Raúl Castro, fiel seguidor de su hermano, no permite libertades económicas para investigar, invertir, innovar, o asociarse. Tampoco promulga reglas claras que faciliten la creación de empresas, ni elabora una estrategia que obstaculice y permita denunciar la corrupción generalizada, y premien el ahorro y la inversión nacional y extranjera. Única manera de generar sistemáticamente la acumulación de capital y de riquezas, siempre y cuando exista un ordenamiento jurídico, un poder judicial eficaz, equitativo e independiente que castigue a los culpables y proteja los derechos de los ciudadanos y otorgue seguridad.

Por último, sin transparencia, ni rendición de cuenta de los actos del gobierno, sin funcionarios colocados bajo la autoridad de la ley, legitimados en elecciones periódicas entre opciones diferentes, tampoco se alcanza cuotas decentes de desarrollo.

¿Cuál sería la solución de Raúl Castro si de verdad quisiera ponerle fin a la penosa realidad del sistema socialista cubano?

Pues adoptar como suyo lo que algunos políticos importantes de Europa del Este han declarado: "*...ese tipo de régimen no es salvable. Hay que echarlo abajo y sustituirlo por un modelo que funcione, y el más acreditado que se conoce es la democracia*".

Viernes 27 de marzo del 2015

El rumbo económico de Cuba: siempre en manos de terceros

Las leyes de la economía se apoyan en las matemáticas, que es una de las ciencias exactas. Por lo tanto, en la economía, dos más dos no suma cinco. El gobierno de Cuba, en la voz de su "genio transformador" Marino Murillo viene anunciando que el producto interno Bruto de Cuba (PIB) crecerá en el 2015 algo más de l 4 %.

¿Qué significa este algo más? Si algo mas no se puede representar numéricamente, entonces forma parte del secretismo al que nos tienen acostumbrados.

Se sabe que para elaborar planes económicos y presupuestos casi siempre se acude a las series históricas del comportamiento de al menos los últimos cinco años. Según datos oficiales aparecidos a finales del 2014 y en lo que va de año en la prensa cubana, en el 2009 la economía creció 1,4%, en el 2010, 2,4 en el 2011, 2,8 en el 2012, 3% en el 2013, 2,1 y este recién finalizado 2014, solo un 1,3. Todo el resultado económico bajo el mandato de las fanfarrea de Raúl Castro, promedia un crecimiento de 2,26 en estos últimos 6 años, lo que significa que para llegar al "algo más" será necesario saltar 1,7 % con respecto a las series históricas y 2,7 con respecto a lo logrado en el 2014. Lo que no se puede descartar para el cumplimiento de las proyecciones que se proponen las autoridades cubanas, son los eventos favorables y o desfavorables.

Según ha informado la Comisión Económica para América Latina y el Caribe (CEPAL) un organismo cuyas labores se concentran en el campo de la investigación económica y dependiente de la Organización de las Naciones Unidas (ONU) las proyecciones de crecimiento económico para América Latina en este 2015, será un discreto 2,2 %. Este bajo crecimiento obedece al contexto de bajas demandas de las materias primas y el decrecimiento de sus precios.

Por otra parte, el decrecimiento de hasta un menos 10 anunciado por CEPAL para la economía de Venezuela de mantenerse la vertiginosa caída del precio del petróleo, asociado a los problemas económicos anunciados en Rusia con pronósticos de recuperación para dos años es una terrible noticia en el contexto de eventos negativos, que pudieran incidir notablemente en el crecimiento del PIB en la Isla.

No menos preocupante es la situación de Brasil con un pírrico crecimiento económico de 0,2 % en el 2014, abocados urgentemente a grandes medidas económicas en un complejo segundo mandato de la presidenta del gigante suramericano Dilma Russell.

Por lo pronto, la nota más positiva se viene dando en el proceso de restablecimiento de las relaciones diplomáticas con los Estado Unidos, cuya flexibilidad pueden abrir nuevas puertas para la economía cubana. Según puntualizó Olivier Debéne, presidente del observatorio político de América Latina y el Caribe, la exclusión de la lista de naciones que respaldan el terrorismo, pudiera relanzar a Cuba a ser candidata a los préstamos del Banco Mundial, además, con la ampliación de las categorías de la población que puede viajar y el aumento del monto de las transferencias monetarias, "habrá una afluencia considerable de dólares y eso va a ser muy rápido.

Lo cierto es que con la premura que amerita aprobar la asignatura pendiente de la economía, ya que estamos caminando por el borde de un precipicio, siempre quedamos en manos de terceros y no de nuestras vastísimas posibilidades. Por lo pronto todas las apuestas dependen de EE. UU y si el presidente de EE. UU. Barack Obama puede solo levantar el embargo.

Martes 10 de febrero del 201

II

NAÚFRAGOS DEL SOCIALISMO

Desamparados

Bernardo Sevilla Pool perdió su ojo izquierdo hace algunos años, a causa de un accidente con productos químicos, cuando cumplía el Servicio Militar en el aeropuerto de Baracoa, en la actual provincia de Mayabeque. Y lejos de recibir alguna compensación, se vio sometido a las duras pruebas que impone ser un padre en estos tiempos. Él y su pequeña hija Samira forman parte de los cubanos que sufren la falta de misericordia de un estado al que poco le importa la vida de su gente.

Primeramente, le quitaron la patria potestad de su hija, Samira Sevilla, que tenía seis años, al considerar las autoridades que carecía de las condiciones idóneas para cuidarla. Entonces, la pequeña, no solo sufrió los maltratos de una madre alcohólica, sino también fue víctima de un traumático peregrinaje por el Círculo Interno para Huérfanos, ubicado en calle 15 y F, El Vedado, y posteriormente, a la escuela de amparo filiar, R. de Camboya, en 1ra y 4.

El indiscutible amor de este padre por su hija se puso a prueba al sostener un largo proceso de reclamaciones en los tribunales (que comenzó en el 2006), para recuperar la patria potestad y hacerse cargo de la educación de su hija. Juicio que ganó en el 2011. Fue entonces que su exesposa lo expulsó de la casa, junto a su hija, ubicada en la calle 18 # 1, apto. 6, entre Línea y Calzada. Tal situación lo obligó a dirigirse a todos los niveles de la Dirección de la Vivienda y la Fiscalía, sin que hasta ahora le hayan resuelto una vivienda digna donde guarecerse con su niña.

Durante poco más de dos años este padre, cuyas limitaciones físicas por un accidente fueron precisamente cumpliendo los deberes con la patria, estuvo pernoctando con su hija donde lo cogiera la noche. Ni tan siquiera una chequera para alimentar a

Samira le dio la Seguridad Social, a pesar de que en más de una ocasión la solicitó.

"Mi caso lo he llevado hasta el Consejo de Estado. Allí me dicen que mi problema no está en sus manos, ellos sólo explican la problemática a los organismos correspondientes que son los encargados de resolverlos", dijo.

A costa de una estoica perseverancia por la supervivencia de ambos, después que deja la niña en la escuela, recorre kilómetros por la ciudad, recogiendo latas y botellas vacías, que luego vende a una empresa recolectora de materia prima, a 8 pesos cubanos el kilogramo.

Hace unos meses, las autoridades de Vivienda en el Vedado lo autorizaron a vivir en un pequeño cuarto, ubicado en la calle H # 107, entre 5ta y Calzada, pero sin luz, ni agua, ni gas. Solo cuenta con una camita que pudo conseguir tras ingentes esfuerzos, donde acuesta a su hija Samira, y él duerme en el piso.

Mientras las necesidades sociales se multiplican en la capital y en muchos lugares del país, la hipocresía del gobierno cubano, a través de su aparato de propaganda comunista, se vanagloria de que "hoy millones de niños en el mundo piden limosna en las calles, pero ninguno de ellos es cubano".

11 de marzo de 2014

El estigma en el ejercicio del arte cubano

El gran estigma que el régimen cubano impuso desde su llegada al poder, no solo en el arte, es el tema que me ocupa.

Éste aparece también en el deporte y otras esferas, a quienes enroló bajo una supuesta bondad desinteresada del Estado benefactor.

Toda esta barrabasada ha traído consigo insolvencia económica para los talentos artísticos, además de las absurdas exclusiones que resultan tan dañinas en lo ético, en los valores humanos.

Ya el arte, desde el llamado período especial, empezó a problematizar sobre las condiciones socioeconómicas de los cubanos. Y no solo eso, la terrible crisis despertó un gran interés de los artistas por vincularse a los perímetros de mercado y consumo de obras de arte. Una necesidad comercial que, no todos los creadores pueden lograr, ya que es necesario entablar una conexión con el coleccionista o los compradores de pinturas.

Para lograr esta comunicación es imprescindible atraer con el objeto terminado, estéticamente agradable, y que enfatice el contenido del mensaje, algo que no sólo se logra con el talento, es también necesario la utilización de los mejores materiales para pintar.

En este punto, muchos artistas se ven limitados a la hora de comprar los materiales que necesitan, casi siempre de segunda- y más bien para aficionados, que son más caros aquí que en cualquier parte del mundo.

Sobre este tema este reportero conversó con el creador Reinier Alejandro Fernández, nacido en la ciudad de La Habana en 1979, graduado de la escuela de Fotografía profesional de la UNEAC en el 2003, y uno de los pintores de formación autodidacta, cuya obra artística es totalmente independiente.

Reinier, paga por ser un firmante del Proyecto Varela, y dirigir una ingenua petición al Ministro de Cultura de aquel momento, Abel Prieto, en la que le solicitaba un espacio cultural de galería, ferias y otras promociones culturales y exposiciones para los creadores independientes. Razón por la que fue excluido de los órganos culturales estatales.

A partir de 1998, Reiner tuvo que ganarse la vida, primero a través de la venta de sus dibujos, y luego, de sus pinturas: "Jamás he recibido apoyo de las autoridades culturales de la isla, pues me consideran un desafecto", dijo. Y amplificó: "La ayuda y la divulgación solo están reservadas para aquellos que comulgan sumisamente con el oficialismo. En cambio, para los jóvenes creadores, consagrados del sistema, existe un determinado subsidio de materiales de pintura, reciben un salario y abundante promoción, conformando la propaganda culturalista de la dictadura cubana, que además les otorga una patente en el registro de los creadores, a fin de facilitarles la compra de algunos materiales a bajos precios".

Mientras los pintores independientes tienen que comprar un rollo de lienzo entre los 260 y 400 CUC en tiendas en divisas, los oficialistas lo consiguen en 60, siempre y cuando se dejen utilizar por la maquinaria oficialista de propaganda, que además se encarga de promocionarlos como una falsa vanguardia artística que no existe.

Reinier no tiene que agradecerle nada al gobierno, aprendió las técnicas de manera intuitiva, tomando las cosas al vuelo. Gracias a la amistad con otros creadores independientes que lo ayudaron a proyectar algunas ideas en pequeños formatos, llegó a perfeccionar el estilo del autorretrato y el abstraccionismo.

Autodidacta al fin, y fuera del auspicio comunista, tuvo que irse probando en cada una de esas escuelas. En sus creaciones se aprecian influencias de pintores de otras épocas que hicieron hito. Su tránsito por otros géneros como el impresionismo y el surrealismo, le permitió conducir su obra hasta un abstraccionismo surrealista, que lo distingue estéticamente.

La mayoría de sus obras constituye un discurso universal que brinda la oportunidad de rebasar las palabras y dar rienda suelta a la imaginación. Es un pintor ecléctico y hace lo que le viene a la mente.

Dentro de sus creaciones más gustadas se encuentra la Marina Ernest Hemingway, María Carla, Continuidad, Platanoes, Lea y el Guajiro Tabaquero. Gusta de la obra de Nicolás de la Escalera, un autodidacta del siglo XIX que pintaba copiando, y captó la luminosidad de las obras cubanas, a quien le pagaban por sus retratos que era el tema más frecuente.

Como otros tantos creadores cubanos, Reinier Alejandro sufre la parcializada proyección cultural y artística, presente todavía en la isla, cuyo anquilosamiento se gesta a través del Consejo Nacional de Cultura, el Departamento de orientación revolucionaria (DOR), el Instituto Cubano del Arte e Industria Cinematográfica (ICAIC), la Unión Nacional de Escritores y Artistas de Cuba (UNEAC), y el CODEMA. Estos aparatos burocráticos son verdaderas alimañas, que secuestran el arte y lo encaminan a ser propaganda política, convirtiendo todas las opciones de la Cultura y el arte en función de la política comunista.

La Habana, martes 20 de agosto de 2013

Duro costo para actualizar título universitario

El ingeniero eléctrico Rubén Fernández, reside desde hace algunos años en el Ecuador. Fue a dicho país con la esperanza de ayudar a los suyos que quedaron en Cuba.

La pérdida inexplicable de su título profesional, en una gestión que realizó en una entidad del Estado ecuatoriano, no le ha permitido encontrar un buen trabajo, acorde con su profesión, por lo que las promesas hechas a sus familiares no ha podido cumplirlas.

"Pensé que mi vida podía mejorar con la ida de mi hermano Rubén a Ecuador, pero ni siquiera él ha mejorado en estos años", declaró Reinier Fernández, un pintor cubano que reside en calle 25 entre A y B, en El Vedado, y espera poder emigrar a través de su hermano a este país.

Una reciente misiva desde el Ecuador daba cuenta de la demora en el proceso para que Reinier viaje a ese país. Dice: "Aunque tú no lo creas, sigue siendo mi meta traerte. Pero para eso tengo que pasar mi visa ecuatoriana al nuevo pasaporte y me exigen que demuestre que yo soy graduado de la Universidad de la Habana, y tú conoces que mi título me lo robaron unos abogados aquí. Hacer ese trámite en Cuba, en la Universidad y en la Cancillería tiene un costo altísimo como bien sabes, y yo por ejemplo este mes no he ganado ni un centavo, así que te pido tengas paciencia, mi hermano".

Solo para actualizar su título, Rubén Fernández tendría que pagar a las autoridades cubanas más de 400 CUC para poder obtener la certificación de una carta que lo acredite como Ingeniero Eléctrico, título que obtuvo a finales de la década del 90 en la Ciudad Universitaria José Antonio Echevarría (CUJAE).

Desde que ocurrió la pérdida, Rubén pidió la cooperación de su padre que vive en Cuba. La idea era encontrar alguna amistad de la vieja guardia para resolver el problema, toda vez que su padre también fue egresado de este centro donde muchos de sus compañeros se establecieron como profesores allí, pero la gestión no resultó.

Tuvo que conformarse con la certera información del Archivo Central de la CUJAE, oficina que se ocupa de orientar los pasos a seguir en estos casos, e inmediatamente supo del monto a pagar por el restablecimiento de cualquier documento de este tipo, a través de una burócrata comunista del referido centro quien le sentenció: "150 CUC para la gestión de la Cuarta en el centro universitario, luego abonar 200 CUC para legalizarlo en el Ministerio de Relaciones Exteriores de Cuba, 20 CUC por sello de timbre y dos sellos de 10 pesos en moneda nacional. Todo esto, previa iniciación de contrato con la Consultoría Jurídica Internacional, ubicada en calle 22 y 3ra, en Miramar".

Desde entonces y hasta la fecha, el Ingeniero Rubén no ha podido levantar cabeza para salir del mal momento económico por el que pasa. Tal odisea ha repercutido negativamente en detrimento propio y de sus familiares en la isla.

Y para colmo, el Consulado de Ecuador en Cuba exige que después de la legalización de la carta en el Ministerio de Relaciones de Cuba, se realice un pago de 45 euros.

Definitivamente la separación familiar, sigue siendo un lastre que parte el alma y desfigura el rostro, como decimos los cubanos.

La Habana, lunes 18 de agosto de 2014

Corredores de inmuebles se sienten estafados por sus clientes

¡Vaya ironía! Varias personas que hoy actúan como corredores de compraventa de casas, se quejan más de las constantes estafas por parte de sus clientes, que de la prohibición para ejercer como agentes inmobiliarios de bienes raíces.

Cientos de ellos se mueven por toda la capital, convencidos de que su trabajo es serio y sacrificado. No le estafan a nadie ni hay engaños. Ellos son contratados por gente con deseo de permutar, vender o comprar un apartamento.

Varias fuentes pertenecientes al gremio del ilegal negocio, que prefirieron no ser identificadas, declararon para que exista una tremenda falta de moralidad y seriedad, tanto en los compradores como en los vendedores de las viviendas. Toda vez, que en muchos casos se ponen de acuerdo entre ellos para estafarlos, pasando por alto su esfuerzo y dedicación, y violando el compromiso que previamente se estableció en un pacto de caballeros tripartito, en la que el vendedor tiene la responsabilidad y el compromiso de desembolsar el 10% al agente inmobiliario.

Uno de estos agentes cuyo nombre omito por razones de seguridad, citó los casos de Yolanda, y Egler, cuyos apellidos no se pudieron averiguar. La primera, luego de vender la vivienda ubicada en la calle 24 entre 5ta y 7ma, en 250 mil CUC, incumplió con el pago del 10 % que había prometido a los corredores por la gestión de la venta, y sólo a duras penas pagó un 5 % por que le dio la gana. La otra vendió su propiedad en calle 21 No 809, apto 602 e/ 2 y 4 en el Vedado y compró en calle 20 e/ 7ma y 9na, Miramar, y estafó a todos los que gestionaron sus operaciones al no pagarles nada. Todos estos riesgos son asumidos por los incipientes agentes inmobiliarios, a lo que se une el rigor desatinado del régimen cubano, quien después que autorizó la compraventa de casas, no autoriza la gestión inmobiliaria por cuenta propia, y pone otra línea imaginaria de estúpida ilegalidad.

La difícil gestión de estos luchadores se inicia con la recolección de información, tanto de vendedores como de los compradores, que no es todo lo suficiente que quisieran. Y es que puede resultar que un cliente quiera una propiedad cuyas características no están en las que el corredor posee, y tienen que meterse meses y días cogiendo guagua, visitando muchos barrios, buscando lo que le han pedido.

René, un hombre que lleva más de 30 años ejerciendo esta profesión ilegalmente, y que ahora trabaja con dos jóvenes a los que entrena con sus habilidades acumuladas, dijo. "Son muy pocos los corredores que hacen su gestión solos, casi siempre trabajamos en equipos y nos brindamos información entre nosotros que pueda traer dividendo, cuyos acuerdos sin son formales.

Los corredores que operaban cuando era ilegal vender las casas, cuya prohibición fue caldo de cultivo para la corrupción de este trabajo, ahora, a pesar de ser ilegales, operan bajo el manto de la autorización de la compraventa de inmuebles de bienes y raíces, que facilita que su trabajo pueda ser serio y responsable.

A diferencia del pasado, en que los cubanos tenían que echar mano a la facturación de "habilidades" para fabricar la propiedad, ahora la mayoría de la gente que vende su casa tiene su propiedad porque así se lo exige la ley; solo necesitan de la declaración de un cheque gerencial del banco, por la venta del inmueble y la gestión de un corredor de inmuebles, quien ya no tiene que involucrarse en los altos pagos y sobornos, que en el pasado exigían los funcionarios corruptos de las viviendas y abogados estatales, para la legitimidad del papeleo.

Infelizmente la pirámide se ha invertido, como todo lo que ocurre en Cuba. Ahora, según los agentes inmobiliarios, el estafador puede ser el cliente.

Finalmente, valdría la pena preguntarse por qué las autoridades no viabilizan la legalidad de estos talentosos inmobiliarios, teniendo en cuenta que muchos cubanos y extranjeros interesados en comprar o vender una vivienda, acuden a ellos conociendo la eficiencia de su trabajo.

La Habana, viernes 9 de agosto de 20

El gravoso estatus de un concurrente vendedor

En la mayoría de los Agro Mercados de Oferta y Demanda de la capital habanera, el Estado cubano permite a un grupo de concurrentes vendedores, mercantilizar sus productos, sin que tengan que portar una licencia como trabajador por cuenta propia.

Es conocido que, dentro de las transformaciones económicas emprendidas por Raúl Castro, se otorgaron estas anuencias para algunos negocios particulares. Esto supuestamente significa que el cuentapropista, al pagar el impuesto tributario fijo al Estado, y un porciento a la Seguridad Social, garantizaría en lo personal - entre otras cosas- el derecho a un retiro remunerado cuando su edad lo demande.

Sin embargo, este derecho no existe por igual para todos los mercaderes cubanos. Los llamados concurrentes vendedores de estos establecimientos no solo pagan pesadas cargas impositivas por sus operaciones comerciales, tampoco su tiempo trabajado cuenta para su seguridad social, algo que ya empieza a preocupar a muchos de ellos.

Para Julio Castillo, uno de estos vendedores que durante 16 años ha laborado con ese estatus en el agro mercado de 160 y 51, en La Lisa, es lamentable no poder contar con nada legal, a pesar de que durante ese tiempo ha tenido que pagar un impuesto, a razón de 60 pesos diarios, por su gestión económica independiente. Y me explica: "Desde hace casi siete años, cerca de unos cuarenta vendedores concurrentes, que operamos en el Agro de La Lisa, esperamos por las autoridades que dirigen los Mercados de Oferta y Demanda, quienes prometieron gestionarnos la licencia como trabajadores por cuenta propia, pero hasta ahora, solo ha quedado en meras palabras".

Téngase en cuenta que este laborioso segmento "empresarial" genera sus ganancias, adquiriendo sus mercancías de manos de los productores independientes, pero para ello no solo deberán desplazarse hasta unas naves conocidas como El Trigal, ubicada en las inmediaciones del puente de Calabazar, en el municipio Boyeros, y pagar la transportación bien cara. También deben alquilar una tarima al Agro mercado, y pagarle por el almacenamiento de los productos, y desembolsar el 10 % de toda la mercancía declarada para su venta.

En medio de toda una restructuración para comercializar los productos del agro, que se ha venido poniendo en práctica en lo que va de año, bajos los lineamientos del Partido, y la "actualización del modelo económico cubano", muchos de estos comerciantes pensaron que se tendrían en cuenta su estatus. Pero lo cierto es que los concurrentes vendedores siguen prescindiendo de beneficios tales como: seguridad social, e impuesto fijo a la ONAT, que por supuesto los libraría del enorme pago que ahora desembolsan.

Uno de estos vendedores sin licencia que operan en una de las tarimas del Agro de 19 y B, en el Vedado, y que no quiso identificarse, dijo: "El tener una licencia sería muy ventajoso, pero ha perdido las esperanzas de que me la otorguen. Imagínate, por la misma mercancía que vende un carretillero (vendedor ambulante) con licencia, cuyo impuesto fijo a pagarle a la Oficina Nacional de Administración Tributaria ONAT son 200 pesos mensuales, a mí me cobran en un día casi 400. Eso es abu- sivo".

Cabe preguntarse: ¿En qué se beneficia el Estado con no otorgarles licencias a estos vendedores concurrentes? En opinión de muchos, la razón es su naturaleza mezquina ante las libertades.

La Habana, lunes 22 de septiembre de 2014

Jinetes de la materia prima

Entre los segmentos más sacrificados del cuentapropismo cubano se ubican aquellos que salen para las calles a recoger latas de aluminio, botellas, cartones, y pomos vacíos, por toda la capital.

La entereza y dedicación de estos hombres, mujeres y ancianos, visiblemente mal alimentados, mal vestidos, y en ocasiones con los zapatos rotos, se pone a prueba todos los días desde las primeras horas de la madrugada, recorriendo grandes distancias de un municipio a otro.

Hace poco pude conversar con uno de ellos. Dionisio, alias el Tuerto, se encontraba anclado en una de las aceras, llevaba su saco al hombro, a la par que conducía una carretilla, habilitada para el transporte. Él recorría la calle 25, en el Vedado, bajo el fuerte sol de la tarde, aplastando con el tacón de su bota las latas que había recolectado hasta el momento. "Salgo con mi carrito casi todos los días a las cuatro de la madrugada desde el barrio Luyanó municipio 10 de octubre, hasta el Vedado, es duro el trabajo de recolectar lata a lata, pero gracias a Dios hoy busqué con que alimentar a mis hijos", dijo.

De esta manera los recolectores de materia prima van recolectando estos envases en los tanques de basura, o los regados por las aceras, o en los troncos de los árboles, pero la mayor recolección la obtienen en las inmediaciones de los centros dolarizados, donde la gente lanza el vacío en cualquier parte a falta de una infraestructura que preserve la higiene.

Esta figura del recolector cuentapropista fue autorizada desde que se puso en práctica la nueva política económica del gobierno de Raúl Castro. Quienes la realizan, además de asumir la dura tarea de exponerse al sol, a la lluvia, y expuestos a contaminarse con alguna enfermedad, deberán portar una licencia, y pagar todos los meses 200 pesos de impuesto a la ONAT. De lo contrario, corren el riesgo de ser multados, o recluidos.

Bernardo Sevilla Pool, recogedor de materia prima, quien sobrevive en un cuartico con su pequeña hija, en calle H # 107, entre 5ta y Calzada, en el Vedado, fue consultado por este reportero, y al respecto dijo: "Lo peor es que no pagan, por tan valiosa mercancía, más de ocho pesos por cada kilo de estas latas de aluminio, las cuales debemos entregar bien prensadas en los locales habilitados por la Empresa de Recuperación de Materia Prima de cada municipio".

Refiere Sevilla Pool que la mayoría de las veces hay que hacer extensas colas para concretar la entrega, y en ocasiones han tenido que virar para la casa con sus bultos, porque no hay dinero para comprarles la materia prima.

Existen también los recolectores de pomos plásticos, que prefieren arriesgarse haciendo la tarea sin portar licencia, ni pagar impuestos, porque les parece indigno. Y cito el caso de Alex, un recogedor de pomos plásticos, que vive en el Vedado, que me comentó: "Recorro muchos kilómetros cada día buscando estos envases. Después los friego bien, y se los vendo a ciertos clientes que lo usan para envasar sus productos, y me lo pagan mejor que el estado".

Aparte del mísero beneficio por estos jinetes de la materia prima en las calles, lo peor son las pésimas condiciones en que desarrollan su actividad. Es una de las labores independientes más sacrificadas, y menos remuneradas, por las entidades del estado.

La Habana, martes 7 de octubre de 2014

Iniciativa callejera cumple una función social

Más allá de las pequeñas libertades otorgadas por el raulismo para ejecutar los pequeños negocios, o cuentapropismo como también se le conoce, la gente en la Isla se las ingenia de mil maneras para procurarse la subsistencia diaria.

Cualquier iniciativa privada, por muy disparatada que parezca, surge de los grandes problemas sociales que enfrenta la sociedad cubana desde hace mucho tiempo.

Para confirmar lo dicho, ahí está ese ejército de compradores ambulantes que, como parte del laborioso sector independiente de la Isla, va pregonando insistentemente por las calles de cada barrio, su intención de adquirir –aunque a precios módicos– ventiladores, planchas, grabadoras, relojes, lavadoras, televisores, bicicletas, pomos de perfume, radios y otros objetos que están descontinuados o en desuso.

Interesado en conocer el destino que estos compradores ambulantes le dan a estos trastos, este reportero habló con el ingeniero eléctrico Remberto Fernández, uno de los magos de la reparación de electrodomésticos en la capital.

Este hombre, de 70 años de edad, residente en El Vedado, recibe una pensión que no le alcanza ni para comprar medicinas, así que desde hace algún tiempo se dispuso a habilitar un taller en su propia casa, con algunas herramientas suministradas por su hijo desde el exterior, al que acuden muchas personas para solucionar las roturas de sus equipos.

Al preguntarle a Fernández cómo obtiene las piezas de repuestos, tan necesaria para su trabajo, explicó: "Yo se las compro a ese grupo de rastreadores habilidosos, que hurgan en ese cementerio de equipos rotos, que la gente guarda en sus domicilios". Y añadió: "Podría decirte que es un trabajo social muy importante, ellos no solo proveen un modesto ingreso a esa gente que ya habían perdido toda esperanza de echar andar el cacharro, también se benefician al venderle a los mecánicos, o propietarios de talleres, las piezas de repuestos que a su vez le solucionarán los problemas de otros".

La iniciativa surge por la inexistencia de empresas mayoristas que provean de las piezas de re- puestos al sector de cuenta-propiestas, tales como: bujes, capacitores, tornillos, cajas de bolas, discos, propelas, paletas de lavadoras, y otras utilidades necesarias para la reparación de otros equipos que llegan a los talleres privados con el ruego de sus clientes por una solución.

Los aparatos eléctrico-domésticos que hoy se ofertan en las tiendas dolarizadas son de baja calidad, por lo que fácilmente se rompen.

Según me comenta Marlon, un joven que colabora con su padre en un taller de reparaciones: "Diariamente reparamos aquellos trastos que la gente conserva desde la década de los 80, procedentes del campo socialista, incluyendo una gran parte de los equipos que fueron comprados en dólares con solo varios meses de explotación".

Es importante señalar que la garantía para los equipos electrodomésticos ofrecida por las tiendas dolarizadas al cliente oscila entre 2 y 3 meses. Sin embargo, si el equipo se rompe dentro de ese período, no habrá devolución del dinero, ni cambio del artículo. El cliente solo tendrá el derecho de llevarlo a un taller estatal, ubicado en muchas ocasiones fuera del municipio donde lo adquirió. Si la rotura ocurre, ya pasada la garantía, la reparación entonces se pagará en dólares, y bien caro.

Ante la terrible crisis que se refleja hoy en casi todos los sectores de la sociedad cubana, la mayoría de los cubanos sobreviven gracias a la misericordia divina.

No es descabellado pensar que cualquiera de los utensilios electrodomésticos, reciclados en estos talleres particulares, cuenten con las piezas de algún equipo vendido por los mismos clientes a los compradores ambulantes.

La Habana, viernes 7 de noviembre de 2014

Irritación en La Timba

Siguiendo el acostumbrado secretismo, las autoridades del gobierno en el municipio Plaza ordenaron desmantelar el taller de mantenimiento de autos, adscritos al Instituto Nacional de Recursos Hidráulicos y la Empresa Maqui Motor, perteneciente a la corporación Cimex.

Luego del traslado de estas empresas para otro sitio, llama poderosamente la atención que los recintos desocupados, estando enclavados en el emblemático barrio de la Timba en el Vedado, una olvidada comunidad marginal, y con una enorme necesidad habitacional, en lo adelante se destinen para parquear autos y bicicletas, o para el montaje de un parque, como aseguraron algunas fuentes cercanas al lugar.

Según Leonardo Gobell Castro, un nativo de esta comunidad, y quien desde hace algunos años espera por una vivienda mientras vive albergado en la antigua posada de 31 y 2, sencillamente convertir estos locales en un parqueo, con tantas casas que se están desplomando aquí, es un descaro que tiene irritado a las personas. "Lo más lógico fuera darles a estas edificaciones un uso social acorde con las necesidades del barrio, la gente lo que necesita es un hogar medianamente confortable, no parques ni parqueos", sentenció.

Jorge Luis Fornaris, más conocido como el Yoyi, es un pintor de brocha gorda que reside en la Timba desde niño, afirmó no creer ni siquiera en la construcción de tal parque. "Mira, tú ves que la gente dice que debieran habilitarlo para resolver los problemas de la vivienda aquí, yo te digo que el des- monte de ese local durará meses y tal vez años, ya lo verás. Al final ni casa, ni parque, ni nada… esto se lo tragará la hierba, como sucede con otros tantos locales que hay por toda la ciudad", concluyó. Este reportero también visitó una peña de dominó, y conversó con un grupo de moradores de la Timba. Sobre el tema, todos estaban indignados por el mal uso que le darán a esos locales, pero al preguntarle si llevarían su preocupación a la reunión de rendición de cuenta del Poder Popular que por estos días se celebra, dijeron: "Eso es perder el tiempo, ya nadie confía en ningún funcionario del gobierno, y menos en un delegado del Poder Popular, que todos sabemos no tienen poder ninguno; ellos están ahí para obedecer órdenes de arriba, no para resolver los problemas de la población".

En verdad muchos timberos se sienten decepcionados de sus representantes gubernamentales. Hace algunos años, y obligados por el caos habitacional de La Timba, las autoridades mutilaron las funciones sociales que ofrecía la posada ubicada en la calle 2 y 31, y el conocido Patio de María de 37 y Paseo, para convertirlos en albergues para muchísimas familias que aun hoy siguen esperando por la asignación de un hogar.

Pero ahora mismo si nos adentramos en este barrio, veremos un gran segmento poblacional penosamente viviendo bajo condiciones de miseria, solo comparable a un campo de guerra. Cientos de apuntalamientos que sujetan los techos para evitar su colapso, puntales quebrados y rajaduras de cubiertas, puertas y ventanas que ya no pueden sostenerse.

Ante este terrible escenario, ¿cómo es posible que dos recintos que perfectamente pudieran ser habilitados para solucionar las pésimas condiciones de vida de muchos timberos, tenga pésimo uso social? Lógicamente esta es la pregunta que ronda en la mente de los timberos que no entienden como suceden estas cosas habitando tan cerca de la cúpula comunista.

Es lamentable pues, que estos dinosaurios totalitarios se desentiendan del significado del hogar: un templo donde se reponen todas las fuerzas, tanto físicas como espirituales, el punto de encuentro familiar, la paz y la tranquilidad.

¿Podrán creer los habitantes de La Timba en que Raúl Castro enfile verdaderos esfuerzos para sacar adelante la cacareada actualización del sistema económico cubano? Por lo que vi y oí, lo dudo.

La Habana, martes 11 de noviembre de 2014

Terrible marca: "desafecta a la Revolución"

El control y poder del estado vigilante sobre sus ciudadanos en la Isla, a los que califica según sus actos, rebasa los límites del pensamiento humano.

Hace unos días, Rosa Magdalena Avilés Carballo se personó en la "Empresa de Servicios a la Población" de su natal Camagüey para recoger su expediente laboral, a fin de gestionarse un nuevo empleo como peluquera aquí en la capital cubana, donde reside ahora en el hogar de una amiga.

Después de enfrentar las habituales trabas del burocratismo mediocre, que se manifiesta en todas las entidades estatales, Avilés se llevaría una inimaginable sorpresa, al comprobar que en su expediente consta la terrible marca de "desafecta a la Revolución".

En una parte del expediente se puede leer: "La trabajadora se presentó en el mes de octubre del 2013 para incorporarse nuevamente a su trabajo, pero la misma no es grata en nuestra entidad por no ser confiable, pues tiene problemas políticos".

"Esto forma parte de una venganza bien concebida contra mí", declaró Avilés Carballo, quien considera que este es el pago por haber presentado ante la policía de San Antonio de los Baños, en la provincia de Artemisa, una denuncia por estafa contra Enoida Domínguez, oficial del Ministerio del Interior, y ex funcionaria del Departamento de Inmigración en este territorio.

Recuerda Avilés que esta militar le cobró en el año 2013 una gran suma de dinero por un supuesto contrato de trabajo para México, que finalmente resultó ser un engaño.

La denuncia fue formulada en el mes de julio de ese mismo año, y la misma no prosperó porque la militar se encuentra bajo el respaldo de su esposo, un teniente coronel del MININT. Tres meses después, en octubre, el cuerpo policial de San Antonio le envió una notificación escrita, exonerando a la militar de toda la responsabilidad judicial.

Rosa Avilés antes de ser estafada, y creyendo que viajaría a México, solicitó la baja de su trabajo como peluquera en el Instituto de Belleza de Camagüey, perteneciente a la Empresa de Servicios a la Población. Cuando intentó recuperar su puesto de trabajo, le dijeron que esperara al próximo año, ya que con las transformaciones económicas que se venían instaurando en el país, se avecinaban algunos cambios para la empresa, pero todo era una jugarreta, ya que de antemano había sido rechazada por el supuesto problema político mencionado.

Ahora esta camagüeyana, madre de una menor de nueve años, se ha quedado pasmada ante el discriminatorio epíteto de "contrarrevolucionaria", que le han escrito en su expediente, con el que seguramente le será imposible buscar un empleo estatal para su subsistencia.

Este tipo de represión quirúrgica ordenada por el gobierno comunista de la Isla, no solo se lleva a cabo contra los periodistas, activistas y dirigentes del movimiento opositor y todo lo que vaya en contra del socialismo y el comunismo en La República de Cuba. También contra todos los ciudadanos que osen denunciar a cualquier militar, aunque éstos hayan cometido actos vergonzosos de corrupción.

La Habana martes 9 de diciembre 2014

Penurias después de un temporal

Las lluvias en Cuba tienen asombrosamente dos vertientes. Por un lado, constituyen una bendición para la tierra, por lo que debiera suponer un aumento de la producción agrícola; y por otro, un verdadero dolor de cabeza, porque se acentúan las penurias para los que dentro de su hogar tienen que sufrir con los chorros de agua que penetran por los techos, paredes y ventanas, depauperados por la falta de mantenimiento.

Recientemente un temporal nos visitó durante varios días. Es fácil comprobar el precario estado de la mayoría de los hogares de la isla, y esta situación hace temblar a muchos cubanos cada vez que se anuncia un tiempo lluvioso, cuya imposibilidad para la adquisición de materiales de la construcción a fin de frenar el deterioro habitacional, es una triste realidad que hay que anotársela a las autoridades del país.

La ausencia de la gestión empresarial -en su escasa voluntad- empobrece la economía del país, y por supuesto el bolsillo de cada nativo. Una simple mirada, a cualquiera de las barriadas capitalinas, bastaría para captar las pésimas condiciones constructivas de cada hogar. Muchas, no aptas para soportar adecuadamente un temporal de lluvias. Amargado escenario que acentúan aún más, las penurias que sufren la población.

En un recorrido por uno de los diferentes rastros que ofertan materiales de la construcción, específicamente el que está ubicado en calle 33, entre A y Paseo, en el Vedado, pude confirmar algunos precios: el cemento P250 cuesta 112 $, los Áridos (arena lavada, polvo de piedra) el metro2, 200 $, cada loza o mosaico 26 $, los alambrados (cabillas y alambrones) cada metro 7 $, y los bloques, 14 $ cada unidad.

El salario medio en Cuba oscila alrededor de los veinte CUC. A continuación, reproduzco diversos criterios de los entrevistados. Un especialista en construcción declaró: "Me dedico a realizar reparaciones en las viviendas en el Vedado, y te digo que la mayoría de los pobladores no pueden costear estos materiales que, aparte de ser excesivamente caros, tienen pésima calidad. Por ejemplo: el cemento P250, solo sirve para reparar paredes y hay que usar una gran cantidad, por lo que, para fundir una placa, se necesita comprar el P350 en las llamadas tiendas recaudadoras de divisas donde la bolsa cuesta cerca de 7 CUC".

Otros expusieron que son muchos los obstáculos y las limitaciones, y se refirieron esencialmente al costo de la transportación de los materiales y a la mano de obra que hacen difícil la reparación de cualquier vivienda.

Así andan las cosas en un país cuyo gobierno desde su llegada al poder asumió el costo de la totalidad de los servicios públicos, y ahora se ve incapacitado para ofrecer garantías que libren de las penurias al pueblo cubano.

La Habana, 23 de octubre de 2011

La risa, una estrategia para reconciliar las desventuras

Todos los lunes en la noche la población cubana sintoniza el programa humorístico "Vivir del Cuento", que trasmite el canal estatal Cubavisión. Un espacio donde el cómico Luis Silva, que encarna el personaje de Pánfilo, se las ingenia para entretejer su actuación con una sarcástica crónica social que le ha ganado el aprecio de muchos.

El programa intenta reconciliar con la risa las desventuras cotidianas de la fatigada ciudadanía cubana, que se traslucen desde las grandes colas para adquirir las papas que se pierden todo el tiempo, la disminuida calidad del pan, las engorrosas operaciones en los bancos financieros, el pésimo servicio del transporte público, la falta de papel higiénico, la caducidad de la cartilla de racionamiento, o el déficit de envases para llevar los productos a la hora de comprarlos.

Sobre esto último, en una de sus más candentes actuaciones el afamado comediante escenificó una redondeada sátira sobre las funciones de una simple jabita de nailon en nuestra sociedad. Para ello se valió de ese humor negro que se apoya en elementos tristes o desagradables que, para hacerlos más soportables, transforma y degrada con la risa. Y cito: "Más allá de ser el sustituto de aquella amplia gama de envolturas que gratuitamente ostentaba la otrora red comercial de la isla, la jabita de nailon, también sirve para sellar salideros de agua, se usa como aislante en los cables eléctricos, resguarda los colchones del orine de los niños y los ancianos, y se aprovecha como soporte en los recipientes de la basura en los hogares".

Silva usa la técnica humorística del juego de palabras para visualizar la terrible decadencia de la isla. A la vez consigue sacar la risa de millones de cubanos, en un intento por disociarlos de la profunda desgracia por la que hemos tenido que transitar.

La multioficio jabita de nailon apareció en medio de la terrible crisis del periodo especial de la década del 90, que obligó al régimen primeramente a despenalizar el dólar americano, y acto seguido, abrir una cadena de tiendas recolectoras de divisa. Siendo estos los únicos focos comerciales donde los productos que se vendían iban acompañados de envolturas para llevar.

A falta de los cartuchos, los pliegues platinados y encerados, y otras tantas envolturas que han desaparecido, cada vez que los cubanos conseguían una jabita de nailon en estas tiendas, la guardaban celosamente para usarla una y otra vez en su primordial función.

Hoy día, ninguno de los centros del comercio estatal en MN tiene el cuidado de brindar la necesaria envoltura que prescribe la venta de cualquier producto como lo hacen en las tiendas dolarizadas. Por eso tuvo que aparecer el siempre complaciente y oportuno mercado negro, donde cientos de "mer- caderes independientes" se las arreglan vendiendo jabitas en todos los puntos de venta, al módico precio de un peso cubano. De ahí nace el sarcástico pregón "Coge tu jabita aquí", que en más de una ocasión ha servido de colofón –a humoristas y a pobladores- para preguntarse: ¿"Por qué si es mi jabita, ¿está en tus manos?"

La Habana, martes 13 de mayo 2014

Estafada, y de contra, sin derecho a reclamación

En el 2013, la ciudadana camagüeyana Rosa Magdalena Avilés Carballo, presentó una denuncia por estafa ante la policía de San Antonio de los Baños, en la provincia de Artemisa, contra Enodia Domínguez Naranjo, oficial retirada del Ministerio del Interior (MININT) y ex funcionaria del Departamento de Inmigración en este territorio.

Expresa la denunciante, que a cambio de recibir facilidades para un contrato de trabajo por tres años en México, el cual resultó un engaño, la ex militar Enodia fue cobrándole varias sumas para los supuestos trámites, que redondearon los 2 500 CUC.

El engranaje para el timo comenzó cuando una de sus clientes en el Instituto de Belleza en Camagüey, donde laboraba como peluquera, logró ilusionarla con la idea de viajar y trabajar en otro país. La puso en contacto con la exfuncionaria, convenciéndole de que era de toda confianza.

"En el primer encuentro con Enoida Domínguez, realizado en su casa, en calle 70 # 2102 A, entre 21 y 23, en San Antonio de los Baños, ésta me explicó que, aunque estaba retirada del MININT, como funcionaria de Inmigración, aún mantenía relaciones con una amiga en México, y que por los favores que le debía, estaba dispuesta a facilitarle un contrato de trabajo para tres personas. Certificó que era una cosa segura y que el trabajo para mí sería como dependiente en un mercado de la playa del Carmen, en Quintana Roo. Solo tendría que pagar 2500 CUC, más los gastos de visa y pasaje".

"Toda la explicación fue creíble, debido a la presencia en el encuentro de Rodolfo Cordero Delgado, teniente coronel del MININT, esposo de Enodia, razones que me no me hicieron dudar que todo era legal. Regresé a Camagüey y vendí mi casa para pagar las fotocopias de Carné de identidad, inscripción de nacimiento, pasaporte y la cita para la embajada de México".

"Finalmente el 6 de junio del 2014, se dio la cita en la embajada de México. Fue cuando descubrí que la señora Domínguez no podía viajar por ser una jubilada del MININT, que las citas para la embajada no se cobran, y para colmo, me faltaba lo más importante: el documento NUT, que es el número único de trámite y que se suponía debía estar en poder de la exfuncionaria".

Mientras me relata la historia, Rosa no para de llorar, dice que aquella entrevista fue un total fracaso y que el cónsul mexicano le dio 10 días para presentar el contrato, que jamás pudo conseguir. Días después comprobó que jamás existió la supuesta amiga, que pondría el Contrato de trabajo desde México, como tampoco existía el supermercado antes mencionado donde iría a trabajar.

Antes de hacer la denuncia a la policía de San Antonio, lugar donde ocurrió la estafa, pidió a Enodia Domínguez, le devolviera los 1700 CUC, entregados para los trámites. En la denuncia que interpuso en la estación de policía de San Antonio de los Baños, contó con lujo de detalles esta historia, pero la respuesta que recibió de parte del capitán Roberto Rodríguez Cruz, en un documento titulado Notificación al denunciante, con fecha 28 de octubre de 2013, se le informa que teniendo en cuenta lo previsto en el artículo 334, inciso 1, 2, 3, 4 y 5, del Código Penal vigente, se determinó que estaban ante un hecho que no es constitutivo de delito.

Rosa se quedó sin vivienda, y ahora vive alquilada con su pequeña hija en lugares transitorios en La Habana. Y teme por su vida, después de haberse quejado a la PNR, a la Fiscalía Militar, al departamento de Atención a la ciudadanía del MININT y al

Consejo de Estado, y solo ha recibido maltratos y atropellos, que la ha convertido en una persona sin derechos civiles, ni sociales, perdió su trabajo, y la escuela de su hija, que ha resultado la mayor perjudicada en esta estafa.

La Habana, martes 18 de marzo de 2014

Una ráfaga por reclamar

A principio de los años ochenta, Sergio Pérez Sierra no imaginaba el giro que daría su vida, mientras pasaba el Servicio Militar Activo (SMA) en la Marina de Guerra.

Cuenta que, desde su llegada a la unidad, experimentó un fuerte rechazo al militarismo y comenzó a fugarse por las noches, a expensas de sufrir cualquier castigo

El último de sus escapes le costó bastante caro. Tras ser perseguido durante quince días por los escuadrones "Boinas rojas", fue detenido, procesado y enviado a cumplir ocho meses en la prisión militar El Pitirre, "un campo de concentración para animales salvajes, y no para seres humanos" según sus propias palabras.

Al cumplir el periodo de encierro lo remitieron al Puesto de mando del Ejercito Juvenil del Trabajo (EJT), quien dispuso su incorporación al corte de caña manual en la zafra azucarera, donde tuvo que comenzar de cero los tres años del SMA, sin tener en cuenta los ocho meses que estuvo en prisión.

El rigor que sobrevendría en los cañaverales terminó por aquejar a Pérez Sierra con un desequilibrio mental, que sería el preludio hacia la más terrible desdicha de su vida. Varias semanas en el Hospital Naval, de la capital habanera, bastaron para que la Comisión médica que atendió su caso dispusiera sin miramiento alguno, que el soldado reunía las condiciones óptimas para reincorporarse nuevamente al EJT, y aquí sobre vino el terrible desenlace.

Salió del Hospital Naval, vestido de completo uniforme, y se personó a reclamar su baja médica en las oficinas del Estado Mayor del Ministerio de las Fuerzas Armadas. "Fui atendido por un alto oficial de las FAR, cuyo nombre no recuerdo, pero que reconocería si volviera a verlo. Este militar no soportó mi reclamo de la baja médica y cuando me alteré por su negativa, me disparó una ráfaga con un fusil que tenía cerca, destrozándome parte de los intestinos, que obligó a los médicos que me atendieron a practicarme una colostomía, y tuvieron que amputarme una de mis piernas".

En vano Sergio Pérez solicitó un juicio público ante varias instancias, tanto civiles, como militares, para que fueran esclarecidos los hechos de aquel día. Jamás le respondieron. Desde ese día exhibe varias cicatrices de heridas en su abdomen y la falta de una pierna.

Con una ayuda por Seguridad Social que no rebasa los 200 pesos, sin vivienda y pernoctando en la calle durante algún tiempo, tuvo la suerte de que una cristiana le diera alimentos, ropas y medicinas; y posteriormente lo recogiera en su hogar de la calle Zapata, entre A y B, del Vedado.

Sin dudas que aquel día de la ráfaga de fusil en la oficina del MINFAR, pasó a engrosar la lista de las víctimas de un gobierno que no solo se caracteriza por su probado desdén hacia su pueblo, también devora a sus hijos sin el más mínimo arrepentimiento.

"Yo era un joven fuerte, saludable, lleno de sueños. Y ahora soy un guiñapo humano. En la prisión El Pitirre sufrí castigos y abusos de todo tipo, que no ayudan a rehabilitar a nadie, a tal punto que casi me vuelvo loco. Fui a reclamar al Estado Mayor, a pedir justicia, y me respondieron con disparos. Si no aceptas el caldo, te dan una ráfaga de fusil por reclamar. Mi madre murió de triteza al verme sufrir tanto. Perdí mi casa, dormí en los parques; deambulé por las calles, sobreviviendo gracias a la caridad pública. Este estado, que dice llamarse socialista, jamás me protegió. Puedo decir que estoy vivo por la viejita Olga, que fue enviada por el Señor".

La Habana, martes 29 de abril de 2014

Molesto testigo de la corrupción en las gasolineras

En cualquier parte del mundo todos los acusados de un presunto delito, son inocentes mientras no se demuestre lo contrario.

Este principio fundamental de la justicia, fue violado en el caso de Ernesto Castañeda Maso, quien por tres años consecutivos ha luchado infructuosamente, para denunciar las injusticias que lo dejaron sin el empleo que desarrollaba en el servicentro Lido en Marianao.

"No había razones contundentes para separarme de mi trabajo, ya que la acusación se basaba en que yo tenía un sobrante de gasolina al entregar el turno de trabajo esa noche, pero éste ni siquiera estaba registrado en el libro de las incidencias que diariamente llevan estos centros", dijo Castañeda.

Un trabajador del sector, que prefirió el anonimato, me comentó que "en los servicentros de gasolina del país se genera una constante corrupción. Todos los controles, las auditorias, vigilancias, y otras técnicas empleadas, no han sido suficientes para aguantar el desvío de estas riquezas del estado, hacia otras latitudes".

Mientras el estado totalitario revende el soberbio líquido a precios de otra galaxia, les paga un mísero sueldo a sus trabajadores. ¿Quién no recuerda aquella inusitada "nacionalización" ordenada por Fidel Castro, contratando a los trabajadores sociales, que muy pronto también olvidaron el papel de policía que se les había asignado?

Ernesto Castañeda, residente en el municipio Playa, calle 19 B #21411, entre 214 y 21, reparto Atabey, no era uno de ellos, sino un testigo de los billetes que se almacenaban en los bolsillos de los dirigentes de ese complejo perteneciente a la sucursal oeste de la corporación Cimex. Los mismos, que lo depusieron de su trabajo en el 2012 por las razones antes explicadas, y que siguieron mejorando sus posiciones dirigentes dentro del ramo.

En su afán por recuperar su trabajo, Castañeda pensó contar con las debidas garantías que le permitieran ser escuchado en variadas instancias de la justicia, denunciando el descontrol y la inmundicia presente. Sin embargo, se vio sin amparo sindical y de ninguna otra índole.

En junio del 2012 escribió una carta a la Contraloría General de la República, exponiendo evidencias de la corrupción, y de las irregularidades en el control del combustible por el grupo que dirigía el mencionado servicentro. La respuesta del aparato de control, presidido por Gladys BeJerano, la "Dama de hierro", le llegó un mes después, en un comunicado que indicaba dirigirse al Grupo de Administración Empresarial (GAE), que es un conglomerado de empresas generadoras de divisas, a cargo del general Luis Alberto Rodríguez López, ubicado en la Avenida del Puerto, en La Habana Vieja, perteneciente a la Corporación CIMEX, rectora del servicentro de combustible.

Hasta allí se fue Castañeda, con la pretensión de que el Presidente del GAE le concediera una entre- vista. Pero lo único que encontró fue ser peloteado por el abogado Romer, quien solo le concedió un encuentro con Arturo Ramírez Rauchman, Director General de Cuadros del sistema empresarial del CIMEX, el cual desestimó sus demandas.

El día 13 de diciembre del 2012 decidió plantarse en anunciada huelga de hambre frente al edificio de Administración Empresarial hasta obtener una entrevista con Rodríguez López. Estuvo siete días sin ingerir alimentos ni agua, junto con la exhibición de un cartel que decía: "quiero una entrevista con el presidente del GAE". Esta protesta provocó su inmediata conducción hacia una unidad de policía, donde enfrentaría a un fiscal, a un agente de la contrainteligencia y a un capitán de la PNR, quienes lo multaron y amenazaron con mandarlo a la prisión, de continuar con la presunta desobediencia.

Nuevamente, el 3 de enero del 2013, Castañeda se ubicó a la entrada del edificio, y de inmediato fue conducido al Centro de detención de Calabazar (VIVAC), para ser presentado a un juicio que finalmente no se celebró, y se le envió a su casa hasta tanto se le notificara.

Otro intento para ser escuchado seria frustrado el 23 de enero del 2013 cuando fue arrestado y llevado a juicio, en la causa 53/13, ante el Tribunal Municipal de La Habana Vieja, quien dictaminó un año de privación de libertad, que finalmente concluyó en domiciliaria.

Durante tres años Ernesto Castañeda ha realizado otras acciones para demandar justicia para su caso, tales como plantarse en la Plaza de Revolución, la Fiscalía Militar, y el parque al frente a la Oficina de Intereses de los EEUU. También realizó una huelga en su casa en marzo del 2014, ex- hibiendo un cartel público donde explicaba su demanda. Esta huelga fue interrumpida en contra de su voluntad por la policía, e inmediatamente fue ingresado en el Hospital Clínico Quirúrgico de 26, bajo el pretexto de salvarle la vida.

Finalmente, Castañeda declaró que consta en su poder las copias de las cartas dirigidas al Ministro de las FAR, al Presidente de Asamblea Nacional del Poder Popular, al departamento de Atención a la Ciudadanía, al Vicepresidente del Gobierno y Partido Comunista de Playa. *La Habana, 5 de agosto de 2014*

La pobreza en un barrio cercano a la sede del poder

Una prueba de desinterés del gobierno cubano hacia su pueblo lo constituye el barrio de La Timba, en el Vedado, enclavado muy cerca de la Plaza de la Revolución, centro del poder comunista, que sufre una sombría marginalidad, por encima de otros barrios de La Habana.

Las ventajas que debiera suponer para una comunidad el colindar con la calle Paseo, vía expedita para el traslado de los jefes de la Revolución, y sede del Consejo de Estado, no existen para La Timba. Irónicamente, la pobreza que encierra en sus entrañas es tapiada con planchas de zinc durante las realizaciones de actos conmemorativos y desfiles, a fin de esconderla a la vista pública. Los pobladores de La Timba se quejan de que muy poco se ha hecho en favor de esta comunidad, salvo el cerrarle las calles con policías y engreídos agentes de la seguridad cuando hay desfiles y fiestas. Incluso, a veces los guardias se encaraman en los techos altos.

Son frecuentes los comentarios sobre varios centros que en el pasado desempeñaban funciones sociales importantes, y que han sido destruidos para convertirlos en albergues para damnificados. Aunque, paradójicamente, no para los propios residentes del barrio, donde muchas casas se caen a pedazos por la falta de materiales y recursos, sino para dárselos a aquellos necesitados, procedentes de otros territorios de la ciudad.

Ahí están, convertidos en refugios, la otrora posada de 2 y 31 (tan famosa en las novelas de Cabrera Infante), y la Casa de la Cultura de 37 y Paseo, donde sobreviven más de treinta familias que desde hace años esperan y esperan por la asignación de un hogar. El primer sitio, la posada, hace rato dejó de ser una alternativa para las necesidades sexuales de las parejas; y el otro, entre otras cosas, vio truncado los servicios culturales que allí se brindaban: como clases de danza, ensayo de comparsas, grupos de rock, y la recreación para personas de la tercera edad.

Un señor, nativo de este barrio, que prefirió el anonimato dijo: "Más allá de las promesas que termi- naron en alguna pintura para enmascarar la miseria, las autoridades del Municipio se han despreocupado por el deterioro habitacional de este barrio y por la prosperidad de la gente. Mis padres nacieron aquí, eran trabajadores humildes, pero nunca tuvieron que lidiar con el hambre y la falta de libertad".

En este barrio, durante los últimos años, han aumentado las ampliaciones de los solares (cuarterías), utilizando los más increíbles materiales que la infame pobreza obliga a reciclar, sin que las autoridades les brinden apoyo.

Solamente los militares han sido beneficiados con la construcción de al menos dos edificios en esta zona de La Timba. Uno se levanta en la esquina de 6 y 39, cercano al Consejo de Estado, compuesto por 32 apartamentos, pero sólo doce se asignaron a unas familias de la barriada, porque se les derrumbó el solar. Los veinte apartamentos restantes fueron concedidos a oficiales de la policía. En cuanto a la siguiente edificación, consta de cinco plantas, y fue construida por cuadrillas de presos en la esquina de 35 y 4, pero se entregó íntegramente a los militares pertenecientes a Cárceles y Prisiones.

Si algún barrio de la capital de los cubanos tiene razones suficientes para no sentirse agradecido del gobierno represor revolucionario, ése es La Timba.

Transcurridos 55 años de aquella impuesta nacionalización (léase robo) que se apoderó por la fuerza de las bellas edificaciones que rodean el centro del poder de Cuba, el barrio de La Timba se erige hoy como un testigo más de la infertilidad del régimen comunista, que nunca ha mirado hacia allí, a pesar de tenerlo tan cerca.

La Habana, 21 de enero de 2014

Cuatro familias cubanas viven en la antigua embajada de los EE. UU. en el Cerro

El actual municipio del Cerro surgió en la época colonial como un barrio extramuros de la capital de Cuba, San Cristóbal de La Habana. Fue el lugar preferido por la clase noble y acaudalada para levantar sus mansiones y quintas de recreo, debido a las maravillas del paisaje y al frescor del ambiente natural.

Con el paso del tiempo esta situación cambió de manera radical. Paulatinamente el Cerro se convirtió en el barrio de la gente humilde y trabajadora. A partir del siglo XX fue una de las principales zonas industriales de todo el país, y donde prosperaban de cuadra en cuadra una gran variedad de comercios. Abundaban los buenos cines, las escuelas (tanto públicas como privadas). El Cerro contó con famosos acueductos, y con la comparsa El Alacrán. Sus habitantes participaron en la construcción del Gran Estadio de Pelota, y de tres hospitales tan importantes como La Quinta Covadonga, el Centro Benéfico Jurídico para los Trabajadores de Cuba, y las Católicas Cubanas. Sin embargo, con el triunfo de Fidel Castro en el 1959, ahora el Cerro da la impresión de haber sido destruido como la ciudad de Berlín, tras el bombardeo indiscriminado de la aviación soviética y la artillería, durante la guerra contra Alemania.

Haciendo historia, vale decir que el Cerro tuvo el privilegio de contar en sus predios con la primera embajada norteamericana en Cuba. Dicha misión estuvo ubicada en la calle Santa Catalina entre Domínguez y San Pablo, a media cuadra de la otrora Zanja Real, que es hoy un vertedero de aguas albañales.

Este reportero se personó en esta instalación, convertida en ruinas, y se encontró con cuatro familias de jóvenes afrodescendientes que desde hace ya varios años viven allí en condiciones de extrema peligrosidad y pobreza general, donde por fuerza ahora transitan las madres con los niños, entre viejas columnas y paredes que amenazan con desplomarse. "En mi caso, yo vivía antes con mis padres, más cuatro hermanos, en un cuartico destartalado, en un solar de aquí del Cerro, pero quedé embarazada y no podía darle más dolores de cabeza a mis viejos. Entonces mi esposo y yo, con mucho sacrificio, construimos en este lugar, bajo la sombra de la bandera americana", afirmó una de las tres madres entrevistadas, que no quisieron decir sus nombres.

Otra de las asiladas en la antigua sede estadounidense nos comentó: "Aquí vino una vez alguien del Departamento de Planificación Física, según nos dijeron, tienen que ver con los controles de asentamientos, a fin de perfeccionar la calidad del proceso de atención a la población. Pero solo nos hizo unas breves preguntas, y enseguida se fue. Nadie se ha ocupado de nosotros, ni no han brindado esperanza para sacarnos de aquí". Finalmente, la más joven de las tres, expresó: "Ojalá que en estos momentos, que ya somos amiguitos de los americanos, Obama se acuerde que nosotros estamos sobreviviendo entre estas ruinas, y necesitamos su ayuda... podría ser hasta de una visa."

Estas familias viven sin esperanzas de mejoría, víctimas del desamparo gubernamental, y de la propaganda demagógica del régimen. El aumento de sectores marginales dentro los 19 municipios de la ciudad habanera es un hecho comprobable en cualquier dirección que nos movamos. El barrio del Cerro destaca de manera impresionante por el gran deterioro habitacional.

Una simple mirada, a cualquiera de las barriadas capitalinas, bastaría para captar las pésimas condiciones constructivas de cada hogar en Cuba. Muchas, no aptas para soportar adecuadamente un temporal de lluvias. En este amargado escenario, donde se acentúan aún más los problemas que sufre la población, todos los cubanos padecemos de úlcera gástrica.

Así andan las cosas por este país, cuyo gobierno desde su llegada al poder asumió el costo de la totalidad de los servicios públicos, pero que a la larga y a la corta siempre ha demostrado ser incapaz de sacar de las penurias al pueblo cubano.

La Habana, jueves 14 de mayo del 2015

Limpiabotas: un oficio en peligro de extinción

Entre los oficios más antiguos del mundo, está el de limpiabotas. Se sabe que la Atenas de Pericles en el siglo V (a. de C.) contaba con personas dedicadas a lustrar pieles y sandalias, así como la existencia de talleres para el curtido y la talabartería.

También la historia de la Fotografía recoge la imagen en daguerrotipo, hecha por su inventor, Louis Daguerre en París, que lleva por título *Boulevard du Temple*, año 1838, del primer retrato de dos seres humanos. En dicha foto se puede apreciar en la parte inferior izquierda: una escena-miniatura. Se trata de un hombre con la pierna ligeramente levantada, mientras le lustran el calzado en la acera, casi en la misma esquina de la calle.

Aquí en la Isla a partir de 1959 los cubanos fueron perdiendo el hábito de vestir elegante, y especialmente, el de conservar los zapatos limpios y brillantes. Ya casi nadie puede recordar con nostalgia la proliferación que había en la ciudad de La Habana de estos hombres, dedicados a la humilde tarea del lustre del calzado, casi siempre ubicados en los portales de las bodegas, bares y cafetines.

En estos tiempos se ha reducido la dependencia hacia el limpiabotas, y sobre este punto se le echa la culpa a la moda con su avalancha de tenis, sandalias, y calzados diversos, elaborados con las pieles sintéticas, así como a la aparición de productos líquidos, muy prácticos, cuyo objetivo es dar color, abrillantar rápidamente, y sin tener que ensuciarse los dedos.

Ahora bien, las verdaderas causas del proceso de extinción del limpiabotas cubano, y de tantos otros oficios, son una consecuencia del proceso político-totalitario del feudo de Fidel Castro Ruz. Recordemos que en el año 1968, con la llamada

Ofensiva Revolucionaria, el régimen destruyó los últimos reductos del trabajador privado, y así desaparecieron del mapa de Cuba los tradicionales y útiles servicios del limpiabotas.

Más tarde, a partir del año 1980 se autorizó la licencia (exclusivamente) a los jubilados para el ejercicio de tal actividad. El pago al gobierno comenzaría por diez pesos, y en los años 90 se elevó a veinte, luego a cincuenta, y ahora con las reformas del modelo económico raulista, ya anda por los cien pesos, a los que se suman otros pagos extorsionistas como los contenidos en la Declaración jurada a través de la Oficina Nacional de Administración Tributaria (ONAT).

Este periodista salió a buscar testimonios en la barriada del Vedado, y después de un largo proceso detectivesco, pudo encontrar con pinzas a dos hombres de la tercera edad, que aún ejercen dicha actividad por cuenta propia como medio de sobrevivencia, porque el cobro de la jubilación no les alcanza.

Uno de ellos, de apellido Alcántara, que a sus casi 80 años realiza este trabajo en las inmediaciones de la calle Zapata, entre B y D, muy cerca de la Estación de Policía, al preguntarle el porqué han desaparecido los limpiabotas habaneros, dijo poniéndose serio: "Mira, eso tienes que preguntárselo al Presidente del Poder Popular y al Consejo de la Administración bajo su mando en este municipio".

Al decirle que era periodista y que mi objetivo era escribir sobre las dificultades que enfrentan para ejercer este trabajo, dijo: "Mira mijo esto está muy jodido. Antes del 59 esto no era así, tú hablabas con cualquier comerciante para poner tu sillón de limpiabotas y todos te decían que sí, ya que era normal ver a los clientes, que después de pulirse los zapatos, pasaban a consumir. En aquella época, antes del triunfo de la *catástrofe*, no se les exigía como ahora que pagaran impuestos, y eso que hasta se vendían al pie de los "sillones de limpieza": periódicos, revistas, cancioneros, y los célebres muñequitos" concluyó.

El otro caso es el de René, de 79 años, que reside en la calle 25, entre D y E, donde en la salita de su vivienda armó el salón de limpieza de calzados. "Tuve que montar el negocio en la casa, porque arrendar un local al Estado cuesta $40.00 diarios, a lo que se une el costo de la licencia mensual que asciende a cien pesos." Según cuenta este maestro del lustre, quien limpia y tiñe zapatos de cualquier color, en las tiendas cubanas no hay desde hace mucho tiempo los materiales para la limpieza del calzado, y son sus hijos, que residen en el extranjero, quienes le suministran todo lo necesario para el desempeño de su labor.

Actualmente y a pesar del renacimiento del sector cuentapropista bajo el reformismo de Raúl Castro, los dirigentes lo único que saben hacer bien es demonizar y controlar a los trabajadores privados. Se afanan por entorpecer, y desalentar este tipo de actividad particular. No dudan en poner obstáculos, multas por cualquier motivo, e incluso botarlos del lugar que escogieron para lograr con éxito la eficiencia de su servicio. En cambio, no les interesa inspeccionar el mal trabajo de todas las instituciones estatales. Al final, demuestran que son unos ineptos e irresponsables, que no resuelven los graves problemas sociales que aquejan a la comunidad, ni desean que un ciudadano pueda brindar un servicio útil para el prójimo.

Viernes, 8 de mayo del 2015

Un S.O.S para la comunidad del Fanguito y el Almendares

Desde hace varias décadas el conocido Fanguito es una de las barriadas más pobres y marginales de la capital habanera. Esta comunidad, asentada en una de las orillas del Almendares, en el Vedado, ha sido clasificada entre las zonas más críticas del municipio Plaza de la Revolución.

Este reportero se personó en el lugar, específicamente en la franja de tierra que se extiende desde la calle 21, entre 32 y el cauce del río Almendares, hasta el astillero ubicado casi en la desembocadura, antes de llegar al Puente de Hierro. Allí sobre el terreno este periodista pudo constatar las terribles condiciones medioambientales, bajo un enorme riesgo para la salud y la vida, en que sobreviven grandes núcleos familiares.

Sin embargo, el pasado lunes 18 de abril, Mercedes López Acea, primera Secretaria del Partido Comunista en La Habana, declaró al periódico oficialista Granma que valoraba de muy positivo el Ejercicio Meteoro 2015, el cual concluyó un día antes con el estudio de las principales vulnerabilidades y riesgos ante la temporada ciclónica. "Se trata, dijo, de un trabajo de continuidad y de intensidad en lo que se viene realizando en muchos lugares relacionado con el drenaje en la provincia, la situación de saneamiento ambiental y la puntualización de las 79 zonas más complejas".

Tales afirmaciones de la dirigente comunista son incompatibles con las terribles condiciones de riesgo en que viven las familias de la comunidad El Fanguito. Y la misma gente de la barriada consideró de hipócritas tales declaraciones de Mercedes López Acea.

"Aquí todas las esperanzas están rotas, incluso las promesas de las autoridades para resolver nuestra situación aún están sin cumplir", declaró, con lágrimas en los ojos, María Antonia Cruz Vea, hermana del mártir de la Revolución, Julio Cruz Vea, muerto en Etiopía (1978), como soldado de las aventuras guerreristas de Fidel Castro en África durante las décadas del 70 y 80. "Recuerdo que un día de aquel año se aparecieron los militares con las pertenecías de mi hermano muerto. Se las entregaron a su esposa, y ojos que te vieron venir".

Esta mujer, que accedió a manifestar su criterio a este reportero sin pelos en la lengua, sobre las míseras condiciones en que habita este vecindario, no ha tenido más opción que vivir sus 58 años junto al río Almendares.

Aquellos moradores del Fanguito, que residen a unos 50 metros de la orilla, han planteado año tras año sus quejas y peticiones en las reuniones de rendición de cuentas del Poder Popular, y en otras instancias del gobierno, con la esperanza de que se derrame sobre sus hogares la misericordia del incompetente estado marxista-leninista. Pero una y otra vez, las respuestas sólo dan por resultado las huecas promesas de los dirigentes, porque jamás han movido un dedo para resolver esta inhumana situación.

"Nadie ha venido, ni se ha interesado por ayudarnos a sanar para siempre nuestras heridas, y saben que existimos entre las ratas, los cangrejos, el mal olor, el hacinamiento, la soledad, la pobreza, y el agua sucia de la corriente que en muchas ocasiones va penetrando hacia el interior de las casas, carcomiéndonos", declaró un matrimonio de afrodescendientes, con cuatro hijos, que malviven en un bajareque, hecho de tablas y planchuelas de zinc, muy próximo a la súper contaminada orilla fluvial.

Varios vecinos del Fanguito aseguran que en los meses de mayo y junio se torna más crítica su situación, por cuanto es la época de las lluvias. Cuando la marea sube, las infectadas aguas del Almendares les inundan las casas. Ellos alegan que las autoridades del municipio Plaza, sólo dan la cara cuando hay una alarma ciclónica de gran intensidad, a fin de evacuarlos hacia una escuelita cercana, pero tan pronto termina la borrasca, los retornan a su caserío.

Iversis Rodríguez, una joven de 24 años, madre de dos niños pequeños, que reside a escasos metros del Almendares, dijo: "En dos ocasiones, a causa de la penetración del río en mi hogar, me quedé sin refrigerador, y en la otra, sin televisor. Hay veces que no puedo dormir, y debo vigilar a las ratas, para que no anden por la camita de mis hijos". Y añade: "Varias familias, hemos intentado construir un poco más allá, para alejarnos del área donde penetra el río, pero cada vez que lo hacemos, interviene la policía, nos multan, y derriban las construcciones. Es como si estuviéramos condenados a permanecer en los malditos 50 metros".

Estas viviendas, de pésimas condiciones, cada vez que llueve, las invaden las aguas infestadas del Almendares, que también en más de una ocasión han destruido los equipos eléctricos, los muebles, y otros enseres.

Termino con esta declaración de María A. Cruz Vea, hermana del mártir Julio Cruz Vea: "Periodista, ojalá esta denuncia contribuya a salvar a los moradores del Fanguito, dándoles un lugar decente donde poder vivir. Y también salve de la contaminación al viejo Almendares, para que vuelva a ser el río insignia de la ciudad de La Habana".

Viernes, 22 de mayo del 2015

El seguro estatal de autos es como la ley del embudo

Bajo el lema "junto a usted en la prevención" opera en Cuba desde principios de los años 80s la Empresa del Seguro Estatal Nacional (ESEN), ubicada actualmente en calle 18, e/ 5ta y 7ma, en Miramar.

Esta empresa que supone el aseguramiento de los automóviles frente a diferentes riesgos todavía impone muchas limitaciones y trabas en sus servicios. Ni siquiera es lo suficientemente explicativa en sus definiciones, ya que muchos de los que abonan su seguro, después de firmar los términos, no dominan el contenido de la póliza, desconociendo que hay cláusulas que encierran una serie de requisitos que dependen de parámetros establecidos por esta entidad estatal.

En el caso de la protección contra robos, por ejemplo: Si un auto es robado o hurtado, aunque haya pagado sus cuotas establecidas, tendrá que esperar que la policía detenga al ladrón y un tribunal competente haga firme una sentencia contra este. Solo así, ESEN empezará el engorroso trámite de la reposición de su carro que puede durar bastante tiempo.

Según una fuente anónima, se conoce que dos médicos: uno trabajador del Hospital Calixto García y otro del Hospital Nacional, desde hace varios años, les robaron sus autos marca Lada, del propio par- queo de estos centros de trabajo y hasta la fecha, los ladrones no han sido detenidos, por lo que ESEN no le ha repuestos sus autos y los galenos se mueven como pueden de sus casas al trabajo.

Otros términos que genera desconfianza dentro de los supuestos beneficios que brinda el seguro, es la certeza de la responsabilidad o no, del asegurado en un accidente. En cuyo caso corresponderá a los peritos de la aseguradora emitir su juicio. Sin embargo, en este punto un prestigioso ingeniero mecánico, cuyo nombre omito por razones de seguridad, y quien se vio envuelto en una disputa con esta empresa aseguradora afirmó. "Hay casos en el que el conductor asegurado es víctima de un accidente donde el veredicto a priori de cualquiera patrulla policiaca de ocasión ha sido suficiente para ESEN".

Este hombre fue galardonado en julio de 1982 con un FIAT 126.P (polaquito), por su impresionante y novedosos aportes tecnológicos a la industria del cartón. Desde entonces comenzó a pagar el seguro de su auto ininterrumpidamente hasta el 2006. Su póliza suponía la cobertura de la protección contra incendios, rayos y transporte, robo y hurto, choque y/o vuelco, daños a la propiedad ajena y lesiones. Sin embargo, se vio perjudicado en un accidente en el que no tuvo la culpa, e injustamente la policía inexperta declaró lo contrario. Peor aún, mientras él era trasladado al hospital, levantaron las evidencias del choque antes de que llegaran los peritos del seguro, quienes se guiaron por la valoración de la tonta policía.

Sus constantes reclamos ante el seguro y la policía, para que se efectuase un juicio fueron en vano y nunca le repusieron el auto. Sólo ESEN le atenuó con una insuficiente cantidad para la reparación de su polaquito. Luego de reconstruirlo, con sus propios medios, no quiere saber del seguro. Al respecto dijo "Aunque el seguro en todos los países trata de llevarse la mejor parte, en Cuba es posiblemente el menos serio. Y aunque ha ido mejorando ya que al principio no tenías derecho a reposición y el valor de la indemnización por cualquier daño previsto en la póliza era muy poco, todavía los beneficios de esta seguradora estatal, sigue siendo incompleto, tal como la ley del embudo".

El contrato de seguro supone el acuerdo por el cual una de las partes, la agencia o compañía aseguradora, se obliga a remediar de un daño o a pagar una suma de dinero a la otra parte, asegurarte, al verificarse la eventualidad prevista en el contrato, a cambio del pago de un precio, llamado prima, por el asegurador. Este contrato de seguro puede tener por objeto toda clase de riesgos si existe interés asegurable.

Actualmente la ESEN solo brinda este servicio de aseguramiento a todo riesgo, a los asegurados que pagan en CUC (moneda libremente convertible). Otro reflejo de la discriminación tan abundante, que hoy pulula debido -entre otras cosas- a la circulación de una doble moneda, cuando una de ellas no está disponible para la gran mayoría de los cubanos que cobran sus salarios en pesos cubanos.

La Habana, martes 16 de julio de 2013

Al descubierto la pésima calidad de los Cigarros Criollos

La práctica de fumar cigarrillos es una de las formas más populares en el consumo de tabaco. Se fabrican con la picadura de las hojas secas de esta planta, que puede ser suave o fuerte, en dependencia de la variedad del tabaco.

Comentar, sobre el hábito de fumar puede resultar polémico. Y eso es comprensible porque indudablemente fumar daña la salud humana, y constituye una adicción. A pesar de lo dicho, todavía son muchísimas las personas que se deleitan calando el humo a través de los pulmones.

En Cuba, y por razones obvias, los cigarros Criollos se convirtieron en la marca más "codiciada" entre los fumadores de cigarrillos fuertes. Junto al Titanes, son los únicos pitillos de tabaco negro que se venden en moneda nacional (7 pesos). Todas las otras denominaciones: Vega, Monterrey, Popular con filtros, y otros, se ofertan en CUC, a un precio mucho más alto —casi el doble-, imposible para la magra economía de la mayoría de los fumadores.

Sin embargo, desde hace algunos meses, los Criollos, producidos por la empresa Tabacuba, en las provincias de Holguín y Villa Clara, vienen decepcionando a los consumidores, que se quejan del cambio drástico del sabor, la calidad, y la fortaleza, sin encontrarle explicación a dicha calamidad.

Este periodista se acercó a varios centros comerciales de la capital para indagar sobre el asunto. Ni administradores, ni jefes de turnos, ni los que despachan este producto, conocen las razones del cambio brusco de la calidad, aunque reconocen el enorme rosario de quejas de los consumidores que en reiteradas ocasiones devuelven la caja luego de abrirlas.

El jefe de turno de la cafetería La Cocinita, de la calle Paseo y 29, en el Vedado, expresó: "Desde hace algún tiempo muchos consumidores nos acusan de estar vendiendo unos cigarros hechos en las fábricas clandestinas, pero eso no es cierto. Aquí tenemos un control muy estricto sobre todos los productos el problema viene de la fábrica".

Antonio, el bodeguero del mercado de 27, declaró: "Dicen que fue un lote de picadura de tabaco rubio, que por equivocación lo ligaron".

Ante tanta preocupación y desinformación este reportero logró ponerse en contacto vía telefónica (482336) con la fábrica Lázaro Peña, ubicada en la avenida Jesús Menéndez No 26, en la oriental Provincia de Holguín, donde se producen estos cigarrillos.

Felizmente se pudo poner al descubierto las razones de la actual pésima calidad del cigarro Criollo, muy distante según los fumadores de su calidad inicial.

A continuación, la transcripción de dicha conversación con la fábrica:

LP: Señorita, le hablo desde la Habana, soy periodista y quisiera hablar con el jefe de producción de la fábrica.

Fa: Espere un momentico, le pasó con el jefe de Control de la Calidad. LP: Gracias, espero.

Fa. Buenas tardes. Soy el jefe de Calidad de la fábrica Lázaro Peña, dígame que desea.

LP: Mire, desde hace algún tiempo se ha venido generando mucha preocupación por parte de los fumadores del cigarro que produce esa fábrica, muchos aducen que últimamente el sabor y fortaleza no es el mismo. ¿Sera posible saber si se ha producido algún cambio en el flujo de producción de la fábrica que produce esta baja en la calidad? ¿O la fábrica mantiene los mismos pará- metros de la materia prima que anuncia en la cajetilla?

Fa: Mire, sí, ciertamente nos han trasmitido estas preocupaciones desde muchos lugares del país. El problema se ha presentado desde que empezamos a usar una materia prima importada de Indonesia, Filipinas y R. Dominicana, que indudablemente bajó la fortaleza de nuestro cigarro. Esta materia prima también se está usando en la fábrica Romario Lavandero, en Santa Clara, que también produce los Criollos, y la razón de la necesaria emergencia fue debido a la insuficiente producción tabacalera del pasado año en el país, pero esperamos que ya al concluir el mes de noviembre, se restablezca la calidad de los cigarros Criollos.

Esta conversación sostenida por este reportero con el jefe de la calidad en la fábrica Lázaro Peña de Holguín, pone al descubierto que desde hace tiempo se ha venido engañando a los consumidores de esta marca de cigarros.

¿Cómo es posible que Tabacuba no haya advertido a los consumidores, de la picadura importada que están fumando? Lo peor es que descaradamente una de las especificidades plasmadas en las cajetillas de estos cigarros sigue diciendo: "100% tabaco negro cubano".

Como diría mi abuelo, "le ronca el mango". De ser uno de los mejores productores de tabaco en el mundo, ahora somos importadores de un pésimo tabaco.

En Cuba todo se convierte en manipulación y engaño. Y vea usted, el monopolio Tabacuba que dirige y ordena estas producciones, ha logrado a diferencia del cigarro electrónico de origen chino para combatir el tabaquismo, que muchos fumadores dupliquen las dosis de fumar, toda vez que estos criollos con picadura de Indonesia, Filipinas y R. Dominicana, no logran saciarlos.

La Habana, martes 26 de noviembre de 2013

Una mirada a la alimentación de los cubanos

Para nadie es un secreto que, con la llegada del comunismo a la Isla, paulatinamente fueron desapareciendo de la mesa del cubano, la leche, la carne de res, el pescado, los mariscos y otros productos esenciales que jamás regresaron a las despensas de los hogares.

Aun hoy, la inmensa mayoría de la población se las arregla para subsistir como pueden, y todos se mantienen muy pendiente de la ración mensual de "picadillo enriquecido" (producto alimenticio cuyos componentes nadie conoce), pollo por pescado, y otras "reliquias", nacidas durante la década del 90, debido aquel período especial que fatídicamente todavía no termina.

Increíblemente la alimentación de estos tiempos, es inferior a la dieta que los amos le ofrecían a sus esclavos en los siglos XVIII y XIX. En la mesa de aquellos desdichados, cuyo indigno designio era ser propiedad de los blancos, no faltaban el tasajo, la carne de res, la leche y otros alimentos de gran valor proteico.

Los nuevos esclavizadores de hoy --llámeseles comunistas --, mantienen su obstinada negativa para flexibilizar los "preceptos económicos" que ha producido estas excesivas carencias, y que imposibilitan a los cubanos de alimentarse decente y balanceadamente.

La bazofia que ingieren los cubanos de a pie, más allá de ser una afrenta al paladar, sin duda alguna es responsable de la baja estatura en los jóvenes de estos tiempos, el uso de bastón entre otros no tan viejos, debido al desgaste de sus huesos, y la pérdida de la dentadura de muchísimos.

Mientras el General-Presidente promete un vaso de leche para todos, y se afana en unos lineamientos que muchos definieron como "cambiarlo todo para no cambiar nada", sigue transitando por los mismos cánones del pasado. Su preocupación es mantenerse en el poder con una constante severidad que se conserva incólume.

Al margen de todo esto, en vez de permitir el desarrollo alimentario, lo paraliza con su centralización. Ahí está la industria ganadera, huérfana de una atractiva inversión, que otorgue la posibilidad a cualquier cubano para crear empresas propias, cuyo incentivo esté encaminado a procrear la masa ganadera.

A cambio, ha dedicado parte de los recursos del país -por solo citar un ejemplo-, a un exagerado combate contra los que hurtan y sacrifican ganado vacuno, a quienes increíblemente achacan los pobres índices de desarrollo.

Asimismo, las listas de captura del Ministerio de la Industria Pesquera no garantizan el abastecimiento de pescado a la población. Solo un segmento muy limitado tiene la posibilidad - en contadas pescaderías- y a precios astronómicos de adquirir algunas especies. Sin embargo, todo su esfuerzo se encamina a extraer las riquezas del mar para los extranjeros.

Pero nadie dude que un reclamo como éste, tendrá como respuesta el discurso anti-embargo. Según ese discurso, "el bloqueo" es el culpable de todos los males que aquejan a la nación". Aunque el embargo no se justifica, también es importante reconocer que EEUU es el quinto socio comercial en bienes, el primer suministrador de alimentos, y el primer proveedor de remesas a la Isla, sin dudas, una de las principales vías de entrada de dólares a la economía nacional, una condición que se oculta al pueblo cubano.

25 de marzo de 2014

Cuba, de la miseria a la prosperidad

Tras este larguísimo período de involución, la mayoría de los cubanos se preguntan si algún día será posible transitar de la miseria a la prosperidad, y ahora buscan respuestas de alivio para calmar el desespero que los invade. En tanto, las esperanzas e ilusiones se diluyen entre la supervivencia, el dolor y el miedo.

Resulta que el desconocimiento de su papel como ser humano dentro de la sociedad cubana, los paralizó en el tiempo al permitir que su preexistencia se supeditara al ritmo de la idiotez, confundiendo lo grato con lo deshonesto, la mentira con la verdad, la soberanía con la libertad. Y creyendo ciegamente en un discurso nacionalista, cuya falacia independentista, sus consignas adormecedoras de patria o muerte, con el tiempo se han disipado.

En medio de este engaño que perdura hasta hoy, la inquietud se refleja más dentro del sector que va de la juventud a la madurez, víctima del fraudulento experimento de ingeniería social que los concibió como arcilla del "hombre nuevo". Un sistema de adoctrinamiento que roza los límites del fundamentalismo, donde Fidel Castro es el "sabelotodo" que pretendió arreglar los males, despojando a los cubanos de su libertad.

La frustración reina entre los cubanos, que, tras la cooperación con el régimen, comprueban que su fidelidad ha sido en vano, y que el pago recibido fue la supresión de todas sus libertades. A estas alturas, lamentan haberse identificado con un depredador, que irónicamente achaca todos los desbarajustes mundiales, incluyendo los suyos propios, a las sociedades abiertas y democráticas.

El desarrollo mundial alcanzado, junto a las tecnologías avanzadas y las mentes abiertas de un reducido grupo de demócratas de hoy en día, parecen brindar esperanzas para el cese final de esta pesadilla.

No hay que olvidar los ejemplos de Túnez, Egipto, Libia, Yemen, que aunque pertenecientes a diferentes zonas geográficas e idiosincrasia, sufrían males similares.

En resumen, nadie desea una situación anárquica en Cuba. Las transformaciones deberán ser graduales y pacíficas, y deben transitar por un proceso de reconciliación y perdón, olvidando las afrentas del pasado, en aras de elegir por voluntad propia, libre y secreta, bajo supervisión internacional, un sistema de gobierno que ofrezca garantías para el recomienzo de una Cuba, que, enrumbe su destino a planos superiores a los que se encontraba antes de 1959.

La Habana, 2 de agosto de 2011

Bajo vigilancia la masa de cangrejo en Pinar del Río

Muy superior a la trocha militar de Mariel a Majana, implantada por los españoles para evitar el paso del Antonio Maceo sobre este territorio, son hoy los controles policiales que se establecen por todas las carreteras y autopistas de Pinar del Río, para evitar –entre otras cosas- que la gente traslade carne de res, langostas y camarones, productos de gran apreciación alimentaria, desaparecidos definitivamente de la mesa de la mayoría de los cubanos que residen en la isla.

Las pesquisas policiales, a través de cuatro puntos de controles establecidos en la Carretera Panamericana o Central, y en la autopista Habana –Pinar, además de los productos antes mencionados, ahora incluyen un férreo control sobre la masa de cangrejo. Todo pasajero que se detecte con este producto es víctima de decomiso instantáneo, e imposición de excesivas multas que dependen de la cantidad de material ocupado, o de su reincidencia en el supuesto delito.

Esta ilógica persecución se acentuó luego que los municipios costeros de la Pinar del Rio, tras las in- tensas lluvias registradas en los meses de mayo y junio, se vieran beneficiados con la abundante captura de cangrejos que, en grandes multitudes recorren las sabanas costeras, en busca del sol.

Este crustáceo, del orden de los decápodos, a diferencia de las langostas, gambas y camarones, no hay que sacarlo del agua. No suelen ser grandes nadadores, sino que se desplazan por el fondo sobre sus patas y en muchos casos son capaces de transitar fuera del agua e incluso de trepar por las palmeras.

En los puertos pesqueros de Punta de Carta y Boca de Galafre en el municipio San Juan y Martínez, y en casi toda la costa sur, particularmente en Cortés, muchísima gente dedica su tiempo y esfuerzo en un difícil proceso manual para extraer la masa que se aloja en las cinco pares de patas y el dorso del cangrejo. Un codiciado alimento que lleva a su mesa para premiar a familiares o amigos y hasta, por qué no, intentan comercializarla para buscar un dinero que siempre hace falta para comprar otras mercancías, muy caras para su magra entrada económica.

Un matrimonio que recientemente viajó a ver a sus familiares al municipio Cortés, en Pinar del Río, dijo: "La guagua que sale de Cortés hacia la Habana, alrededor de las tres y media de la tarde, es altamente vigilada. Justamente, enclavado en el entronque de la Carretera Central y la carretera hacia Cortés, un lugar conocido como Las Catalinas, se encuentra el punto de control policiaco, encargado de registrar paquete por paquete de cada viajero a quienes le quitan cualquier marisco que lleven. Lo peor es que la mayoría de los decomisos tiene un destino incierto, por lo que creemos que probamente se quedan en manos de policías corruptos".

Otros controles se establecen también de manera sorpresiva en todas las carreteras de estos municipios.

José Sautuyo Lam, un sanjuanero residente en una comunidad costera de ese territorio me confirmó vía telefónica sobre la excesiva persecución sobre estos productos marinos en toda la provincia de Pinar del Río. Pero añadió: "La gente se las ingenia para no pasar por los puntos de controles, desviándose por los montes o campos, y cuando ya los dejan atrás pues vuelve a tomar otro transporte como pueden y continúan viaje. Gracias a eso, algún que otro habanero puede degustar un excelente plato de masas de cangrejo".

Así andan las cosas en un país que a pesar de estar rodeado de mar no se puede comer ni comercializar ninguna especie marina.

Este tipo de medida, orientada desde el más alto nivel, tal si fueran más allá del infierno, son precisamente las que la población sigue sin entender, ya que precisamente va contra la super.

Habana, martes 18 de junio de 2013

Restaurante El Jardín: entre el olvido y la restauración

El otrora restaurante "EL Jardín", ubicado en la céntrica calle Líneam del populoso barrio del Vedado, se mantiene cerrado desde hace varios años. Su indetenible depauperación conmociona a todos los que en algún momento de su esplendor disfrutaron del buen servicio, comida y bebida, que se brin- daba en este lugar.

El vistoso centro formaba parte de la cadena de restaurantes de lujos que siempre distinguieron a la capital habanera, especialmente en el Vedado, fastuoso territorio que exhibía una variada gama de servicios para todos los gustos y posibilidades económicas.

Específicamente en la zona comprendida desde la calle Línea en toda su longitud, hasta el Malecón, incluyendo Calzada, además del restaurante El Jardín, también se distinguieron - hasta principios de los años 90s- los renombrados Potín, El Carmelo, Centro Vasco, Pío-Pío de Malecón, El Sulayca, el Solmar, el Mesón de la Chorrera, y el 1830, entre otros. Todos ofrecían, a precios asequibles, sabor y placer a muchos capitalinos hasta que llegó el periodo especial.

Desde entonces, la mayoría de estos centros impone el cobro en moneda libremente convertible (CUC), y sólo unos pocos quedaron comercializando en moneda nacional, con un pésimo servicio y una oferta que deja mucho que desear.

Pude conocer a través de una fuente que prefirió no mencionar su nombre, que la gerencia de la Empresa de Restaurantes de Lujos, a la que pertenece el restaurante el Jardín, finalmente ha confirmado la designación de una suficiente inversión para dar inicio a la reparación adecuada de este centro a partir del mes de diciembre. Una buena noticia toda vez que son pocos los restaurantes que en esta zona ofertan servicios en moneda nacional.

Sin embargo, varios vecinos del lugar, entrevistados por este reportero, se mostraron escépticos. Uno de ellos dijo: "Cuando lo vea lo creo, ya que, desde hace años, una y otra vez los difusos intentos para poner en funcionamiento este restaurante se diluyeron entre la falta de provisiones idóneas que necesita el local, y la incapacidad de las brigadas de mantenimiento que designaban para ese trabajo". Y añadió: "Lejos de resolver el problema, los ineptos constructores provocaron entre otras cosas, tupiciones y filtraciones, además de que ellos mismos vendían muchos de los materiales y pinturas que se asignaron a la obra, dando al traste con el cierre definitivo del afamado restaurante y mire como está".

Lo cierto es que, ante la indefinida iliquidez para reparar este recinto, la administración desde hace tiempo encontró una pírrica solución para mantener con empleo parte de la plantilla de sus trabajadores, improvisando en un extremo del local un punto de venta que mantiene una mediocre oferta de pizzas, refrescos, cigarros y otros artículos.

Se pudo conocer además que el tristemente célebre restaurante, hace menos de un año sirvió de matriz para la elaboración y distribución de pan, mientras se le daba mantenimiento a la panadería ubicada en la calle C y Calzada.

El virtuosismo del estilo arquitectónico de la ciudad de La Habana, es un legado que data de siglos anteriores. Este proceso evolutivo se paralizó con la llegada del colectivismo en el año 59, quien resultó ser un eficiente depredador de la capacidad que en el pasado encumbraron a los habitantes de esta isla.

Mientras hoy en muchas partes del mundo se renuevan las instalaciones a la velocidad del desarrollo, en Cuba es todo lo contrario. El mantenimiento para los locales que están en pésimo estado, precisamente por falta de atención, es casi inexistente.

En consecuencia, se observa que, o cierran el recinto por un periodo interminable, o lo derrumban. Y en su lugar ponen tres o cuatro banco de cemento a lo que llaman parque, olvidando lo que allí existió. Ojalá, ese no sea el destino final del restaurante el Jardín.

La Habana, jueves 1 de agosto de 2013

El café mezclado con chícharo: ¿crisis o imposición?

Sería una ironía tomar en cuenta a los cubanos dentro de los cuatrocientos mil millones de tazas de café que se consumen cada año en el mundo. Doy por sentado el prestigio de varias fuentes que exhiben este dato, pero es necesario aclarar que lo que beben por café hoy la mayoría de los ciudadanos de esta isla está muy lejos de ser la libación que se obtiene de la planta del cafeto.

Desde hace varios años, las autoridades cubanas distribuyen a la población un "café", a base de sucedáneos (productos sustitutos, no derivados de éste), que se usan para imitar el café.

La excesiva cantidad de chícharos con que mezclan el café constituye un desafío al paladar.

Y si bien es conocido que otros sucedáneos pueden usarse por razones médicas, económicas o religiosas, para los cubanos el asunto simplemente viene dado porque el café puro –como otras tantas cosas- ya no está disponible para ellos. A no ser que alguien lo traiga de los campos donde se cultiva, un riesgo que muchas personas no se disponen a correr por temor al decomiso y a las multas excesivas que se imponen en los controles policiales de las carreteras de Cuba. Otra opción sería adquirirlo a precios astronómicos en las tiendas en divisas (CUC), pero esta moneda no está disponible para la mayoría de los cubanos, por cuanto sus ingresos provienen de un magro salario que perciben en pesos cubanos.

En fin, resulta increíble que en Cuba, que es uno los grandes productores del café a nivel mundial, se le prive a la gente de su agradable consumo.

Los cubanos siguen lidiando con la adulterada calidad de un "café", distribuido en un envase de 4 onzas que reciben una vez al mes por la libreta de racionamiento, cuya elaboración y comercialización corre a cargo de la Empresa Cubacafé, ubicada en calle 150 # 2124, e/ 21 A y 25, Reparto Cubanacán. Este producto recibe una oleada de críticas y maldiciones, desde cualquier rincón de la cocina cubana, cada vez que alguien se dispone a colar la mezcla.

Luisa María, ama de casa residente en el Vedado, pero que se crió en un campo cafetalero, fue abordada por este reportero, y al respecto dijo: "Los cubanos siempre hemos presumido de consumir un buen café. No sé hasta cuando nos seguirán vendiendo esta mezcla". Y añadió: "El colmo de la ironía y del descaro se plasma en forma de anuncio en letras blancas en la superficie de la envoltura de nylon. Dentro de sus especificidades se puede leer: "mezclado con chícharo al 50 %. Y advierte un par de cosas más: "El agua a añadir no sobrepase la válvula de la cafetera, el "café" dentro del colector no será comprimido, así como el fuego de la hornilla debe ser pequeño".

Otra señora, que no quiso identificarse, comentó: "Más allá del mal sabor que ofrece el alto por ciento de chícharo, hay que señalar la ineficiencia de las rudimentarias cafeteras, que en más de una ocasión hay que bajarlas del fuego y mojarles el fondo para que suelten la extraña libación. Sencillamente estas cafeteras no son idóneas para esta mezcla, por consiguiente, se produce desgastes en las juntas, tupiciones en los orificios del colador, y en muchas ocasiones explosiones, que en el mejor de los casos rompen las cocinas y mancha los techos, sin contar que se han reportado personas con quemaduras".

Si bien es cierto que los granos del café son uno de los principales productos de origen agrícola que se comercializa en los mercados internacionales y supone una gran contribución a los rubros de exportación en la isla, también es verdad que sólo bajo los "iluminados" dirigentes comunistas, los cubanos han sido privados de consumir con abundancia y calidad, esa deliciosa bebida que suele tomarse como desayuno, o en la sobremesa después de las comidas, y que es una de las bebidas sin alcohol más socializadoras, tanto en Cuba como en muchos países del mundo.

Valga recordar que según la revista Investigación y Ciencia, la industria del café mueve en la actualidad aproximadamente 70 000 millones de dólares al año, cifra superada únicamente por el petróleo en lo que se refiere a exportaciones a escala mundial.

Los productores de este grano son países tropicales y subtropicales, donde el cultivo del café se encuentra ampliamente difundido.

En ningún país se atreverían a ofertar el café ligado con chícharos a sus ciudadanos, por temor a una protesta sin límites, pero los cubanos aún seguimos aguantando.

La Habana, martes 13 de agosto de 2013

Agro-mercado capitalino: un almacén de despojos

En los medios de comunicación de la Isla se habla mucho de la rectificación del modelo económico bajo los lineamientos del Partido Comunista de Cuba. Pero poco o nada se comenta sobre el carácter autoritario y represivo del régimen, que restringe las gestiones económicas de un segmento poblacional cada vez mayor que inunda las calles en busca del sustento.

La mayoría de los vendedores ambulantes con licencia o no, sufren persecución por parte de un enjambre de inspectores que, en colaboración con la Policía Nacional Revolucionaria, cada vez que se les antoja fijan sorpresivos operativos para detenerlos y decomisarles las mercancías, imponiéndoles además unas multas excesivas.

Esto sucede en cualquier rincón de la isla, pero durante el mes de septiembre del 2013 se acentuó en la zona del Vedado, especialmente en el Coppelia, el Mercado de 12 y 23, y los Agro-mercados de 17 y K, 19 y B, y 27 y A, cuyos alrededores han sido blancos directos de estas redadas.

Es conocido que estos centros comerciales, desprovistos de mercancías, no pueden satisfacer las va- riadas necesidades de los habaneros. Por tales razones, son las áreas idóneas para los comerciantes ambulantes (merolicos), pues allí pueden colocar aquellos productos que casi siempre dejan satisfecho al cliente. Por este motivo, más allá de estúpidas restricciones, las autoridades cubanas deberían mirar con buenos ojos el talento emprendedor de los particulares, y les brinden más oportunidades, tratándolos con respeto, y dándoles el apoyo para realizar las necesarias gestiones comerciales.

"¿A quién puede dañar la venta de galletas de variados sabores, tabaquitos y dulces que no se ofertan dentro de Coppelia?", se preguntaba Alfredo, un vendedor ambulante que pregona sus ofertas alrededor de la más famosa heladería de la capital cubana, donde casi nunca hay estos tipos de productos que le gente le apetece mezclarlos con el helado. "Recorro muchos de los lugares para encontrar estas confituras y las pago con mi dinero, no me las robo" dijo. Y añadió: "Cuando me entero que van a vender en el mercado de 12 y 23, me paso toda la noche allí para ser uno de los primeros en las tremendas colas que se arman. Y no es justo que venga uno de los tantos policías sinvergüenzas a decomisarme y multarme".

Otros de los afectados piensan que este tipo de bloqueo prácticamente los priva de todo intento por buscarse los pesos con que compensan los bajos ingresos que devengan como trabajador si lo es, o la seguridad social si es pensionista. Sin dejar de mencionar que muchos lo hacen por necesidad, ya que han sido víctimas del nivel de desempleo presente en la sociedad cubana, a partir de las directrices ordenadas por el gobierno de Raúl Castro con la complicidad de la Central de Trabajadores.

Hace más de una semana los clientes que se encontraban en el agro mercado de la calle A y 27 en el Vedado, presenciaron con asombro el arribo de uno de los camiones de la "Brigada especial" de la Policía Nacional Revolucionaria, que entró por un costado de este establecimiento, cargado de merolicos ambulantes, luego de recogerlos durante un operativo donde les decomisaron sus mercancías y les impusieron abultadas multas.

Sobre este hecho, que se ha repetido en varias ocasiones durante el todo el mes de agosto, se desconoce quién o quiénes han dado las órdenes para cometer tales abusos. Por otro lado, la situación persecutoria ya empezó a generar interrogantes dentro de la población, toda vez que gran parte de los productos ocupados están descompuestos y con mal olor.

Se pudo conocer además que el botín incautado incluye: cientos de huevos, pan con jamón, confi- turas, productos embutidos, aguacates, quesos caseros, pastas, bebidas alcohólicas, y otras utili- dades. Toda una repesca sin destino alguno, de la que no se ha brindado explicación a la comunidad. Al respecto, un militante del Partido Comunista, que vive cercano al lugar, cuyo nombre omito por razones de seguridad, me comentó irónicamente: "El Agro de 27 y A, al convertirse en centro de decomiso, le asignan un triste papel. Mejor valdría la pena que se ocupara de garantizar los servicios que ofrece, ya que la calidad de sus mercancías ofende la dignidad humana".

Sin duda estas descabelladas medidas vienen orientadas desde los centros del poder de Cuba. Por ello el pueblo se pregunta: ¿Habrá una verdadera voluntad política por querer sacar adelante la ca- careada actualización del sistema económico cubano?

La Habana, martes 3 de septiembre de 2013

El transporte interprovincial: bajo la ineficiencia, la demora y la corrupción

En días recientes el Noticiero Nacional de la Televisión Cubana, a través de su sección "Cuba dice", dio paso a algunas críticas sobre la situación del transporte en Cuba.

La puesta en escena estuvo muy lejos de la intensidad del caos, y no fue más allá de una simple confrontación entre algunas opiniones ciudadanas, y el acostumbrado triunfalismo de los funcionarios – en este caso del Ministerio de Transporte, quienes auguraban mejorías a partir de la creación de cooperativas transportistas, que ya se mueven dentro de la capital, utilizando pequeñas guagüitas que cobran cinco pesos por cualquier tramo.

En opinión de varios ciudadanos que viajan regularmente hacia el interior del país, la catástrofe en esta rama no solo se puede suscribir al pésimo servicio del transporte urbano en la capital habanera, y la casi inexistencia de este, en la mayoría de las ciudades del país. También hay que gritar, denunciar y criticar, los terribles tormentos que sufren los cubanos, a falta de suficientes ómnibus para trasladarse hacia el interior de Cuba, esencialmente al oriente cubano.

La Terminal de Ómnibus, juntamente con la estación de la Coubre, son los únicos centros para tomar el transporte vial interprovincial. Ambas estaciones están casi siempre atiborradas de personas. Todos los viajeros llegan aquí con ansias de obtener orientación segura para su destino, pero se ven atrapado entre la ineficiencia, la demora y la corrupción (ventas de pasajes cuatro veces más del valor).

La Coubre es una inmensa nave ubicada cerca de la Avenida del Puerto, de un aspecto apocalíptico donde confluyen los viajeros sin reservaciones que se dirigen a las provincias orientales.

El embarque depende de los fallos que se producen en la Terminal de Ómnibus, y de un registro en la lista de espera. Es aquí donde el estoicismo se pone a prueba, ya que habrá que esperar largas horas para obtener su pasaje, tirado en el piso, o en pie, entre las amarguras de una pésima higiene, un abrazador calor, y una algarabía solo comparable con los tormentos del infierno.

Precisamente en la Coubre conocí a un holguinero que desde hacía dos años venia todos los meses a la capital, para darle tratamiento médico a su hijo, a falta de equipamiento en el hospital de su pueblo. Al preguntarle cómo se las arreglaba para estos viajes, dijo: "Llevo más de ocho horas esperando mi turno para Holguín. Esto es un caos. En ocasiones he dormido en el piso, en compañía de mi hijo, hasta dos días. El transporte para Holguín es el peor, puesto que no cuenta ni con trenes desde hace unos diez años".

Las autoridades cubanas adquirieron en China, unos nueve años atrás, un lote de ómnibus Yutong que mejoró el servicio del transporte interprovincial. Hoy sin embargo la realidad es otra. Al respecto, Armando, un chofer que cubre la ruta Habana–Moa, declaró: "Estos ómnibus que trabajan a full, sin mantenimiento y sin piezas de repuestos han salido, bastante buenos". Y añadió riéndose: "Cuando vi en la televisión que hablaban del transporte, pensé que mencionarían las veces que los choferes tenemos que pagar las piezas cuando se rompen los carros, o su mantenimiento, para poder trabajar. Pero de eso no se habla".

Es cierto lo que dice la gente. Hoy trasladarse al interior de Cuba causa pena y dolor. Hasta reservar un pasaje con antelación deberás soportar largas e interminables colas en las escasas agencias de viajes, o entrar por la "caja del pan", como expresan los que tienen dinero, y así dan rienda suelta a la corrupción.

En cuanto a la Terminal de Ómnibus de La Habana, en la avenida Boyeros, Municipio Plaza, su deterioro es evidente. Apenas se coloca un pie en la instalación, encuentras una subdivisión forrada de cristales para los que tienen reservaciones. Pero en toda la otra extensión siempre hay un enorme gentío, muchos tirados en el piso o encima de sus bultos o maletines, en espera de un fallo - en este caso para viajar a las provincias occidentales.

Y las taquillas de ventas siempre están colmadas de personas que llegan con la esperanza de resolver su transporte. Pero todos encuentran una larga lista de espera, que puede durar horas y hasta días. Y por consiguiente, esto genera una galopante corrupción, que tanto en la Coubre como aquí, se ejerce a través de los intermediarios de turno. Todos en coordinación con las expendedoras de boletos, a las que hay que abonarles un excesivo monto monetario para resolver tu viaje.

Una especie de suerte que no siempre está a disposición de todos, ya que algunos no quieren ser parte de la corrupción, o no tienen el dinero sobrante para pagar. Esto último es lo más común.

La Habana, martes 24 de septiembre de 2013

Alcoholismo en Cuba: peligrosa y errónea vía de escape

Lamentablemente, en una sociedad como la cubana, el alcoholismo se ha convertido en la vía más peligrosa para escapar de las enormes frustraciones que encaran diariamente la mayoría de los ciudadanos de este país.

Es una enfermedad. Se pierde el control sobre los límites de su consumo. Y se suele ir elevando a lo largo del tiempo el grado de tolerancia al alcohol.

Si bien hasta el momento no existe una causa común conocida de esta adicción, varios factores pueden desempeñar un papel importante en su desarrollo. La necesidad de aliviar la ansiedad, la pobreza, las frustraciones, los conflictos, las penurias, la depresión, la falta de libertad y la baja auto- estima, indudablemente son los responsables asociados para que este terrible padecimiento siga haciendo estrago en un alarmante número de cubanos.

La mayoría de los atrapados en la red de esta enfermedad no beben Whisky, Tequila, Bacardí, Vodka, Habana Club, y mucho menos ron Caney. Satisfacen su "necesidad" alcohólica a base de un ron a granel de bajo costo, sin especificación alguna, y de pésima calidad que se expende en cientos de establecimiento en toda la isla.

Para que se tenga una idea. Solo en El Vedado, el embrujado líquido está a su disposición en muchísimos puntos de venta perteneciente a la red de gastronomía y comercio. Establecimientos como: 1ra y 8, 10 y línea, 24 y 15, F y línea, B y 3ra, 19 y B, y 27 y A, desde horas tempranas de la mañana, ya se puede observar a un gran plantel de bebedores que se reúne en sus alrededores, botella en mano, para ingerir alcohol sin importar lo que pasa en el mundo exterior.

Uno de ellos, el Yoyi, un antiguo marinero que vive en el Vedado y que hoy se encuentra atrapado por el alcoholismo dijo: "Durante más de 15 años viajando por diferentes países, jamás hice dependencia del alcohol, mis problemas comenzaron cuando perdí mi trabajo en la flota mercante".

El hombre ha vendido todos los equipos electrónicos de su casa y cada pieza de ropa que trajo del extranjero. Ahora su mujer se marchó de su casa, y padece de una terrible enfermedad hepática a causa del alcohol, que lo mantiene con los pies inflamados y temblores en la mano, pero aun así sigue bebiendo.

Hay otros casos que compran el ron a granel y lo beben sus hogares, como es el caso de Juan, un chofer de guagua de una empresa que desde que su esposa e hijo se fueron para EEUU, empezó a beber todos los días y hoy padece una fuerte adicción de alcoholismo. Al respecto dijo: "Me acostumbré a comprarme mi caneca todos los días, y aunque sé que este ron que nos venden es pésimo, es más seguro que el de los vendedores clandestinos. Mi sueldo no me alcanza para los rones de calidad".

Según los estudios médicos sobre el alcoholismo, el consumo excesivo y prolongado de esta sustancia va obligando al organismo a necesitar o requerir cantidades crecientes para sentir los mismos efectos, a esto se le llama "tolerancia aumentada" y desencadena un mecanismo adaptativo del cuerpo hasta que llega a un límite en el que se invierte la supuesta resistencia y entonces "asimila menos", por eso, tolerar más alcohol es en sí un riesgo de alcoholización.

La estela de sufrimientos que está dejando el alcoholismo hoy dentro de muchísimas familias cubanas es alarmante. La falta de oportunidades bajo el patrocinio irresponsable del régimen cubano constituye un verdadero catalizador para que este flagelo vaya en aumento. De ahí que cada día un creciente segmento de ciudadanos se asome al infernal boquete habilitado por un costado de los mercados o bodegas, por donde salen cientos de botellas, pepinos y tanquetas con la ración para olvidar.

La Habana, martes 17 diciembre de 2013

III

RELIGIÓN

¿Hay Navidades en Cuba?

En la parada de ómnibus que está en Boyeros, y 19 de Mayo, frente a la puerta de la Terminal de Ómnibus, me puse a escuchar a un viejo que conversaba en solitario cuando recogía laticas de aluminio por los alrededores para venderlas al estado como material reciclable. El hombre, al darse cuenta que lo estaba observando, y que yo sostenía en la mano un pequeño arbolito, se dirigió a mí: "Mire, señor, se puede decir que hablar de celebrar a plenitud en Cuba las Navidades, el fin de año, y la llegada del año nuevo, son una trampa, un engaño, desde la instauración del régimen dictatorial de Fidel Castro".

Luego, haciendo una pausa para aplastar con la bota una lata contra el piso, añadió: "Para nadie es un secreto lo caro que resulta habilitar hoy, como antaño se hacía, una cena normal para festejar estos acontecimientos especiales. Vaya a ver los altos precios de los adornos navideños en las tiendas recaudadoras de divisas, continuó diciendo. -Mire, este abrigo lo conseguí en la iglesia. Yo vivo hace diez años en la carretera".

Al terminar, sacó una caneca de ron, se dio un trago, y me viró la espalda, sin esperar respuesta. Sus lúcidas palabras, dichas por alguien que parecía sin duda un loco vagabundo, se grabaron en mi mente, y me pregunté: *¿Hay Navidades en Cuba?*

Mientras la mayoría de los ciudadanos del mundo celebran las Navidades y la llegada del año nuevo con fiestas alegres, reuniones familiares, intercambios de regalos y el envío de las postales de felicitación, y dondequiera se resaltan los arbolitos decorados, y se escuchan villancicos, y los paladares se saborean con el despliegue de una gastronomía navideña, el pueblo de la Cuba comunista trata de sobrevivir en tan señaladas fechas. Y, como se dice en la calle, todos se las ingenian metiendo cabeza por aquí y por allá, vendiendo cualquier cosa, luchando el peso, o pidiendo dinero prestado, para pasarla lo mejor posible.

Entre las opiniones recogidas en torno a la pregunta inicial, Sandalia Fernández, de 70 años, una jubilada del magisterio, que vive en Casilda, un barrio marginal del Vedado, rememora con tristeza sobre los tiempos de su infancia: "Aquellos pavos y puercos asados y las masas de freír, los variados turrones, las avellanas, los vinos, las cidras, las manzanas y uvas que antes del año 59 se veían sobre la mesa en cualquier hogar humilde de esta isla los días 24, 25 y 31 de diciembre han desaparecido".

Hoy no es un secreto que aquel entusiasmo, aquella alegría contagiosa, aquella sensación de felicidad familiar, se han extinguido. Y hasta los habituales adornos navideños, que una vez nos deleitaron, ahora brillan por su ausencia en gran parte de los hogares cubanos.

Otro entrevistado, Yadiel Cuesta, joven enfermero, me expresa: "Mi padre me contó que cuando la llegada de Fidel al poder sólo tenía 6 años, y que enseguida empezó la propaganda comunista para borrar las tradiciones de Nochebuena, y la de Los Reyes Magos y todo lo que oliera a Navidad".

Los peinaditos en canas recuerdan que en esa época hubo que guardar para siempre los arbolitos navideños, porque eso era cosa de los burgueses, invento de los curas y de los imperialistas yanquis, en fin, diversionismo ideológico, y que en nuestro país no caía ni la nieve. Y lo peor, en caso de desobedecer las orientaciones revolucionarias, de pronto surgía una vil denuncia, alguien de la cuadra donde uno vivía, y te citaban a los tribunales populares. Te fichaban por desafecto o gusano, podías ir a prisión, perder tu empleo, y de castigo te mandaban a trabajar en la agricultura. Esos tribunales fueron tan intransigentes y malignos como la Santa Inquisición.

Sobre este tema de las Navidades, que tanto ataña a las iglesias, también consulté a Javier A. Sánchez, especialista en estudios bíblicos, quien me comentó, "hoy la mayoría de las iglesias, tanto católicas como protestantes, exhiben los tradicionales adornos navideños, gracias a que fueron conservados celosamente durante décadas para la celebración del nacimiento de Jesús, ya que adquiridlos hoy, cuesta el ojo de una cara".

En la Cuba de hoy ninguna iglesia es capaz de demandar a las autoridades comunistas por la precaria situación de miseria en que viven muchos cubanos de a pie, quienes optan por aceptar su desventura como la voluntad de Dios, a pesar de la imposibilidad de celebrar con decoro Las Navidades.

Jueves 18 de diciembre 2015

La Biblia es un mapa para nuestras vidas

Hace algunos días, encontré publicado en la prestigiosa página digital Cubanet un artículo de la periodista Leannes Imbert, titulado "La Biblia no es un tratado de sexología", donde se lamenta de que muchas personas dentro de la sociedad civil impugnan la homosexualidad basándose en la Biblia o en lo que interpretan de ella.

Según asegura Leannes, fundamentándose en un artículo del Dr. Mel White, un reverendo norte- americano gay, muchos cristianos desconocen que ni Jesús ni los profetas judíos dicen nada sobre las relaciones homosexuales y que, solamente seis o siete versículos de la Biblia hablan sobre las relaciones entre personas del mismo sexo. La articulista afirma que: "...es triste y a la vez irrisorio ver cómo la suposición de que la Biblia condena la homosexualidad está tan generalizada entre los cristianos, que lo repiten frecuentemente, cuando la mayoría no saben ni dónde se encuentran los supuestos versículos que hacen referencia a las relaciones sexuales entre personas del mismo sexo". Y añade: "Tampocp conocen el sentido original de la palabra, ni en hebreo ni en griego, y mucho menos se han esforzado en comprender el contexto histórico en que fueron escritas".

Pedro Juan, Pastor asistente de la Iglesia Pentecostal de 26 y 15, fue consultado por este reportero sobre este tema, y al respecto declaró: "Los cristianos tenemos un mandato en el Evangelio de Juan, que nos exhorta a escrudiñar su palabra (Juan 5:39), cosa que al parecer no hacen los creyentes a los que hace referencia la periodista".

Sobre otra de las afirmaciones aparecidas en su artículo ("...son muchos los cristianos que son a la vez lesbianas, gays, bisexuales y transgénicos que aman a Dios, y toman muy en serio las escrituras"), varios cristianos recordaron la cita bíblica donde el Apóstol Pablo da la mayor relevancia a los que prediquen sobre Jesús, ya sea por pretexto, o por verdad (Filipense 1:15-18).

En el libro de J. León (Lo que todos debemos saber sobre homosexualidad, 1976), el autor plantea: "La Biblia no dice nada específicamente acerca del estado homosexual, pero condena explícitamente la conducta homosexual. El alcance de dicha censura, empero, debe determinarse cuidadosamente. Con harta frecuencia ha sido utilizada como herramienta de una polémica homofóbica que va demasiado lejos".

La exégesis de los relatos de Sodoma y Gomorra (Génesis 19:1-25) es un buen ejemplo de ello. Debemos resistir la afirmación ampliamente citada de D. S Bailey de que el pecado que Dios condenó en estas ocasiones fue la ruptura de la etiqueta de la hospitalidad, sin que tuviera connotaciones sexuales. Para él, no aplica adecuadamente ni el doble uso de la palabra "conocer" (Yada) ni la razón del ofrecimiento sustitutorio de las hijas de Lod y de la concubina del levita, pero ninguno de los dos relatos equivale a una condenación lisa y llana de todos los actos homosexuales. En ambas ocasiones, el pecado que se condena es el intento de llevar a cabo una violación homosexual, y no una relación homosexual amorosa entre partes que consienten.

Y efectivamente, la fuerza de las restantes referencias a la homosexualidad en el Antiguo Testamento está igualmente limitada por el contexto en que se encuentran. Históricamente, el comportamiento homosexual estaba ligado a la prostitución cultica e idolátrica (1R14.24; 15.12; 22.46). Las severas advertencias de la ley levítica (Lev. 18.22; 20.13) están dirigidas principalmente, y al mismo tiempo, contra la idolatría; por ejemplo, la palabra "abominación" (Toebá) que aparece en ambas referencias, es un término religioso usado a menudo para las prácticas idolátricas. Vista estrictamente en su contexto, entonces estas condenas en el Antiguo Testamento se aplican a la actividad homosexual llevada a cabo en contexto idolátrico, pero no tienen una vigencia más amplia que éstas, necesariamente.

Sin embargo, en Romanos 1, Pablo condena los actos homosexuales, tanto entre hombres como entre mujeres, juntamente con la idolatría (vv. 23-27). Pero su encuadre teológico es más amplio que el de Levítico. En lugar de tratar la conducta homosexual como expresión de culto idolátrico, atribuye ambas cosas al "intercambio" equivocado hecho por el hombre caído, al apartarse de la intención de su Creador (vv25s). Vista desde esta perspectiva, todo acto homosexual es antinatural (vv. 26), no porque vaya en contra de la orientación natural del individuo (cosa que desde luego no se debe hacer), sino porque va en contra del plan de Dios cuando creó la expresión de la sexualidad humana.

Pablo, el Apóstol de la Gracia, hace dos referencias más a las prácticas homosexuales en otras epístolas. Ambas aparecen en la lista de actividades prohibidas y provocan la misma nota condenatoria en Primera de Corintios 6:9, donde se incluye a los homosexuales practicantes entre los inicuos que no heredarán el Reino de Dios, pero con el agregado de la nota redentora: "Y estos erais algunos…".

Resumiendo, Jesús ama a los pecadores, pero aborrece el pecado. Mediante su muerte en la Cruz dio la gran oportunidad -siempre que haya arrepentimiento- para la redención, el perdón y la salvación.

7 de noviembre de 2011

Afán de lucro dentro de la santería

Varias son las religiones que existen en tierra cubana, pero entre las más expandida es la santería (o regla de Ocha), proveniente del sur de Nigeria, e introducida en la Isla por los esclavos yorubas durante la época colonial.

A lo largo del tiempo esta fe religiosa ha sido parte de un proceso de sincretismo con elementos del catolicismo popular y ha seguido teniendo modificaciones. Hoy en día ya hay personas que la practican por el mundo, y ha sido Cuba el foco de expansión natural de esta creencia, conocida gracias a la diáspora que ha sufrido nuestro país bajo el régimen castro-comunista y a las actuales ofertas de servicio religioso por Internet.

De igual manera, con las nuevas leyes vigentes que regulan el trabajo por cuenta propia, se ha propagado considerablemente por la capital habanera la venta de hierbas, palos mágicos, folletos instructivos, y una amplia gama de artículos religiosos. Las utilidades monetarias, obtenidas de dicho comercio, están aseguradas por la oportunista promoción que realizan los medios estatales de comunicación, los cuales consideran las manifestaciones del culto a los Orishas como un sello distintivo de nuestra identidad socio-cultural.

Hoy, muchos creyentes se lamentan del afán de lucro que prima en su religión, la más costosa a nivel planetario. Otros, como el awó Víctor Betancourt, escribe en su artículo "13 Diferencias de culto entre el yoruba y la santería", entre otros señalamientos críticos: *"Algunos sincretismos yoruba- católicos del Nuevo Mundo, en su liturgia, con mucha frecuencia acostumbran a tirar los egbós, rogaciones y/o animales muertos por los sacrificios en plena calle (cuatro esquinas, al pie de pal- meras en jardines, hospitales, cárceles, etc.), sin tener en cuenta el respeto por el ornato, las reglas de urbanidad y la salud pública".*

Diversas opiniones recogidas entre personas vinculadas a la santería ponen en tela de juicio la honradez, la ética, y la seriedad de muchos de los oficiantes de esta religión, exponiendo de manera categórica los motivos de su desconfianza, llegando en algunos casos hasta el abandono de dicha creencia.

Uno de ellos es el exsacerdote Erick González, conocido Obá u oriaté entre los creyentes de la barrida de Lawton, rango que alcanzó tras un ferviente aprendizaje de los rezos y las complejas ceremonias, transmitidas por tradición oral. Según las declaraciones de González, grabadas en un video, fue tras la muerte de su abuela, quien tenía hecho Changó, e influenciado por el ámbito familiar donde se crio, que recibió a los Orishas guerreros: Elegguá, Oggún, Ochosi, y Osun. Poco después, su madre vendería algunas joyas valiosas y otros artículos del hogar con el fin de poder costearle su iniciación en la adoración a los santos yorubas.

Refiere González que su excelente desempeño religioso le llevó a alcanzar el distintivo cargo de Obá. Desde su posición como sacerdote, obtuvo una creciente fama que se materializó con 104 ahijados a los que les afeitó la cabeza y los consagró con diferentes santos. También explica que incorporó a sus creencias la práctica de otra religión traída por los esclavos africanos, basada en deidades ancestrales y espíritus de muertos, que es el culto a la nganga mayombe, de origen bantú. A pesar de todo, Erick González no encontró sosiego en su vida, y decidió abandonar totalmente estas creencias. Fue un proceso difícil, donde no faltó la explicación sincera de su rechazo a los Orishas, ni el hecho de pedirle perdón a cada uno de sus ahijados, pues el joven Erick había pasado a formar parte de una iglesia evangélica (cristiana) y ahora expone sus vivencias en un video que, rueda de mano en mano a través de discos compactos y memorias flash, pudiendo hacer llegar su testimonio al público interesado, demostrando los errores o maldades que a veces se cometen dentro de la santería.

Al exponer sus razones, él reconoce que hay personas decentes, inteligentes y serias dentro de la religión, pero a la vez denuncia las muestras de corrupción existente, citando ejemplos de la misma. En una parte del video, Erick González dice: "En la santería supe de muchos sacerdotes que mantienen relaciones sexuales con las ahijadas, o con la hija de un amigo, incluso existen madrinas de santo que se ponen de acuerdo con un Obá u oriaté para cuando sea el día del Itá (adivinación que se hace con los caracoles) poder hablar cosas que no son, y así se estafa conscientemente a las personas que van en búsqueda de una posible solución a los problemas. A veces me preguntaba cómo era posible que el santo permitiera tales falsedades y atropellos".

La Habana, sábado 6 de diciembre de 2014

Los cubanos y su distanciamiento con el pueblo de Israel

Siempre el Gobierno de Cuba ha mantenido una política pro-palestina a favor de los árabes y en contra del pueblo judío de Israel, a quien tilda de usurpador, pasando por alto las poderosas razones históricas, políticas, morales y religiosas con que cuenta para mantener su pequeña tierra en paz.

La exigencia de un Estado palestino es un invento de los países árabes y pro-árabes, sujetos a la esclavitud del petróleo árabe-musulmán. Esta petición inmoral a la que países como Cuba y otros, se pliegan, está sustentada por la similitud en cuanto a la falta de democracia, derechos humanos, respeto por la mujer y libertades públicas presente en ambos partes.

La mayoría del pueblo cubano desconoce la historia de Israel, cuyo destino profético se inicia con la herencia por pacto perpetuo de Dios al padre de la nación judía: Abrahán, quien heredó la Promesa Divina para que su descendencia habitara después de él, la tierra de Canaán, la que tomaron luego de sufrir cuatrocientos años de esclavitud en Egipto.

Tras este suceso, Israel se estableció como Reino durante dos mil años, período en el que anduvieron por el exilio en Babilonia, y fueron ocupados por Roma en el año 63, antes de Cristo. No se conoce en esta época ningún reinado Árabe Palestino, tampoco durante el dominio Bizantino (313- 636 d.C), ni cuando el dominio musulmán del 636- 1099 d.C.

Posteriormente vinieron los cruzados (1099- 1516), donde miles de judíos, cristianos orientales y musulmanes resultaron masacrados por católicos-romanos, enviados a Israel por el papa Urbano II. Tampoco se sabe de un estado o nación palestina, como nunca la hubo entre 1291- 1516 d.C cuando el dominio mameluco, y menos aún durante el dominio Turco-otomano (1517- 1917), período que los judíos crecieron vertiginosamente y nunca abandonaron Israel.

Entre el 1918-1948 d.C, vendría el dominio británico, periodo en que estalla la Primera Guerra Mundial que, al terminar en julio de 1922, la Liga de las Naciones encomendó a Gran Bretaña el mandato sobre Palestina -nombre con que se conocía entonces la región-. Reconociendo "la histórica conexión del pueblo de Israel con Palestina". Inglaterra fue llamada entonces a facilitar un hogar nacional judío en Palestina- Eretz Israel (tierra de Israel), aquí tampoco existía ningún estado palestino.

El estado de Israel fue proclamado desde el 14 de mayo de 1948 de acuerdo con el plan de partición de la ONU que dividía el protectorado ingles en Palestina –actuales Jordania e Israel- y no una inexistente nación o país de Palestina, tal como se quiere hacer creer hoy en día. Se le dio para entonces el 77% del territorio de los árabes (estableciendo el reino de Jordania que incluía los actuales territorios de la imaginaria "Palestina") y el 23% para los Judíos, y dejando a Jerusalén como zona internacional.

Los judíos aceptaron aquella resolución, pero los árabes no. Después de 24 horas los ejércitos de Egipto, Jordania, Siria, Líbano, e Irak invadieron a Israel, violando esta resolución de las Naciones Unidas.

Quince meses después, Israel, no solo gano la guerra, sino que extendió su territorio de 8000 km^2 a 21 000 km^2 en una legítima guerra de autodefensa frente a los árabes invasores, del mismo modo que se establecieron en el pasado las actuales naciones occidentales. Los refugiados árabes, engañados por los "libertadores" de que muy pronto no quedaría ni un solo judío en palestina -aun hoy continúan exiliado- en sus poderosos y ricos países "hermanos": sin recibir ayuda humanitarian (lógicamente para sus fines terroristas sí), nace así el problema de los refugiados "palestinos". Sin embargo, los árabes que se quedaron en Israel hoy disfrutan de ciudadanía israelí y viven en la única democracia que hay en esa parte del mundo.

En 1956 el líder egipcio Nasser, apoyado en 80 000 hombres apostados en Sinaí, con la ayuda de Siria, Jordania y Arabia Saudita, puso en peligro otra vez la integridad de Israel. En ocho días fuerzas israelitas tomaron la Franja de Gaza y toda la península de Sinaí. De igual manera diez años después, en 1967 Israel se encontró con ejércitos hostiles, esta vez en todos los frentes. Egipto estableció alianza militar con Jordania, y a su vez facilitaron sus fronteras para incursiones terroristas, mientras Siria bombardeaba Galilea constantemente, Israel tuvo que apelar a su auto- defensa. Y al término de seis días, tomaron el control de Judea, Samaria, Gaza, las alturas del Golán y Jerusalén que había estado dividida entre Israel y Jordania desde el 1949, así quedó reunificada bajo autoridad israelí. Israel pasó de 21 000 km^2 a poseer 67 000 km^2 de territorio.

Nunca ha habido un estado palestino ni nunca Israel le ha quitado la tierra impunemente a ningún árabe. Todo lo contrario, los árabes profesan un enorme odio contra el estado judío.

El 6 de octubre de 1973 un sorpresivo y cobarde ataque coordinado por Egipto y Siria contra Israel en la llamada guerra del YOM KIMPUR puso en riesgo la vida de muchos israelitas. Sin embargo, su ejército hizo trizas a los invasores, otra victoria de un pequeño pueblo, pero con la razón moral y un Gran Dios a su lado.

La Biblia describe otros eventos contra el pueblo de Israel, pero Dios -que no miente- no se olvida de sus promesas sobre Israel. La Biblia Judía y cristiana tanto en el Viejo como en el Nuevo Testamento se refiere casi mil veces a la ciudad de Jerusalén

11 de octubre de 2011

La enfermedad de Chávez: entre lo banal y la profecía

La prensa internacional se hizo eco de las huecas insinuaciones que recientemente el Presidente Hugo Chávez formuló en relación a la posibilidad de que él y otros líderes de la región, hayan sido víctimas del desarrollo de una tecnología secreta de EEUU para inducir el cáncer, sin que nadie lo supiera. Sus declaraciones ocurren a raíz de la detección de un carcinoma de tiroides en la presidenta argentina Cristina Fernández de Kirchner.

La enfermedad de Chávez se balancea entre la banalidad y la profecía. Sobre esto último, hace dos años el Dr. David Diamon, Misionero y Conferencista Internacional de origen judío, Presidente y fundador del Ministerio Historia del Futuro, desde la ciudad de Lima, anunció de manera profética lo siguiente: "Dios castigará a Hugo Chávez y a Venezuela. Un desastre natural se aproxima sobre este país sudamericano, sangre, muerte y devastación y un violento terremoto".

Esta profecía fue sujetada a las declaraciones de Chávez, el 2 de junio del 2010, cuando enérgicamente condenó el ataque del ejército israelita contra la flotilla de la libertad que transportaba –sin autorización– "ayuda humanitaria" para la Franja de Gaza. Ese día, Chávez acusó a Tel Aviv de apoyar un complot en su contra, y no bastándole, maldijo a esta nación. "Condeno desde el fondo de mi alma y de mis vísceras al Estado de Israel. Maldito seas, Estado de Israel", dijo Chávez en cadena de radio y televisión ante funcionarios y personalidades de su Gobierno.

Justamente un año después, en momentos que Chávez realizaba una visita a su mentor y padre de la dictadura más vieja de América Latina, Fidel Castro, se le detectó un cáncer. Por lo que a juzgar por la profecía de Diamon se cumplió lo que dice La Biblia sobre maldecir a Israel, plasmado en Núm. 22, 6-8, 23.8, y la promesa del Génesis: "Bendeciré a los que te bendigan, y a los que te maldigan, maldeciré".

A pesar de su enfermedad, recientemente Chávez proclamó en Venezuela dos leyes de carácter estalinista. Una, regula asuntos de los alquileres de las viviendas, y la otra, otorga prerrogativas al Gobierno para fijar los precios de los bienes y servicios.

Apenas a diez meses de las elecciones presidenciales en Venezuela, sus pretensiones se enfocan en consolidar su dictadura. Esta realidad corrobora que el caudillo está enfermo, pero no abatido. Por suerte para los venezolanos, y a diferencia de los cubanos, aún tienen la oportunidad de elegir a su presidente democráticamente. Una oportunidad única para borrar definitivamente a Chávez, o darle otro periodo presidencial.

9 de enero de 2012

Metodistas celebran, pero aún existe la marca de la división

Este domingo 27 de julio se celebró el 64 aniversario de la inauguración de la Iglesia Metodista Universitaria ubicada en las calles K y 25, en el Vedado. Esta es la primera ocasión que el Rev. Lester Fernández (pastor de este Templo desde hace un año) lidera este tipo de celebración.

-Hoy celebramos un cumpleaños más de nuestra Iglesia. ¡Cuántos testimonios, cuántas experiencias, cuántos hombres y mujeres de Dios recordamos desde el inicio hasta nuestros días que serían interminables mencionar!, dijo Lester para la apertura y añadió. "Agradecemos a los pastores, lideres, miembros y a todos los que han puesto un granito de arena en la edificación y sustento de esta iglesia".

Una pequeña reseña repartida entre los presentes, recordada la apertura exacta de este templo, acaecida en julio de 1950, al que se le añadió 5 años después el Hogar Evangélico que conjuntamente con el Centro Cristiano Universitario y la Iglesia Local conformaron la visión original del trabajo pastoral que se desempeñaba en esta Iglesia, sirviendo de ejemplo para que en muchos países latinoamericanos se iniciara un trabajo semejante.

Todo este sueño fue el fruto de la extensión del trabajo misionero de la iglesia metodista que se iniciaría corriendo el año 1941, por un grupo de jóvenes de la Universidad de la Habana que primeramente comenzó a reunirse en una casa ubicada en la calle Neptuno, entre Mazón y Basarrate, hasta que la Conferencia Anual reconoce la congregación y nombra al Rev. Luis Díaz de Arce Trenzado como su primer pastor.

Este majestuoso edificio donde ha radicado hasta hoy la Iglesia Metodista Universitaria fue construido por el prestigioso arquitecto Ricardo Franklin Acosta, y resultó laureado en el concurso celebrado por el Colegio Nacional de Arquitectos para otorgar el premio la medalla de oro correspondiente a 1951 por su "originalidad, belleza y utilidad práctica". Sin embargo, sobre esto último. Muchos creen que han sido demasiados los obstáculos que ha tenido que franquear K y 25 durante toda la época del gobierno ateo- comunista de los hermanos Castro. Por solo mencionar el más reciente, es bueno recordar que hace apenas un año esta Iglesia se vio envuelta en una terrible división, a partir de la destitución del popular Pastor Lázaro Álvarez, quien llevaba 10 años pastoreando esta inmensa Grey que hacia crecer constantemente.

La desafortunada decisión vino de parte del Obispo Ricardo *Pereira Días*, un consentido del régimen, Presidente de un grupo de superintendentes, devenido en gobierno episcopal de todas las Iglesias Metodistas de Cuba, que chocaron con las incendiarias predicas de Lazarito, que en más de una ocasión responsabilizó a la regencia gubernamental con el estado de tinieblas donde se encuentra la isla, llamándolos en más de una ocasión al arrepentimiento.

Con la llegada al templo del nuevo pastor cienfueguero Lester Fernández, (sustituto de Lázaro) un gran número de cristianos de esta congregación se trasladó hacia un pequeño templo ubicado en el poblado costero de Cojímar, donde ahora predica su admirado Pastor, quien posteriormente también fue separado de las Iglesias Metodistas de Cuba.

Muchos de los que se quedaron bajo la cobertura eclesiástica del pastor Fernández en K y 25, aún hoy hablan con vehemencia de la valentía y el fuego del depuesto evangelista, y añoran todavía su presencia en el pulpito.

No fueron pocos los que este domingo rememoraron el fuego alegre en cada festividad de la Iglesia Metodista del Vedado bajo liderazgo de Lazarito. Al respecto, uno de los ujieres con algunos años de servicio en este Templo y qué prefirió el anonimato dijo: "La asistencia de este domingo para la celebración del 64 Aniversario de la Iglesia es muy buena, pero en todas las ocasiones anteriores el Templo siempre se había mayor concurrencia que la de ahora".

No obstante, ahora los líderes de la afamada congregación no solo dirigieron la alabanza y adoración a Dios, también gritaban, a viva voz, demostrando un ferviente triunfalismo: "La gloria postrera de esta casa será mayor que la primera, ha dicho Jehová de los ejércitos; y daré paz en este lugar". Y otros profetizaban: "El amor de Cristo lo cura todo. Este no es el final de la carrera, la Iglesia redimida de Jesús tiene que continuar con la enorme misión que Cristo nos ha dado en esta isla perdida".

La Habana, lunes 28 de julio de 2014

IV

LA VIVIENDA

Promesa para viejo edificio de la calle 23, entre bambalinas

La situación de la vivienda en la isla se presenta como uno de los más graves y principales problemas que tendrá que enfrentar cualquier gobierno que llegue al poder por la democracia. Está visto y comprobado, que es nula la esperanza para resolver tan delicada dificultad, desde el timonel de los comunistas.

Así piensan los inquilinos de un edificio con más de 100 años de explotación, y en peligro de derrumbe, que se encuentra ubicado en la céntrica calle 23 # 1051, esquina a 6, del municipio Plaza en la capital.

Estos desdichados, desde hace años, esperan por la reparación capital, que las autoridades de este municipio le habían prometido, sin que hasta el momento hayan dado señales de seriedad, en este asunto de carácter social.

Poco o nada han hecho las autoridades para mejorar las condiciones del depauperado edificio, visiblemente afectado por la falta de mantenimiento en las últimas tres décadas. A pesar de que en innumerables ocasiones dirigieron cartas al departamento de Atención a la Ciudadanía del Consejo de Estado y de Ministro y otros organismos que constan en su poder.

En agosto del 2012 se opusieron a la decisión pretendida por una comitiva integrada -entre otros-, por el delegado del barrio, nombrado Eduardo González Coro, la Dirección de la Unidad Municipal de Inversiones de la Vivienda (UMIV) y la anterior jefa de gobierno, Virginia Caunedo García, todos miembros del "consejo de gobierno" de este territorio, que lejos de proponer soluciones al problema, amenazaron con desalojarlos inmediatamente, y reubicarlos en un albergue de Guanabacoa.

La respuesta dada por las autoridades, ante la persistencia de las cinco familias para que se restaurara el edificio, no se correspondía con las opiniones de varios arquitectos independientes, que por aquellos días dictaminaron sobre la real posibilidad de reparar el edificio, sin necesidad de abandonarlo.

Es importante subrayar que la mayoría de los integrantes de las cinco familias de este edificio son ciudadanos de a pie, con pobres ingresos económicos. Aquí residen dos maestros, una anciana enferma, y un señor con un hijo autista, los cuales declararon: "Merecemos recuperar el bienestar de las viviendas, toda vez que siempre hemos sido fieles a esta Revolución".

Cecilio Betancourt, portavoz de las cinco familias, y propietario de uno de los apartamentos aseveró: "El desalojo previsto no se realizó en septiembre del pasado año, debido a la fuerte negativa de todos nosotros para abandonar el lugar, unido a nuestra firmeza para exigir la reparación necesaria. Esto obligó en aquel momento a las autoridades a comprometerse con acometer un plan de acción para beneficiar la edificación, cosa que hasta el momento no se ha cumplido".

El incumplimiento ha acrecentado las preocupaciones de estos necesitados que solo han visto el accionar de una brigada, enviada al lugar por el Consejo de Gobierno de Plaza que, solamente facturó el apuntalamiento del edificio con vigas de hierro, anunciando que posteriormente vendría otra brigada especializada, encargada de iniciar la reparación de los techos, de las instalaciones sanitarias, los repellos de las paredes, el levantamiento del piso de la azotea para eliminar las filtraciones y otras necesidades.

Hasta ahora todo ha sido una mentira. Se pudo constatar el creciente descontento entre todos los inquilinos de este viejo edificio, quienes soportan el embate de las fuertes lluvias de esta época que penetran por los destartalados techos de los cinco apartamentos, sin contar el peligro que corren sus vidas por el riesgo de derrumbe que pudiera sobrevenir.

La Habana, martes 23 de abril de 2013

Viviendo entre ruinas en La Habana

Un simple recorrido por cualquier calle de la capital nos muestra el panorama ruinoso en que se encuentra este país ante la mirada indiferente de las autoridades.

Mientras los medios informativos, en manos del gobierno, resaltan las misiones humanitarias de Cuba en el exterior, hoy la nación exhibe una creciente depauperación constructiva habitacional, cuando los techos de los hogares amenazan con caer, cual, si fueran bombas de tiempo, sobre las cabezas de miles de ciudadanos.

Ese es el caso del edificio ubicado en la calle Línea, entre 12 y 14, en el Vedado, cuya construcción data de la década de 1930, y que por falta de mantenimiento fue declarada inhabitable, años atrás. Ahora los inquilinos están sumamente alarmados por el reciente derrumbe total, ocurrido en La Habana Vieja, donde fallecieron cuatro personas (incluyendo una niñita de tres años), y hay otras tres lesionadas.

Este reportero se personó en el recinto y pudo conversar con Oscar Pérez González, un anciano de 72 años, que sobrevive junto a otras nueve familias en el desvencijado inmueble. Él nos cuenta su historia y la de sus vecinos: "Esta casona de dos plantas se enmascaró con pintura por fuera, pero todas las vigas y las losas del techo están podridas, a punto de colapsar". Comenta Oscar que las autoridades de este municipio siguen sordas y mudas ante las reiteradas solicitudes de reparación de este edificio, por el riesgo para la vida que representa.

"Yo me mantuve durante mucho tiempo viviendo bajo el peligro de perecer a causa de un desplome del techo de mi habitación. A tanta exigencia al Departamento de Arquitectura y a la Unidad de la Vivienda, solo logré que el SECON, una empresa que se encarga de la demolición y apuntalamiento de los recintos en mal estado, demolieran la parte de arriba del cuarto en que dormía, y hasta tuve que pagar para que me hicieran el trabajo".

Durante más de dos años, Oscar se cobijó en la terracita de su hogar, donde instaló su dormitorio, a falta de techo. Cansado de esperar por la reparación prometida por el Estado, decidió reconstruir la placa con sus propios esfuerzos. Para conseguir el dinero necesario para echar la placa en su cuarto, la cual consumiría treinta sacos de cemento, arena, y veinte planchas de poliespuma, vendió su ropa, la lavadora y otros equipos electrométricos, a la par que recibió una ayuda económica de su madre, diacona en una iglesia católica de Miami.

Para emprender tal acción se encontró frente a un cúmulo de dificultades, y tuvo que recurrir al mercado negro. Ya que resulta muy difícil encontrar los materiales necesarios en los rastros habilita- dos por el gobierno, puesto que la corrupción presente en dichos establecimientos de venta te obliga a comprar a sobreprecio lo que el rastro dice que allí no tienen. Así, en las inmediaciones del lugar, hay siempre un grupo de revendedores que te oferta y traslada los materiales, pero a un precio cuatro veces superior.

Al preguntarle a Oscar cómo era posible esta absurda realidad, me subrayó: "Esto es una epidemia generalizada por todo el país, y no sólo en los rastros. Se llama corrupción, y es producto de que un enorme segmento poblacional está viviendo en la miseria".

Si bien este anciano con mucho sacrificio pudo resolver parcialmente su problema, las otras familias del recinto viven en una constante angustia por el temor a que ocurra un desplome. Al respecto, Maritza, residente en la planta alta, declaró "que cuando llueve el agua penetra a chorros dentro de su cuarto, y de igual manera a los apartamenticos colindantes". "Hemos ido a reclamar al Gobierno de Plaza, al Departamento de Arquitectura, a la Reforma Urbana y nada. Ni tan siquiera nos dan impermeabilizante para sellar el techo, siempre nos remiten a la delegada del barrio, María Elena, pero está visto y comprobado que nuestros funcionarios carecen de poder".

También nos comenta una inquilina, que pidió no se mencionara su nombre: "Como verás en esta circunscripción hay tantas viviendas con grietas en las paredes y columnas, tantos techos a punto de venirse abajo, hay tantas puertas y ventanas que ya no pueden siquiera sostenerse, tantos muebles mojándose bajo la lluvia, que nuestra delegada, la pobrecita, no puede con tales tantos".

Como dice el dicho, desde hace años: "La Habana está como San Lázaro, en muletas". Y no son pocas las edificaciones que milagrosamente se mantienen en pie.

Así viven miles y miles de capitalinos, imposibilitados de encontrar una solución inmediata para la urgente reparación de las viviendas.

Y en vez de alegrase por la llegada de las lluvias, tiemblan, y con razón.

18 de julio del 2015

El edificio Sarrá: ¿patrimonio nacional, o indiferencia gubernamental?

Las 36 familias que hace dos años fueron desalojadas del edificio Sarrá, ubicado en la popular esquina de 12 y 23, "Patrimonio Nacional", siguen aún diseminadas en albergues de diferentes municipios capitalinos, en espera de la restauración del emblemático inmueble.

La promesa de Mercedes López Acea, primera secretaria del Partido Comunista (PCC) en la capital, quien a mediados del 2013 les aseguró un pronto retorno en sus viviendas, cayó en el consabido saco del olvido.

Tampoco les ha servido para nada, la misiva que dirigieron a Esteban Lazo Hernández, Presidente de la Asamblea Nacional del Poder Popular, y con copias a las instancias del PCC y a la Fiscalía Provincial de La Habana.

En una parte de ella, donde también se denuncian las irregularidades que han sucedido en relación a la reparación del edificio Sarrá, se puede leer: "El 10 de marzo del 2012 se tomó la decisión de evacuarnos hacia Albergues Emergentes (todos sin las condiciones mínimas), aduciendo problemas constructivos de la escalera del edificio. Desafortunadamente a esta fecha nos sentimos desinformados, y olvidados".

Este periodista tuvo acceso a la carta, y a otros reclamos firmados por estos desdichados, por intermedio de Jorge González Vinent, presidente del consejo de vecinos del inmueble, quien dijo: "Queremos denunciar la actual situación que presenta nuestro edificio y todavía en estos momentos nadie ha ofrecido una respuesta del por qué está paralizada la obra. Pretendemos comunicar el dolor de todos los vecinos, pues deberíamos estar en nuestros verdaderos domicilios, y no en los lugares donde nos han ubicado, que no son nuestra propiedad, y carecen de las mínimas condiciones que tenían nuestros apartamentos, que con tanto sacrificio habíamos reparado".

Un tercio de estas 36 familias permanecen albergadas desde hace dos años, en la antigua Casa de la Cultura, ubicada en Patrocinio, e/ Poey y Heredia, Víbora, municipio 10 de Octubre. Todos afirman que nadie se ha preocupado por resolver las numerosas dificultades confrontadas en ese "parador". Allí cuando llueve penetra el agua, apenas hay condiciones para cocinar los alimentos y están hacinados en pequeños cubículos, no aptos para vivir.

Una de las albergadas, quien trabajó por más de 20 años en el Consejo de Estado, militante del Partido Comunista, y con más 30 años viviendo en el "simbólico" edificio de 12 y 23, dijo: "Hemos soportados la pésima situación de higiene de este albergue, donde peligra la salud de todos, confiando en las promesas que hiciera el Presidente de Gobierno de Plaza Norberto Puchade, quien el pasado año en un encuentro con nosotros, y junto al compañero Buron, del Gobierno Provincial, el vice de Construcciones, Albergue de Plaza, y la DCH, nos confirmó que el presupuesto para la reparación del edificio había sido aprobado por el Gobierno para el 2013, pero ahora vemos que todo ha sido mentiras".

A dos años de aquel destierro, además de la gente pernoctada en la víbora, el resto del plantel que conforman las 36 familias vive en situaciones similares o perores, bajo una contante zozobra. La su- puesta voluntad del Gobierno de recuperar el célebre edificio como vivienda, y mejorar la situación de los albergues donde los asignaron mientras tanto, solo quedó en la colocación de maderos en la planta baja y parte del primer nivel del edificio Sarrá, y la tapadera con Zinc de la Tarja Conmemorativa de la Declaración del Carácter Socialista de La Revolución.

En el tiempo que lleva cerrado el edificio (2 años y semanas) se aprecia un vertiginoso deterioro de los apartamentos, paredes completas cubiertas de moho, producto de las calas hechas en la azotea, donde el agua penetró y corrió de piso en piso, provocando un espantoso panorama. A lo que hay que añadir, el robo facturado de las tazas de baños, las repisas de mármol, las cerraduras, las cortinas y otros bienes de los propietarios.

Para González Vinent y el resto de las familias del Sarrá, existe una marcada falta de voluntad política y de sentido común entre los organismos encartados en la reparación del edificio, lo que ha propiciado un elevado malestar, tanto laboral como social de todos, ya que muchos tenían su vida acondicionada al lugar donde vivían.

Por lo que sólo queda preguntarse: ¿Es El Sarrá un patrimonio nacional, o simplemente ya forma parte de la indiferencia gubernamental?

La Habana, martes 25 de febrero de 2014

La ignominia, el oportunismo y la apatía siguen siendo el distintivo del poder comunista

Marlen Juara Guevara forma parte de los incontables casos sociales que pululan por la capital habanera sin que las autoridades se apiaden de ellos. Desde hace más de 20 años, esta mujer, al igual que otras ocho familias, vive en un deprimente sótano de un viejo caserón, ubicado en la calle 8, entre Calzada y 5ta, en el Vedado, cuya construcción data de la década del 30 del pasado siglo.

Esta mansión, como tantas otras de la urbe capitalina, se convirtió en una ciudadela, o en lo que los cubanos conocemos con el nombre de un solar, o cuartería. Resulta evidente que con el paso del tiempo se ha ido acentuando en gran medida el deterioro de esta edificación, perjudicando a todas las personas que residen en la planta baja (antes era garaje amplio, el cual semeja ahora un laberinto de habitaciones para malvivir).

Según declaraciones de Marlen Juara, quien labora en la Empresa Jardines de este Municipio Plaza: *El deficiente desagüe de esta edificación, agravado por la falta de mantenimiento, cuyas tuberías desembocan muy cercanas a su hogar, provoca que en incontables ocasiones su pequeño cuarto se inunde de agua contaminada con excrementos, grasas, y demás residuos albañales provenientes de los apartamentos de la parte superior.*

"Esta situación espeluznante, que me viene afectando desde hace muchos años, ha sido imposible resolverla con mi salario, que apenas alcanza para mantener a mi hijo, y es por ello que acudí a todas las instancias de Gobierno del Municipio Plaza (Partido Comunista Municipal, Poder Popular y la Vivienda) para exponer mi problema, pero hasta el sol de hoy nadie me ha brindado su apoyo solidario".

Tanto Juara Guevara, como las demás familias pobres que sobreviven en esta ciudadela, en reiteradas ocasiones han planteado la gravedad del asunto a los responsables del consejo popular de su zona de residencia, quienes (se supone) debían ventilar los problemas de la comunidad, y buscar soluciones certeras y humanitarias. *"Todos conocen que por esta situación horrible en que nos encontramos, hasta se perturbó la salud mental de mi hijo, al que he tenido que procurarle tratamiento psiquiátrico en el hospital Juan Manuel Márquez"*, afirmó Marlen a este reportero.

También me comenta que el anterior gobierno municipal, presidido por Virginia Carneado, ante la gravedad de este caso social, dispuso el traslado urgente de su familia hacia otro pequeño domicilio que estaba desocupado en esta zona, pero aquel intento de solución fue un fracaso porque el cuarto asignado no tenía agua, ni electricidad ni gas, razón por la cual la familia tuvo que retornar al sótano de la antigua edificación.

Desde hace casi dos años dicha problemática habitacional fue informada a Norberto Puchades Ferrer, quien sustituyó a Virginia Carneado, como presidente del gobierno de Plaza.

Este dirigente, que tampoco ha mostrado voluntad política para evitar el acelerado deterioro de este municipio que se está cayendo a pedazos, ha sido bastante esquivo en atender a Marlen Juara, quien con todas sus energías ha decidido enfrentar a la burocracia inepta de su territorio. Y aunque muchas han sido sus gestiones, y se ha mantenido incansable es su afán por sensibilizar a las autoridades del estado, todavía a estas alturas no ha conseguido algún resultado positivo.

Hace unos meses, y ante la imposibilidad de dialogar personalmente con el señor Puchades Ferrer, Marlen creyó que sería una magnífica idea el poder llamarlo a su teléfono celular. Increíblemente sólo obtuvo del tal Alcalde revolucionario, un inmediato maltrato verbal, que incluyó un contundente regaño por poseer su número del móvil.

La humilde mujer se limitó en responderle: "No te inquietes por saber quién me dio el número de tu móvil, porque no te lo voy a decir. Más bien preocúpate por mis problemas, que no vienen de tu mandato, si no de mucho tiempo atrás. Y ocúpate por ser un hombre de bien.

La ignominia, el oportunismo, y la apatía siguen siendo el distintivo del poder comunista en Cuba. Según Marlen, una mansión, ubicada en Calzada y 8 (a solo una cuadra de su casa), fue reparada totalmente para ubicar allí la Casa de Visitas para los miembros del partido. Incluso, en esa misma zona, permanecen cerrados varios apartamentos que son propiedad del estado. Uno de ellos, cita en calle 6, entre 1ra y 3ra, frente al agro, lo ha solicitado sin obtener respuesta. Finalmente, ella ya ha decidido meterse en cualquiera de esos apartamentos que permanecen vacíos si continúan los excrementos inundando su hogar.

La Habana martes 6 de enero de 2015

La muerte acecha en edificio del Vedado

El peligro mortal ante un desplome del céntrico edificio Morales-Santa Cruz, ubicado en la calle N, no 455, entre San Lázaro y Jovellar, en el Vedado, cuya construcción data de 1920, mantiene perennemente horrorizados a todos los inquilinos que allí residen.

Ya en el 2013 la Unidad Inversionista de la Vivienda del Municipio Plaza (UMIV) había dictaminado que el estado técnico de esta edificación era inhabitable. Pero la incompetencia de las autoridades locales pesa más que el peligro de muerte o accidente fatal a que se exponen diariamente estos infortunados.

"La edificación posee 22 apartamentos, distribuidos en 7 plantas, y sólo con los desplazamientos del elevador por la falta de mantenimiento constructivo y por los años de construcción, los pisos y las paredes vibran como si fueran a venirse abajo", dijeron varios convivientes del inmueble.

Este periodista tuvo acceso al mencionado dictamen de la UMIV, a través de Licet del Pino González, quien convive con su esposo, dos hijos y un hermano, operado del corazón, en uno de los apartamentos más deteriorados y con mayor peligro de derrumbe en el edificio.

Ella nos muestra el documento firmado por la Ingeniera Bárbara Gallo Romero, y por la Jefa del departamento, Ingeniera Haydee García, donde en una parte de este dictamen emitido por la UMIV dice: "Se deben tomar todas las medidas preventivas y de ejecución que corresponda tanto para el inmueble, colindante, para los convivientes y la vía pública. El trabajo se realizará con personal calificado de mutuo acuerdo con los vecinos. Medidas Urgentes: Orden de demolición, apuntalamiento, orden de albergue y orden de peligrosidad".

A decir de Licet del Pino, allí no se han tomado las medidas indicadas para preservar la vida de los residentes de este edificio. "A mi apartamento, en la 7ma planta, llegó una brigada y apuntalaron rápidamente el techo con tablones de madera para evitar que la placa pandeada y con rajaduras se nos viniera encima, y enseguida se retiraron del lugar".

El caso de la familia del Pino, quien ha enviado más de una veintena de cartas a todas las instancias de gobierno, alertando del peligro inminente que corre su hogar es el más crítico de todos. Pero hasta el momento, su reclamo por una nueva vivienda ha sido infructuoso, y ni siquiera le han resuelto la posibilidad de un albergue de tránsito.

Consta en poder de Licet un documento donde el presidente del Instituto de la Vivienda y la Unidad de Atención a Comunidades de Tránsito (UMACT) le ha planteado resueltamente que las recientes modificaciones de la Ley General de la vivienda a partir del Decreto-Ley 288-11, da al traste con la demanda de necesidades de ubicación en capacidades o albergues o en vivienda con carácter definitivo, culminando este asunto, sin solución y sin razón.

En cuanto a las demandas dirigidas al Departamento de Atención a la Población del Consejo de Estado, este se limitó en responder que el caso de la familia del Pino había sido trasladado al Gobierno provincial. Según del Pino González el Consejo de la Administración Pública (CAP) no tenía conocimiento de su caso.

Al sentirse defraudada, envía una nueva carta a María del Carmen Cedeño Rodríguez, Jefa del Departamento de Atención a la Población del Consejo de Estado, donde le comunica del engaño y el peloteo de que ha sido víctima, no solo por parte de su departamento, sino además por los funcionarios del Gobierno

Provincial.

Y concluye Licet en la misma carta: "…después de acudir a todos los organismo e instituciones del gobierno sin obtener el interés que requiere nuestro problema ¡que están esperando, que se nos caiga la casa encima y lamentar tragedias como la de Infanta! Con la excepción que nosotros si lo hemos informado. Sepa usted que si esto sucede, familiares, amigo, conocidos y hasta grupos de derechos humanos los demandaran hasta donde se pueda".

Mientras hoy en este municipio existen decenas de casas cerradas o destinadas a la FAR o al MININT, como las existente en el edificio Focsa, y otras, amén de los locales cerrados deteriorándose como el ubicado en la calle 25, entre N y O, perteneciente al MINAZ, centenares de personas vivan bajo la muerte y soporten que las autoridades les diga: sin solución y con razón. Respuesta que se le dio a la problemática de Licet del Pino González.

La Habana, miércoles 14 de enero 2014

<u>Bola de Nieve, otro olvidado por el gobierno de Cuba</u>

Según el reconocido historiador de la Villa de Pepe Antonio, Gerardo Castellano: Guanabacoa es un laboratorio de músicos. Ignacio Villa, a quien Rita Montaner apodó con el nombre artístico de Bola de Nieve, es uno de los titanes de la música cubana. Aún se recuerdan aquellas palabras suyas: "Yo soy la canción que canto; sea cual fuere su compositor. Por eso, cuando no siento profundamente una canción, prefiero no cantarla".

Actualmente su casa natal ubicada en la calle Máximo Gómez, esquina a Enrique Valenzuela, en este territorio, permanece en un deplorable estado constructivo, a pesar de ser patrimonio histórico y cultural de la nación, el cual se define como el legado recibido del pasado, en términos de cultura, y significa la recuperación de la memoria de los pueblos para lograr su transmisión a las generaciones futuras. Incluye, todos los bienes materiales (tangibles) o inmateriales (intangibles), y aquellos valores culturales relevantes que conforman el crisol de la nacionalidad y que son a la vez expresión de nuestra diversidad.

Esta situación de deterioro patrimonial pone en entredicho la supuesta voluntad de las autoridades cubanas en cuanto a la protección de los bienes culturales y patrimoniales, reconocida en la III Reunión de Ministros de Cultura de la Celac (Comunidad de Estados latinoamericanos y caribeños), que culminó el 19 de septiembre del 2015, en La Habana, donde participaron Julián González, ministro de Cultura, y Abel Prieto, asesor de Raúl Castro.

Sobre este tema, una funcionaria de Cultura del municipio Guanabacoa, entrevistada por Cubanet, y que no quiso dar su nombre, al preguntarle si había algún proyecto de restauración de la casa de Bola, respondió: "Esa tarea le corresponde al Poder

Popular. Nosotros sólo nos ocupamos de la reparación de las Casas de Cultura y de la Trova. Aparte, este municipio se está cayendo a pedazos".

En conversación con Bárbaro, que fue mudado hacia otra vivienda cuando se derrumbó gran parte de la placa de la casa natal de Bola de Nieve, dijo: "Hace como dos años las autoridades que atienden el patrimonio de Guanabacoa colocaron una tarja de Ignacio Villa en la entrada, y que posteriormente tuvo que ser retirada. Pues, tras reflexionar sobre el asunto, les enviamos una carta donde explicábamos que, sin la reparación total de esta vivienda, dicha tarja constituía una burla a la memoria de Ignacio Villa. Incluso se le envió otra misiva a Eusebio Leal, el historiador de la ciudad. Y éste respondió que no tenía interés por el patrimonio de Guanabacoa". También Ana María Santana, otra de las residentes, explica "que hace veinte años, cuando yo tenía las posibilidades económicas para hacerlo, intenté reparar la parte mía del techo, y entonces vino la directora del Museo para impedírmelo, alegando que esta vivienda se consideraba como patrimonio. Sin embargo, esto se ha convertido en una ruina, y nosotros seguimos esperando porque nos den otro lugar para vivir".

Marcos Guzmán, un sobreviviente al derrumbe del techo de este inmueble manifiesta que "desde ese día las autoridades del municipio de Gunabacoa prometieron darnos otro hogar". "Todos los años nos dicen que, para el próximo, pero ha sido un cuento y una mentira. Nosotros creímos que para los funcionarios del gobierno significaba algo la vida de los seres humanos, así como el patrimonio de los hijos ilustres de aquí, pero está bien claro que no es así. Aún quedan tres núcleos de familias". Y añade Bárbaro "que ese día lluvioso, un 3 de junio del 2012, cuando ocurrió el desplome total de la placa del techo, había seis niños divirtiéndose en la sala, más unas amistades mías jugando al dominó, y yo los mandé a todos al portal, porque necesitaba el espacio de la sala para tender la ropa. Pienso que gracias a Dios se salvaron de la muerte".

La placa que retiraron de la destartalada casa natal de Bola Nieve, hoy se encuentra, junto a la de Rita Montaner y Ernesto Lecuona, justo al fondo del célebre Parque del Anfiteatro, donde las autoridades culturales de este municipio le han erigido una grosera plataforma de cemento con tres planchas de bronce, incrustadas a una pared, en medio de una caricatura de césped, que más bien representa un monumento a la fealdad, donde apenas se puede leer el nombre de cada uno de ellos, la fecha de nacimiento y muerte, y además, increíblemente, falta la placa recordatoria de Juan Arrondo.

El próximo 2 de octubre se conmemora el 44 aniversario de su fallecimiento, y no en balde mis entrevistados coincidieron en acotar: Bola de Nieve no se merece tal olvido, ni tampoco la desidia de las autoridades de Cuba.

Lunes 28 de septiembre del 2015

V

SALUD PÚBLICA

Clínica Cardona, un hospital en extinción

La totalidad de los centros hospitalarios de Cuba poseen una desastrosa situación que va desde la falta de medicamentos o equipamiento, hasta la depauperación constructiva. Y aunque es verdad que algunos hospitales y policlínicos han sido objeto de importantes inversiones – especialmente los que brindan servicios a extranjeros-, otros se han visto obligados al cierre total.

Para corroborar lo anterior, ahí está la antigua clínica Cardona, ubicada en la calle 19, entre 8 y 10, en el Vedado, clausurada desde hace más de una década, y en espera de una reparación capital que jamás llega.

Este centro antes de 1959 ofrecía diversos tipos de tratamientos médicos a socios y pensionistas. Fue nacionalizado por la dictadura de Fidel Castro y convertido en el Hospital Materno Clodomira Acosta. Hasta principios de la década del 90 muchos fueron beneficiados por los servicios maternos que en él se brindaban. Incluso, de lugares lejanos venían los futuros padres a recibir los servicios de Ginecología y Obstetricia con la certeza de haber escogido un excelente lugar para el nacimiento de sus hijos.

Cecilio fue uno de esos padres que escogió hospital y ginecólogo para el nacimiento de su bebé. Hace unos días en vísperas del cumpleaños de su hijo, quien reside en los EE. UU., se personó en el hospital Clodomira Acosta para tomar una foto y enviársela como recordatorio de su nacimiento. "Lo que me encontré allí era un hospital en extinción. Es una pena que no pude enviarle una alegre imagen a quien allí naciera hace veintitrés años", dijo.

Del año 1991 en adelante comenzaría la década infernal para todos los cubanos, una época en que la Isla se vería envuelta en medio del llamado período especial, lleno de vicisitudes y carencias.

La Salud Pública es uno de los derechos sociales más costosos para cualquier nación. El disfrute constante de estos, requiere no solo de la voluntad política de cualquier gobierno, sino que dependen en gran medida del desarrollo económico del país. En Cuba, hasta las postrimerías de los ochenta se pudo mantener un aceptable servicio en el sistema sanitario. Para aquel entonces, cada ciudadano podía recibir significativos servicios médicos, gracias a un mediano funcionamiento de todos los centros hospitalarios de la nación, pero hoy ya no podemos decir lo mismo.

Al desaparecer la URSS, y el campo socialista, de quienes dependimos durante muchísimo tiempo, no se encaró una reforma en el sistema político cubano, sino que se apostó por mantener un régimen cerrado, que no permite desatar las fuerzas productivas, ni explorar la inagotable cantera que poseen los cubanos.

Esta incapacidad -producto de la intransigencia- ha propiciado que el país bordee márgenes insospechados en la escala involutiva del progreso. Penosamente esto incide en el deterioro visible de las condiciones de vida de todos los cubanos, reflejándose con agudeza en los centros de salud pública de todo el país.

Hoy, la que fuera la célebre clínica Cardona, hospital materno Clodomira Acosta después, espera por una reparación. Tal vez lo conviertan en un banco de sangre, o en un proveedor de lentes de contacto, como aseguraron algunas fuentes.

La Habana 20 de octubre de 2014

Osviel: sin riñones, ni seguridad social

A pesar de la extendida propaganda del gobierno de La Habana, resaltando la magnanimidad del sistema socialista de Cuba, especialmente en el campo de la educación, la seguridad social y la salud, hoy cientos de testigos levantan sus voces para dar testimonios de todo lo contrario.

Traigo a colación el caso del pinareño Osviel Hernández Álvarez, quien a pesar de estar aquejado terriblemente de una insuficiencia renal crónica, el órgano del trabajo del Municipio San Juan y Martínez le invalidó la ayuda que hasta ahora le daban de 175 pesos.

"Estoy ahora mismo sumergido en la más terrible desgracia de mi corta vida" dijo, vía telefónica, este paciente de solo 36 años, quien centra su esperanza de vida a la espera de un trasplante de riñón. Razón por la que tiene que someterse a un tratamiento de hemodiálisis durante cuatro horas, tres veces a la semana.

A la conocida afectación que produce el proceso de hemodiálisis en los pacientes, sobre todo, en su estado emocional, ahora se le une la mala noticia sobre la suspensión de la seguridad social que recibía. Esta notificación vino de parte del director del órgano del trabajo del municipio San Juan y Martinez, quien se limitó a decir que las órdenes venían de arriba y que al parecer estaba relacionado con un hijastro del paciente que ya tenía edad laboral.

Hernández no podía creer lo que estaba oyendo. Donde estaba aquel "Estado" -se preguntaba- para el cual había trabajado fielmente durante 18 años, y que sin titubear, en reiteradas ocasiones le aportó miles de horas extras en trabajos voluntarios, o dio su apoyo a cuanta actividad política le convocaban para apuntalar a la revolución.

Lo cierto es que ahora era testigo directo de la mezquindad de unos funcionarios que, al servicio de ese sistema que tanto defendió, no estaban dispuestos a pagarle la pensión de la seguridad social que tanto necesita, en momentos donde su vida peligra.

Este paciente para realizar el procedimiento de hemodiálisis debe trasladarse desde San Juan y Martínez, hasta el Hospital Provincial Abel Santa María de la capital pinareña, situado a unos 23 km, ya que en su natal San Juan, los servicios de ambulancia son muy limitados, los enfermos necesitados de tratamientos especializados son trasladados en una pequeña e incómoda guagüita hacia el Hospital Abel Santamaría. Pero según Osviel, en muchas ocasiones la misma presenta fallas mecánicas, o no hay combustible para moverla, de manera que, cuando esto ocurre, las opciones para trasladarse hacia el municipio cabecera, serían la resignada espera del transporte público que es casi irreal, o pagar ida y vuelta entre 10 o 15 pesos por un auto de alquiler (almendrón). Algo que no está asequible para Osviel.

"Este trato no se corresponde con la propaganda de la prensa y la televisión", me dijo. "A mí me están poniendo un lazo en el cuello, no les importa mi condición de enfermo, me echaron a la calle como si fuera un perro, tampoco les concierne cómo voy a pagar las medicinas, los alimentos, la luz, el agua, y mantener a mi hijo de 3 años", concluyó.

Gracias a Dios, a su madre y a otros familiares, Hernández tuvo fuerzas para desistir de la idea de no acudir más a los tratamientos de hemodiálisis y dejarse morir en protesta por la cruel decisión.

Así fue que resolvió decididamente acudir a la oposición democrática de este territorio, la cual le facilitó el contacto con la prensa independiente, a fin de que su denuncia se haga pública y notoria ante la opinión pública.

Osviel Hernández Álvarez, inhabilitado para realizar cualquier labor, fue un empleado del estado desde el año 1996 hasta principios del 2012 que enfermó. Reside en la calle Isidro de Armas, edificio No 6, apto 1, bloque A, del Municipio San Juan Y Martínez, de la occidental provincia de Pinar del Rio.

Hoy, sin riñones ni seguridad social, lucha por un poco más de vida.

Martes 27 de mayo 2014

Ineficacia e insatisfacción social en la rama de la Salud

Según la sobre dimensionada propaganda del régimen comunista, el sistema de salud cubano "tiene como finalidad fundamental producir salud de la mejor manera posible y, además, posee dos indicadores principales: la eficacia social y la satisfacción social".

Mientras esta definición sigue resonando como los címbalos, hay un vertiginoso aumento de las enfermedades contagiosas en el territorio nacional, que pone de relieve la creciente descalificación del sistema de salud cubano.

Más allá de la falta de medicamentos, la rotura de los equipos electro-médicos, o la pésima higiene, que en reiteradas ocasiones han sido reseñadas por otros colegas de la prensa independiente, en esta ocasión quiero referirme al pésimo servicio de ambulancias que en la actualidad brindan la mayoría de los centros hospitalarios y policlínicos de la capital.

El importante uso de este vehículo para proporcionar cuidados médicos a pacientes que se encuentran lejos de un hospital, o para transportar enfermos a un centro médico donde se pueda seguir de cerca su evolución, y practicarle pruebas médicas especializadas, hoy está creando situaciones difíciles en la Isla.

Para referenciar lo anterior, y solo por citar uno de los tantos ejemplos, hace solo unos días en el policlínico 27 de Noviembre, ubicado en calle 69, entre 126 y 128, del municipio Marianao, más de una veintena de pacientes, entre ellos varios niños, quedaron casi ocho horas esperando por una ambulancia para ser trasladados a otro centro hospitalario donde pudieran recibir el tratamiento adecuado.

Muchos de estos enfermos fueren diagnosticados con el dengue y el cólera, aunque también había otros con afecciones diferentes. Según el bloguero Joisis García, quien pudo captar a través de su teléfono imágenes del suceso, lo terrible acaeció cuando en horas de la tarde, apareció en este policlínico una ambulancia del servicio intensivo de urgencias médicas (SIUM), que lógicamente no podía trasladar a todos los enfermos.

"Allí se formó tremenda discusión entre los familiares de los pacientes, los choferes de la ambulancia y las enfermeras de turno, ya que todos enfermos querían montar a la vez en el vehículo, desesperados por llegar al hospital de transferencia. Entonces faltó poco para que se ar- mara una reyerta", sentenció el bloguero García, quien aseguró que finalmente algunos tuvieron que irse por el transporte local.

¿Cómo es posible -si somos una potencia médica- que un centro médico donde solo se reciben los primeros auxilios, no cuente con un servicio de ambulancias destinadas exclusivamente para aquellos pacientes que requieren una transferencia hacia un hospital?

Al respecto, Hilda, una anciana de 90 años, y que se desempeñó como enfermera en varias clínicas privadas y hospitales del otrora Vedado por la década del 50, declaró: "Esto es increíble, en aquel tiempo hasta las llamadas Casas de Socorro tenían disponibles una ambulancia a cualquier hora".

Resulta que para los cubanos las cosas cambiaron, y para mal. Ahora para transportar un enfermo debes esperar pacientemente o sobornar a los conductores de ambulancias. Según Onilda, una pinareña que hace algún tiempo tuvo a su padre ingresado en el Hospital Clínico-quirúrgico de 26, con un problema del corazón, la corrupción pulula en este servicio social. "Imagínate, dijo, que el día que le ordenaron a mi padre la prueba del catete, el turno en el Hospital Cardiovascular del Vedado era para las 11 de la mañana, y a esa hora todavía no había una ambulancia por todo aquello. Tuve que salir para la calle a localizar el SIUM y pagarle 5 CUC para que me lo trasladase del Clínico hasta allí".

Para Cecilio Betancourt, quien reside en la calle 23 entre 4 y 6, en el Vedado, y lucha desde hace más de 25 años con el grave padecimiento de su hijo, la propaganda castrista falsea sobre los logros obtenidos durante su Revolución en temas de salud. "En el caso de las ambulancias, teóricamente el SIUM está muy bien estructurado, pero en la práctica no dan un funcionamiento adecuado. Por ejemplo, cuando operaron a mi madre de la cadera, llevaba más de 6 horas esperando por una ambulancia en el hospital Fructuoso Rodríguez para trasladarla hasta la calle 6 y 23. Tuve entonces que sobornar al chofer de una ambulancia que entró casualmente al Hospital, quien cobró 100 pe- sos", sentenció Betancourt.

Aquella envanecida premisa del régimen de Fidel Castro, en base a una supuesta finalidad de producir salud de la mejor manera posible, con eficacia y satisfacción sociales, es una falacia, porque resulta incompatible con las frustraciones y penurias que sufren los ciudadanos cuando se enferman acá en la isla.

El mágico papel de un nutricionista cubano

Imaginar el papel que desempeñan los nutricionistas en los centros de salud de Cuba, es como querer empinar un papalote sin viento.

La faena de estos mágicos "especialistas", en su afán de indicar una adecuada alimentación para mejorar la salud de los niños, los adultos y los ancianos, con padecimientos de enfermedades que van desde diabetes, obesidad, triglicéridos altos, o exceso de colesterol en la sangre, resulta un verdadero rompecabezas en estos tiempos.

¿Quién puede establecer una orientación nutricionista en función de mejorar la salud, cuando se conoce que desde hace años la mayoría de los cubanos no puede disponer regularmente del consumo de la leche y sus derivados, carne de res, pescado, mariscos, y otros alimentos esenciales que, luego de ser desterrados, jamás regresaron a las despensas de los hogares?

María del Carmen, una especialista en nutrición que trabaja indistintamente en varios hospitales del Vedado, tratando -como puede- de adecuar un balance nutricional con lo poco que los pacientes disponen, declaró: "Resulta muy triste realizar este trabajo. Todos sabemos las enormes carencias. Me da lástima ver las miradas de las madres de los niños, o la de algún anciano que viene buscando una orientación asequible, e inexorablemente choca con los altísimos precios de las frutas, de los vegetales, y el pescado, u otros alimentos sanos. En fin, los alimentos que debo recomendar para estabilizar su salud".

Para nadie es un secreto que la mayoría de la población no puede adquirir habitualmente estos alimentos con sus magros ingresos. Esto se torna peor en el caso de una madre soltera que carece del apoyo económico del padre de su hijo, o de los ancianos, cuya insuficiente seguridad social no les alcanza ni para comprar sus medicinas.

Si bien la nutrición adecuada y balanceada es vital para controlar ciertos padecimientos de la salud, también es necesaria para preservar el vigor de los que están sanos.

La bazofia "alimenticia" que ingieren los cubanos para su subsistencia, más allá de ser una afrenta al paladar, es responsable entre otras cosas de: la baja estatura en la mayoría de los jóvenes de estos tiempos, la pérdida temprana de la dentadura, y el uso de bastón entre miles de ciudadanos que no rebasan los 70 años de edad.

Resulta imposible escapar de estos padecimientos, alimentándose de la ración mensual de "picadillo enriquecido", (productos cuyos componentes nadie conoce) el pedacito de pollo por pescado que mensualmente se recibe a cambio precisamente de no dar pescado; y otras "reliquias", nacidas durante la década del 90, debido aquel período especial que fatídicamente todavía no termina.

Quien diría a los isleños de estos tiempos que su alimentación sería, por mucho, inferior a la dieta que los amos le ofrecían a sus esclavos en los siglos XVIII y XIX. En la mesa de aquellos desdichados no faltaban el tasajo, el bacalao, la carne de res, la leche y otros alimentos de gran valor proteico.

Los nuevos esclavizadores de hoy, mantienen su obstinada negativa para flexibilizar los "preceptos económicos" que, entre otras cosas, no permiten a los cubanos alimentarse decente y balanceadamente, debido a las excesivas carencias que cada vez se acentúan más.

La Habana, martes 1 de abril de 2014

Errores médicos a falta de especialistas con experiencia

Yudeisis Quián Montano, una joven que laboraba hasta hace dos años como nutricionista de la Escuela Latinoamericana de Medicina del Municipio Sandino en la Provincia de Pinar del Rio, sufre hasta hoy graves trastornos de salud debido a una equivocación médica que estuvo a punto de costarle la vida.

No son pocos los pacientes que se han visto gravemente perjudicados, debido a incorrectas indicaciones médicas en enfermedades o dolencias, que normalmente pudieron ser curadas con un tratamiento propicio. Pero, la falta de experiencia y profesionalidad de los galenos, les acarrearon terribles consecuencias que sufren indefinidamente.

Este preocupante problema, se aprecia en casi todos los centros hospitalarios del país destinados al ciudadano común, cuyas prestaciones de servicios adecuados, menguaron considerablemente debido al envío de los mejores especialistas de la medicina cubana a prestar servicios a las planicies, montes y ciudades, de África, América Latina y otras regiones.

Quián Montano, residente en el poblado de Isabel Rubio del municipio Guane, a propósito de sus afectaciones fue interrogada, y al respecto dijo: "Una noche del mes de abril del 2010 me llevaron al Hospital León Cuervo Rubio de la capital pinareña, aquejada de un fuerte dolor e inflamación en una de mis piernas, el médico que me atendió -cuyo nombre no recuerdo- sin practicarme ningún examen, determinó ingresarme inmediatamente en la sala de Terapia intensiva, ya que según él, presentaba un trombo, por lo que indicó un medicamento llamado, heparina sódica que acabó con mi vida", y añadió: "La aplicación de este medicamento durante varias horas a través de mis venas, precipitó una hemorragia interna a causa de un folículo sangrante en un ovario, por lo que tuvieron que intervenirme quirúrgicamente".

Más allá del riesgo para su vida, Yudeisis quedó padeciendo una enfermedad crónica llamada "Esclerodermia localizada" a causa del equivocado tratamiento, que además de perder el órgano reproductor, le paralizó casi toda la parte derecha de su cuerpo, donde le salieron unas manchas que le endurecieron la piel en el lugar donde están.

El error médico se pudo corroborar días después, gracias a una consulta con un experimentado reumatólogo del hospital Manuel Piti Fajardo en la capital habanera, quien alarmado aseguró que aquella fatídica noche, jamás hubo un trombo. Las afirmaciones estaban avaladas por varios análisis practicados a la paciente, que incluyó un ultrasonido doble, cuyos resultados demostraron que jamás padeció de una trombosis, ya que de haberlo sufrido hubiera destruido las venas y en su caso las venas estaban normales.

Qué pena ver las personas que sufren estas irresponsabilidades de manos de un régimen que se jacta en renombrar al país "potencia médica", pero le importa un bledo los muchísimos pacientes que gimen al ver que su médico de cabecera ha marchado a misiones foráneas, justamente en el momento que la tan importante relación médico- paciente estaba creando un ambiente favorable en el proceso de recuperación de su enfermedad.

No estoy escribiendo a la ligera. Y quede bien claro que no es mi intención juzgar a los hombres y mujeres de bata de blanco, que se esfuerzan a pesar de estar mal remunerados, mal alimentados, sin transporte adecuado, y pasando calor. Ellos realizan sus labores médicas- sanitarias, en aras de darlo todo por salvar vidas en este país. Tampoco estoy poniendo en tela de juicio la noble labor de miles y miles de médicos y enfermeras que lejos de sus familiares y amigos, fueron enviados a muchos países bajo un dudoso manto llamado internacionalismo.

Doy por sentado que los ciudadanos de este país debiéramos tener el derecho a saber en qué invierte el régimen las ganancias que reciben con estas exportaciones. Toda vez, que parece insensato mantener una política de trueque médico internacional, para cubrir las necesidades materiales y políticas de Cuba, o de otros. Mientras nuestro sistema de salud queda huérfano del personal médico con suficiente experiencia, para atender las necesidades requeridas de su pueblo.

25 de junio de 2013

Desdicha en pacientes atomizados

El cuidado de la salud humana va más allá de una intervención urgente de la ciencia médica. Hay afecciones del cuerpo que exigen recursos especiales para que el paciente no se sienta abatido en medio de la desdicha.

La supuesta eficacia del sistema de la salud pública cubana, solo se concibe en la envanecida propaganda del régimen de la Habana, quienes no se atreven a reconocer la ostensible estela de deficiencias, ineptitudes y carencias, que hoy exhibe el sobredimensionado ministerio de esta rama. Más allá de los paupérrimos servicios médicos que "gratuitamente" les brindan al cubano de a pie, hay otras limitaciones que hacen infelices a los enfermos. Por solo citar un ejemplo, conseguir hoy una simple bolsa de stoma integrada, tan necesaria para los pacientes que conviven con una colostomía que le ha sido practicada debido a una enfermedad en el tracto gastrointestinal, se ha convertido en un verdadero infierno.

Maritza Escalona, una ex militar que durante mucho tiempo trabajó en el Departamento Técnico de Investigaciones (DTI), sufre este padecimiento desde el 2003. Luego de pasar por un largo periodo de radiaciones y sobrevivir a un complicado proceso quirúrgico que le practicaron en la región abdominal, para lograr una bisegmentación del tubo entre la parte distal del intestino delgado y el intestino grueso o el colon, se ve obligada a usar una prótesis externa que le facilita la salida de los excrementos de su cuerpo.

Se pudo conocer que las 30 bolsas de stoma integrado que se le asigna en el mes a la mayoría de los atomizados, son de pésima calidad, se despega muy fácilmente y además les quema el borde del orificio en el abdomen donde deben colocarla. Como la asignación no les alcanza, deben comprarla en el mercado negro, a un precio que no se corresponde con sus bajos ingresos.

Escalona, quien es madre de dos niños jimaguas, declaró a este reportero: "Aun no puedo creer que las autoridades de este país, a la que tanto serví, me desatiendan sin ningún tipo de compasión. Al principio de mi operación conté con la atención de la Asociación de atomizados cuya sede radica en el Hospital Manuel Fajardo de la capital habanera, recibíamos instrucciones para la alimentación, tratamientos psicológicos y facilidades en la farmacia especializada de Infanta y San Lázaro, para comprar a precios módicos bolsas stoma coloplash de fabricación panameña de excelente calidad que no se despegan como estas que nos dan ahora, además nos daban alcohol, gasas, algodón y esparadrapo, tan necesario para desinfectar y facilitar la colocación de la bolsa". Para desgracia de esta paciente, desde hace tiempo las facilidades se escindieron. Ahora debe adquirir a través de un tarjetón, solo bolsas y el alcohol en la farmacia municipal de 11 y 22 en el Vedado, un lugar donde en reiteradas ocasiones se ausentan dichos productos.

Maritza Escalona reside en calle 18 entre Línea y Calzada en el Vedado, se ha presentado varias veces en el Ministerio de Salud Pública del Municipio Plaza para reclamar un mejor trato para los que padecen este tipo de afección, y amenazó con plantarse frente a la Plaza de la Revolución, de seguir esta situación en medio de su terrible padecimiento que le hace la vida tan miserable.

La Habana, viernes 3 de enero de 2014

Tribulaciones de un médico enamorado: en dos tiempos

1. (28 de febrero de 2014)

En cada acto represivo de la policía política al servicio del régimen comunista de Cuba, se puede apreciar su similitud con ese despreciable movimiento político y social de carácter totalitario y nacionalista, que fundara en Italia Benito Mussolini después de la Primera Guerra mundial.

Los militantes usados por los hermanos Castro para tales fines, actúan tal como aquellos que se nombraban "camisas negras" en este país de la vieja Europa. Ellos organizan los actos de repudio contra la sociedad civil cubana, los arrestos de los opositores, los interrogatorios, las golpizas, los encarcelamientos; y además amedrentan a todos aquellos que tengan algún tipo de vínculo con los demócratas de la oposición.

Muchos son los ejemplos que pueden corroborar lo anterior. Solo por mencionar uno. Ahí está el caso del médico-terapista cubano Roberto González Ibáñez, quien vive bajo el acoso de fuertes amenazas por parte de agentes de la seguridad del estado cubana, solo porque mantiene relaciones amorosas con Jennifer Fonseca, responsable de la Red de Bibliotecas Cívicas Reinaldo Bragado.

El galeno fue detenido por unos gendarmes que lo mantuvieron varias horas en la Unidad de Zapata y C, solo porque trasladaba un televisor, sin la propiedad, hacia un taller de reparación. "La detención no fue algo casual, ahí estaba la garra de la policía política", me dijo González, quien reside en la calle Industria y Neptuno, municipio Centro Habana, y se desempeña como especialista en Medicina General Integral, y de Terapia Intensiva del Hospital capitalino "Freire de Andrade" (Emergencia).

Ya el pasado año, agentes vestidos de civil irrumpieron en el Hospital mientras cumplía su guardia médica, para advertirle que, de mantener su noviazgo con Jennifer, su carrera médica podía acabarse y además, perjudicar a su familia.

En la víspera de una reunión desarrollada con bibliotecarios en casa de su novia (sede de la RBC), agentes del G2 fueron a ver al médico, colmándolo de amenazas. Estas intimidaciones y chantajes se extienden ahora a su madre, una ingeniera eléctrica que ha cumplido misiones internacionalistas de trabajo en varios países de América Latina.

"No entiendo nada de estas amenazas, yo no soy bibliotecario, sino médico", declaró. "Ninguna pre- sión podrá romper mi relación con Jennifer, nos vamos a casar; y en cuanto a su trabajo, pienso que es algo noble y educativo, y que no perjudica a nadie".

Estos castigos colaterales, dirigidos a silenciar a los que disienten, se manejan con malévola intención por parte de un descomunal aparato militar, entrenado y adiestrado excesivamente.

No son pocos los ciudadanos, y familiares, que aun sin participar en las actividades propias de la oposición, sufren en carne propia las maniobras propias de la militarizada mafia de los Castro.

2. (22 de julio de 2014)

Cuando el 8 de julio las autoridades cubanas prohibieron la salida del país, en el mismo aeropuerto José Martí, al galeno cubano Roberto González Ibáñez, este no imaginaba que otros dicterios más infames caerían sobre él.

De inmediato se produjo su expulsión del Hospital Freire de Andrade (Emergencia. La decisión fue aprobada en una "reunión" con los factores de la dirección del centro hospitalario, encabezado por su director el Dr. Manuel Blanco Pago. Le comunicaron que por ausentarse el día 6 de julio al trabajo, y por querer viajar al exterior, sin informarlo, se le aplica la medida, que incluye, una solicitud al Ministerio de Salud Provincial para la inhabilitación del título de médico.

¿Quién le diría a este galeno que aquel sueño de ser un hombre libre se derrumbaría al pasar por la mesa 12 de Inmigración? Momentos antes se había despedido de su madre, su esposa Jennifer, y otros familiares, para luego enfrentarse a la funcionaria de turno, que se quedó mirando la computadora y le ordenó echarse para atrás diciéndole: "Lo siento, usted no puede viajar, porque está dentro del grupo de profesionales regulados".

Periodista: El sábado 8 de julio el Gobierno de Cuba no te permitió abordar el avión con rumbo a Ecuador. ¿Cómo surge la idea de viajar fuera de Cuba -en este caso a Ecuador- y por qué?

Dr. R.G: Me enteré por un amigo sobre algunos programas ecuatorianos que daban la posibilidad para trabajar allí. No es un secreto las pésimas condiciones de vida de los médicos en la isla, aún con el aumento de los salarios que recientemente concedió el gobierno. Es por ello que decidí viajar por mis propios medios a este país, ya que parecía una buena oportunidad ir a Ecuador en búsqueda de mejoras económicas.

Periodista: Si bien la nueva reforma migratoria ya permite a los cubanos viajar al exterior sin la llamada Carta Blanca, es conocido también que existen fuertes regulaciones para los profesionales de la salud que deseen hacerlo. ¿Qué te hizo pensar que podías salir sin restricción teniendo en cuenta que eres médico?

Dr. R.G: Lo primero es que yo no debería ser propiedad de este gobierno, pero según la Gaceta oficial del 2012 era imposible que yo estuviera regulado. Los regulados por las nuevas leyes de inmigración entre los profesionales, serían los administrativos, los que laboran en objetivos estratégicos, como el Polo científico, Centros de investigaciones, o que conozcan secretos que al país le interese que no se sepan. En mi caso, jamás he trabajado en ningún hospital que atienda a la elite gobernante, tampoco he manejado información clasificada. Yo sencillamente era un simple médico del Hospital Emergencias, de donde otros médicos han salido de Cuba, sin dificultad.

Periodista: Después de conseguir la visa para Ecuador, compras tu boleto y te dispone a viajar el 8 de julio. ¿Cómo obtienes todos los papeles que necesitabas de la parte cubana?

Dr. R.G: Aquí se establece una incongruencia del problema: pues si yo estuviera en la categoría de regulados, ni siquiera me hubieran dejado sacar mi pasaporte. Por lo que es de sospechar que una mano maléfica está detrás del asunto. Fíjate, en el artículo 2 de la Ley de Inmigración 13. 12, de 1976, a la que recientemente se le adicionaron tres artículos: el 23, 24 y 25, en el caso del 23 expresa: Los ciudadanos cubanos residentes en el territorio nacional no pueden obtener pasaporte corriente mientras se encuentren comprendidos entre los siguientes grupos: bajo un proceso penal, tener pendiente el cumplimiento de una sanción penal, encontrase sujeto a sus obligaciones del servicio militar, cuando razones de defensa y seguridad nacional así lo aconsejen, y cuando otras razones de interés público lo determinen las autoridades facultadas.

Periodista: ¿Estableciste algún proceso de reclamación para conocer las razones de esta negativa?

Dr. R.G: Claro que lo hice. Inmediatamente me incorporé al trabajo. Aquí ni mi jefa, ni el director del Hospital, quien se supone es mi máxima autoridad dentro del ramo, conocían de dicha regulación. Me dirigí entonces el día 16 de julio al Departamento de Atención a la Ciudadanía de Inmigración Nacional, ubicada en 22, entre 5ta y 7ma, y donde una Teniente Coronel, me aseguró que no estaba regulado de parte del Ministerio del Interior, pero como no tenía sistema de conexión en ese momento, no podía decirme si existía algún tipo de impedimento por parte del Ministerio de Salud Pública. Dos días después, pude comprobar en Inmigración que efectivamente el Ministerio de Salud Pública había regulado mi salida del país por ser portador de un supuesto secreto. Era necesario pues -me informaron- que me dirigiese ahora al "Departamento de regulación y control" del MINSAP para esclarecer mi situación.

Periodista: ¿En qué momento pudiste saber cuál era el secreto y por qué te expulsan?

Dr. R.G: Jamás hubo ningún secreto, como tampoco existía tal departamento, solo una sección conocida como Registro Profesional que, tampoco conocía del mencionado secreto. Fue entonces que al día siguiente me atendió el Director Nacional de Recursos Humanos del Ministerio de Salud Pública, quien se responsabilizó con dicha regulación, toda vez que posee las facultades para hacerlo. En este caso, me dijo con estas palabras "olvídate del secreto", y adujo que tenía información de una ausencia a mi guardia el día 6 de julio, y que esa era la razón por la que estaba bajo un proceso laboral disciplinario. Un hecho que aunque era verdad, había sido informado una semana antes a mis superiores por problemas personales. Sin dudas este funcionario es un mentiroso, y fue utilizado por la policía política para dar la cara.

Evidentemente no es casualidad lo sucedido en la vida profesional del Dr. Manuel Blanco Pago. Mucho antes de la negativa de salida del país, y de su expulsión, ya venía siendo hostigado por la Seguridad del Estado cubano.

A pesar de las tribulaciones sufridas, y la amenaza "que, de mantener su noviazgo con la demócrata, Jennifer Fonseca, su carrera médica peligraba y podía perjudicar a su familia", el médico contrajo matrimonio.

Estrago en la familia canina

Más de una decena de familias del Vedado se han quedado sin mascota, a causa de una enfermedad infectocontagiosa de origen viral, conocida por moquillo, que afecta principalmente a los perros.

Para Elizabeth y Raúl, matrimonio del Vedado, la muerte de Loky fue un golpe terrible. Según la pareja, su perro dejó de comer y comenzó a presentar síntomas de decaimiento, por lo que decidieron llevarlo con urgencia a la clínica veterinaria de Carlos III y Ayestarán. Allí la doctora de turno no pudo determinar el cuadro clínico exacto del animal, ya que el laboratorio además de tener los equipos rotos no cuenta con los reactivos necesarios para realizar un diagnóstico completo.

Sin la certeza del tipo de enfermedad, la doctora, y -a ojo de buen cubero- le indicó un tratamiento a base de antibióticos, con la esperanza de una reacción favorable que nunca llegó. Fue entonces que Elizabeth y Raúl decidieron gastarse los únicos recursos económicos que tenían, para realizar varios análisis con veterinarios particulares, quienes confirmaron que el animalito estaba contagiado con la enfermedad de Carré, o ¨moquillo¨, como también se le conoce.

Luego de iniciar un segundo tratamiento, que devino en un periodo traumático, Loky empeoró hasta morir una semana después, sumergiendo al matrimonio en una profunda tristeza.

Según la doctora Gladis, veterinaria con más de 20 años de experiencia, que tiene una consulta particular en la calle 27, ¨el moquillo no tiene un tratamiento específico, sin embargo, luego de contraer el virus, el perro deberá ser tratado no solo con antibióticos para las infecciones bacterianas secundarias, también con fluidos hidroelectrolíticos, suplementos vitamínicos y nutricionales, y tratamientos estrictos para el tipo de sintomatología actual, como son mucolíticos y expectorantes para los signos respiratorios; antieméticos y antidiarreicos, para los digestivos."

La única clínica disponible para el tratamiento de los perros que conviven en el centro de la capital se encuentra en precarias condiciones y desprovista de medicamentos y otras indumentarias tan necesarias en la medicina. Es tal vez la principal causa que hasta la fecha, en el Vedado hayan muerto un sin número de perros por moquillo y una cifra muy difícil de calcular por otras patologías propias de los canes y que sus dueños no pueden prevenir a tiempo.

Los gastos de los tratamientos médicos primarios son muy caros. Una inyección para desparasitarlos cuesta 8 CUC y la vacuna pentavalente, imprescindible para inmunizarlos, cuesta 15 CUC.

Aunque en la clínica veterinaria de Carlos III una operación quirúrgica vale 40 pesos en moneda nacional, hay que llevar la anestesia, o pagar 4 CUC por cada cc del preciado líquido. Añádale a esto que la mayoría de los dueños luego de recibir el diagnóstico del padecimiento de su perro – muchas veces inexacto- deberán compartir sus escasos medicamentos con los animales, o comprarlos en el mercado negro, o en las tiendas dolarizadas.

El emblemático y majestuoso edificio que identificaba esta afamada escuela se cae a pedazos sin voluntad para detener su enorme deterioro. Las consultas se realizan en una improvisada nave, habilitada con cinco cubículos donde los veterinarios examinan a decenas y decenas de animalitos con la esperanza de salvarlos. Pero a expensa de un milagro de Dios.

Está por verse la posición de las autoridades sanitarias de la isla, ante la expansión del moquillo dentro de la familia canina. La esperanza para superar esta enfermedad radica en la detección temprana de la misma y un tratamiento oportuno y adecuado. Algo con lo que no contaron Loky y otros perros afectados con el virus.

La Habana, martes 20 de mayo 2014

Hasta tener un perro de mascota en Cuba es complicado

A través de los tiempos, los perros sirvieron de compañía al hombre, y aparecen como parte del proceso cultural de la civilización humana. Hay más de cuatrocientas razas de perro reconocidas en el mundo. Está probada su fidelidad hacia sus dueños, pero criar alguno en la Isla es una cosa muy seria.

No sólo se trata de las dificultades para darles una alimentación adecuada, un tema tan peliagudo para los cubanos, sino de lo complicado que se vuelve el mantener la salud de estos animales afectivos, víctimas también del desabastecimiento de medicamentos esenciales que aguanta el país. En estos casos, la mayoría de los dueños deberá compartir sus escasos medicamentos con sus mascotas, y si tienen dinero podrán comprarlos en el mercado negro, o en las tiendas dolarizadas.

Muy costosos resultan los tratamientos médicos efectivos, de las enfermedades parasitarias que provocan vómitos y diarreas, y sobre todo, el poder combatir el ataque de los aradores de la sarna, de las pulgas y las garrapatas, cuando llega el intenso calor del verano.

Mayito, residente en el Vedado, dueño de dos perritas que se llenaban constantemente de garrapatas se dispuso a llevarlas a la Clínica Veterinaria de Carlos III. "Allí me indicaron el Fipronil (20 pesos el cc para untarlo en el lomo) y el Amitraz (un líquido para fumigar la casa, a igual precio). Ambos productos me servirían supuestamente para eliminar las garrapatas y las pulgas. Después de varias semanas bajo tratamiento, estos bichos permanecían aún en el cuerpo de mis mascotas, creo que hasta engordaron, y ahora subían con más fuerza por las paredes hacia los techos altos de la casa".

No fue hasta encontrar un fumigador, de los que se auto promocionan en Revolico y al que tuvo acceso gracias al paquete semanal, con productos de calidad y una garantía por seis meses, al precio de entre cinco y diez CUC según la magnitud del problema, que pudo resolver: "Eso que venden en Carlos III es una estafa. Quiero decirte que yo lo vi. Las garrapatas hacían gárgaras con el medicamento que compré, y luego lo escupieron", concluyó con una sonrisa en los labios.

Sobre este tema hay más tela por donde cortar. La habanera Jennifer Fonseca es una de los tantos cubanos que no pudieron llevar consigo su mascota al país donde emigró, por lo engorroso y caro que se torna su traslado. Hace unos días Alfredo, su hermano residente en Cuba, recibió un correo electrónico desde Tampa, donde ella le imploraba que no se deshiciera de la perrita Kelly, la cual le había dejado bajo su custodia al marcharse. "Hola, mi hermano. Me enteré que pensabas deshacerte de mi perra. Yo no creo que tú la vayas a regalar. Hasta siento deseos de llorar. No sabes cuánto la extraño. Ten paciencia. Ella es lo único que me ha querido de verdad. Y me ha sido más fiel que cualquier hombre, pero aún no poseo la estabilidad económica para mandarla a buscar".

Alfredo, quien vive con su tía, una anciana de 89 años jamás había lidiado con perros ni gatos. Al preguntarle por qué decidió quedarse con la perra de su hermana me argumentó: "Hasta tener una mascota en Cuba es una complicación. Yo desconocía que los tratamientos médicos primarios de los perros son muy caros. Los gastos son enormes. Una inyección de "calidad" para desparasitarlos cuesta entre 5 y 8 CUC, y la vacuna pentavalente, imprescindible para inmunizarlos, vale más de 10 CUC. Pero lo peor es que después de gastarme el dinero en sustancias que venden en la Clínica de Carlos III contra las pulgas y garrapatas, Kelly sigue con la misma colonia de bichos a cuesta.

En un artículo, aparecido en Granma el 10 de julio del 2015, titulado *Yo puedo ser tu amigo*, la periodista Lilibeth Alfonso Martínez subrayó: "Podemos criticar a los encargados del saneamiento, pero en la práctica es vital el trabajo de Salud Pública para eliminar de las calles animales que, sin cuidado, son una fuente potencial de enfermedades". Pero qué buen trabajo podrá emprender dicho organismo del Estado si hasta las propias mascotas con dueños carecen de los medicamentos capaces de curarlas cuando se enferman.

Fuentes médicas aclaran que la mayoría de las picaduras de garrapatas son inofensivas, pero se ha descubierto recientemente que pueden trasmitir la enfermedad de Lyme, cuyos síntomas son similares a los de una gripe común (fiebre, dolor muscular, malestar general, cefalea y fatiga), también causante de artritis, trastornos cardiacos, así como encefalitis o meningitis. En tanto, las pulgas son trasmisoras de la peste.

En Cuba, no sólo se violan los derechos ciudadanos, tampoco interesa la protección de los animales. Nada se ha legislado para su salvaguardia.

27 de junio del 201

VI

BIBLIOTECAS INDEPENDIENTES

La Red de bibliotecas cívicas y sus aspiraciones

Una organización civil puede tener un impacto muy importante en las vidas de sus miembros, en su comunidad y en su país. Lamentablemente, muchas organizaciones nunca llegan a tener este impacto porque los individuos que lanzan la organización cometen ciertos errores que les impiden triunfar. Muchos de estos errores se pueden evitar si los organizadores están al tanto de ellos y tienen a su disposición tácticas para corregirlos.

Un acercamiento a La Red de Bibliotecas Cívicas Reinaldo Bragado, -Plataforma Comunicativa- que surgió a raíz de un desentendimiento de algunos bibliotecarios con los líderes del Proyecto de Biblioteca independiente de Cuba, nos muestra la capacidad multiplicadora y creadora de nuevas figuras devenidas en líderes de la sociedad civil, dignos relevos que merecen el reconocimiento y encomio de todos por su labor. Este reportero a propósito y con el fin de indagar sobre el trabajo de este conglomerado de bibliotecas entrevistó a su nueva líder, la jovencita Jennifer Fonseca Padrón

Periodista. ¿Por qué surge la Red de Bibliotecas Cívicas Reinaldo Bragado?

Jenifer Fonseca. Creo que ser bibliotecaria, en primer lugar, es un don. Al igual que mi madre, quien era la anterior coordinadora, no me mueve otro sentimiento que no sea el deber de servir a mi país. La idea de crear la Red no fue mía -ni siquiera el nombre, que fue un intento por dar a conocer la obra literaria de Bragado-, sino de un grupo de bibliotecarios que tuvieron confianza en mí para coordinar el trabajo que establecemos para romper la censura oficial, distribuyendo varias publicaciones de interés para la población, ávidos de nuevas y variadas informaciones que ven impedidos sus intereses culturales y profesionales, reducidos únicamente a las orientaciones que ofrece el estado, no sólo en cuestiones políticas, sino también en el cine, la radio, prensa y otros.

P. ¿Qué objetivo cumple ofrecer literatura sin censura dentro de las comunidades?

Jenifer Fonseca: Nuestras bibliotecas abren las puertas de sus casas para brindar libros sin censura porque creemos que desde la cultura, se puede establecer un cambio en la mente de los cubanos. La lectura sin censura, que promovemos, ha logrado romper en muchas comunidades- el ocultismo que controla la información en la isla, en manos del gobierno desde siempre.

P. ¿Puedes mencionar algunos de los autores que circulan dentro de las bibliotecas de la Red y como obtienen los títulos de estos escritores censurados en Cuba?

Jenifer Fonseca: Nuestras bibliotecas se nutren con obsequios individuales de cubanos dentro y fuera de la Isla y también por dotaciones de organizaciones de diferentes países. Estas cooperaciones, muchas veces han sido confiscadas por las fuerzas represivas gubernamentales. No obstante, en nuestras bibliotecas cuentan con obras de las más diversas significaciones ideológicas: desde libros de Carlos Marx y Vladimir I. Lenin, Milán Kundera, Mario Vargas Llosa, Alexander Soljenitsin, hasta autores cubanos exiliados como Guillermo Cabrera Infante y Carlos Alberto Montaner, Carlos Ripoll y otros confinados en la red oficial de bibliotecas públicas estatales.

P. Sabido es que las estructuras de dirección de las organizaciones revisten una gran importancia para su funcionamiento. ¿Cómo está estructurada la Red Reinaldo Bragado?

Jenifer Fonseca: funcionamos con una Junta Directiva Nacional que hace la coordinación del trabajo de todas las bibliotecas cívicas anexas a esta organización. La misma está integrada por: una Coordinadora Nacional, un Vicecoordinador, tres Coordinadores Provinciales, Bibliotecarios y Mensajeros. Entre todos hacemos un equipo

P. Muchas personas con conocimiento y disponibilidad de abrir una Biblioteca, a veces no lo hacen por la imposibilidad de contar con 250 libros que se exigen para tal empeño ¿Qué hacen en estos casos?

Jenifer Fonseca: El mantenimiento de ciertas normas como poseer un mínimo 250 libros a la hora de abrir una biblioteca, además de los conocimientos elementales de bibliotecología y el deseo de orientar culturalmente nos ofrece seriedad. No obstante, buscamos soluciones para crecer: nos hemos desembolsado títulos repetidos o con poca salida dentro de su radio de acción a fin de distribuirlos a los que abren nuevos centros.

P. ¿Cuáles son los otros servicios que ofrece esta Plataforma?

Jenifer Fonseca: En nuestras bibliotecas, además de encontrar libros de diversos temas para satisfacer los variados intereses de los usuarios, que van desde resolver una tarea escolar, investigar sobre un tema científico, discutir un tema político o social hasta la recreación, puedes encontrar revistas, periódicos, videocasetes, discos, mapas, y otros que amplíen el acervo cultural.

P. En este 2011, han asumido otras tareas que enriquecieron la agenda del trabajo de todos los integrantes de la Red. ¿Puedes hablar de esto y cual consideras que es el resultado más importante?

Jenifer Fonseca: Este año realizamos diversas actividades distribuidas en talleres, lecturas comentadas, juegos infantiles, cine debates, presentación de libros y autores, tertulias, exposiciones, conferencias, pero el Proyecto Animando Sonrisa se llevó las palmas puesto que por primera vez logramos acercarnos a ese mundo infantil necesitado de cambiar sus caritas.

Finalmente, la visión de esta organización perteneciente a una nueva generación está centrada en: La profesionalización, para responder a exigencias cada vez más creciente de los ciudadanos con una formación más específica y adecuada. La transparencia, para mejorar la credibilidad, favoreciendo con ello la posibilidad de aportaciones. Y la confianza, para fortalecer la imagen de la entidad y el mantenimiento de sus estructuras.

La Habana, 24 de octubre de 2014

Homenaje a Reinaldo Bragado

La intransigencia del gobierno cubano se puso de manifiesto una vez más el domingo 26 de junio del 2011, cuando su policía política intentó abortar una actividad cultural prevista para recordar al escritor Reinaldo Bragado Bretaña, a iniciativa de la Red de Bibliotecas Cívicas.

Al conmemorarse el sexto aniversario de su muerte, este cónclave civilista cultural, conformado por cerca de cuarenta bibliotecas, decidió llevar su nombre para reivindicar su legado intelectual.

Para la ocasión, el equipo de coordinación invitó a escritores, periodistas, poetas, y estudiosos de su obra literaria, los cuales reseñaron: La Estación Equivocada, La Muerte sin Remitente, La Ciudad Hechizada, la Alcantarilla Mágica, y el poemario Curazao 24.

Reinaldo Bragado Bretaña no sólo se distinguió con la pluma. También fue un vigoroso defensor de los derechos de los cubanos. En los 80s fue fundador del Comité pro-Derechos Humanos de Cuba. Por su condición de perseguido tuvo que exiliarse en los EE. UU.. Sus novelas, poemas y artículos periodísticos recobran vigencia y se promocionan dentro de la isla por la Red de Bibliotecas Cívicas. Su muerte, ocurrida el 27 de junio del 2005, fue una dolorosa pérdida para el mundo de las letras cubanas. Desde entonces, un grupo de demócratas cubanos homenajea su figura ese día, a pesar de la negativa del gobierno.

Precisamente el pasado sábado 25, víspera del aniversario de su muerte, la tenebrosa policía polí- tica, representada en dos oficiales que se hacían llamar Roque y Antonio, y con el fin de atemorizar, se personaron en la sede de esta plataforma de comunicación, enclavada en la calle 18, entre Línea y Calzada, en el Vedado, vivienda de Omayda Padrón Azcuy, Coordinadora Nacional.

A la mañana siguiente, todas las áreas de la manzana fueron custodiadas por un grupo combinado de la policía política, el Departamento Técnico de Investigación (DTI) del municipio Plaza, y la Policía Nacional Revolucionaria (PNR), quienes estuvieron apostados en los puntos claves durante varias horas. El operativo utilizó una auto marca lada de color rojo, varias motos y tres patrulleros.

A pesar del despliegue policial, una parte de los invitados pudo llegar a la casa donde se efectuaría el homenaje.

Se hizo primero un recuento de la figura de Bragado, a cargo de su coordinadora, Omayda Padrón. Seguidamente se ofreció a los presentes una conferencia, realizada por el escritor y periodista Or- lando Freire Santana, donde destacó la habilidad del novelista para el manejo de la metáfora en sus escrituras, haciendo énfasis en el libro de cuentos "Después de la vigilia".

Al finalizar el encuentro, este reportero entrevistó a Omayda Padrón, quien declaró: A pesar de la in- tensa represión sobre mi persona, y de igual manera sobre los bibliotecarios, estamos dispuestos a continuar con nuestro trabajo civilista, porque lo consideramos un derecho. Y concluyó diciendo: Este domingo 26 de junio se libró otro combate de un grupo de cubanos, que insiste en tomar lo que por derecho propio le pertenece, contra la obcecación de un gobierno que se resiste a otorgar a los ciudadanos el derecho a la libertad.

La Habana, 26 de junio de 2011

En honor al legado de Celia Cruz

Para nadie es un secreto la fama mundial que alcanzó la magistral Úrsula Hilaria de la Caridad Cruz Alfonzo de la Santísima Trinidad, mejor conocida por su nombre artístico: Celia Cruz.

Esta gloria de la canción cubana fue desterrada del acervo cultural de su propio país, cuyo régimen a partir de 1960, la condenó al ostracismo en repuesta a su negativa de comulgar con quienes, a todas luces, proclamaban la implantación de una esclavitud de nuevo tipo, para su tierra natal, criterio en el que no se equivocó.

Tras el paso del tiempo y fallecida ya, algunas personas jóvenes dentro de Cuba, a pesar de la desinformación que siempre mantuvieron los medios de comunicación sobre la artista, se las ingenian para conocer más de su inmenso legado, e intentan modestamente homenajearla.

Por estos días pude conocer que en el Reparto Ruiz Calderón No 37 A, del Municipio San Juan y Martínez, en la occidental provincia de Pinar del Rio, la joven Irina Caridad León Valladares, una valiente bibliotecaria, miembro del movimiento cívico cubano desde el 2008, inauguró una bi- blioteca independiente, perteneciente a la Red Cívica, con el nombre de la genial artista.

La directora de este recinto literario y gestora de la idea conversó con este reportero: "Me siento emocionada asignar el nombre de Celia Cruz para mi biblioteca, sobre todo teniendo en cuenta que dentro de la Cuba comunista, ni siquiera dentro de la oposición, algún proyecto haya tenido tal patronímico, por eso decidí romper el hielo".

Esta joven sanjuanera, Técnica en Contabilidad y Finanzas, amante del teatro y de los niños, posee un gran entusiasmo. Su trabajo está enfocado en diversificar las tareas de La Biblioteca Celia Cruz, que en lo adelante, además de asumir la distribución de literatura sin censura, la impartición de cursos, y talleres, y su relación educativa con infantes, también prevé el préstamo de información, escrita o en disco, u otro soporte digital, donde se refleje la obra artística de Celia Cruz.

Para tal empeño cuenta con la colaboración de los directivos de la plataforma y de algunos amigos. En tal sentido ya ha recibido la donación de algunos títulos musicales de la cantante, que a través de la biblioteca ya circulan por su barrio: "Con amor", "Mi Diario Musical", "Homenaje a la Madama", "Festejando Navidad", "El Yerbero" y "La Sopa de botella", "Las Guarachas de la Guarachera", "Cuba y Puerto Rico son", "Azúcar Negra" y "Mi vida es cantar", que engrandecen la incipiente oferta.

También se prepara un folleto, que estará disponible próximamente a los lectores. En él, se recoge la historia de quien fuera considerada la Reina de la Salsa, título ganado durante sus 50 años en los escenarios, donde cosechó multitud de éxitos, premios y reconocimientos.

Según León Valladares, el cuaderno describe a grosos modo, sus actuaciones en compañía de los más grandes cantantes de su tiempo, los más de ochenta discos que grabó, y los muchísimos discos de oro y platino que ganó, revela que es poseedora de una estrella en el paseo de La fama de Hollywood y Caracas, cinco premios Grammy, doctorados Honoris Causa de tres universidades de Estados Unidos, así como haber recibido en 1994 el premio National Endorsment for the Arts, de manos del entonces presidente Bill Clinton, que constituye el más alto reconocimiento que otorga el gobierno norteamericano a un artista.

La biblioteca Celia Cruz es una iniciativa que vale la pena apoyar. Irina confía en que la iniciativa cuente con el apoyo desde el exilio, y entre sus planes futuro, aspira a brindar cine-debates con la participación de cualquier pinareño que desee conocer de la vida y obra de la excelentísima artista cubana sin más miramiento que el legado que la genio dejo a la cultura cubana.

El régimen comunista creyó que había despojado a la Reina de la Salsa de su cubanía. Celia no nació en Venezuela, España, Estados Unidos, México o Costa Rica, países que la distinguieron con los más altos honores. Celia Cruz es una genuina cubana que supo llevar bien alto su insuperable cubanía por todos los escenarios del mundo en los que derrochó su talento.

La Habana, martes 5 de febrero 2013

Un rinconcito de occidente reivindica el honor de Huber Matos

Hace unos días en el poblado El Valle, una humilde comunidad perteneciente al occidental municipio de San Juan y Martínez, en la provincia Pinar del Río, se inauguró una biblioteca independiente con el nombre del comandante Huber Matos Benítez.

Según los líderes de la Red de Bibliotecas Cívicas en esta provincia, la apertura de pequeños locales para brindar este servicio obedece a una creciente inquietud de muchísimos pinareños por encon- trar literatura libre de ideologías totalitarias y manipulación.

Este valiente esfuerzo emprendido en Pinar del río y otros lugares del país, facilita a la comunidad el acceso a contenidos vedados en los recintos literarios estatales, así como a la veracidad de la historia de Cuba, la economía de mercado, los derechos humanos, el desarrollo y la globalización, el derecho internacional, y otros temas. De ahí la acogida de autores de la talla de Carlos Alberto Montaner, Raúl Rivero, Mirtha Ojito, Carlos Franqui, Milán Kundera, Mario Varga Llosa, Jesús Díaz, Norberto Fuentes, Carlos Ripoll, Dariel Pérez Alarcón y otros, quienes, de alguna manera, sacian la orfandad literaria de un considerable sector poblacional, hastiado de mirar una sola cara de la moneda.

Es bueno aclarar que los bibliotecarios se exponen a la extrema vigilancia y a la persecución por cuanto resulta un abierto desafío al régimen comunista, pues justamente es un pequeño, pero eficiente aporte a la lucha por la democratización de Cuba. Esas ofertas literarias, sin censura, en la que algunos autores describen al dedillo —entre otras cosas- los desmanes que durante este más de medio siglo acontece en la isla, incentivan el débito de la población.

Más allá de la importancia de esta labor, también quiero referirme a otra arista muy significativa, y es sobre los nombres que los líderes de este proyecto escogen para identificar las bibliotecas. Sobre todo, en el caso que nos ocupa, muy pocos cubanos conocen con exactitud sobre la vida y obra de Huber Matos, a quien la dictadura castro-comunista condenó al olvido.

La mayoría del pueblo sólo sabe lo que han contado los hermanos Castro, quienes, desde el principio de la Revolución, tejieron una historia engañosa para condenar a 20 años de cárcel al líder rebelde, acusándolo de traidor. Una historia falsa que hicieron tragar a los cubanos.

En este punto, Irina Caridad León Valladares, directora de la Biblioteca Celia Cruz y nombrada recientemente nueva coordinadora de la plataforma comunicativa en Pinar del Rio, declaró: "Escogimos este nombre porque pretendemos entre otras cosas ofrecer la real imagen de Huber Matos, esa que él nos brinda en la desgarradora historia del libro Cómo llegó la noche. Por ello, creemos que vale la pena esforzamos para que en lo adelante todo lector que visite este modesto recinto sepa quién fue este revolucionario".

La biblioteca "Huber Matos" exhibe una pequeña foto del legendario maestro y guerrillero, y se propone entregar a cada visitante una breve síntesis biográfica, donde se describe la lucha de este hombre contra el gobierno de Fulgencio Batista después del golpe de estado del 10 de marzo de 1952; su traslado a Costa Rica, donde reunió hombres y recursos para la lucha armada en la Sierra Maestra, y su posterior hazaña en marzo de 1958, al llevar un cargamento aéreo con municiones y armas para Fidel Castro, hecho por lo que fue recompensado con el mando de una columna de combate.

Su indiscutible protagonismo se pone de manifiesto en el asalto final a Santiago de Cuba, combate que dirigió durante el cerco a esta ciudad.

Su arresto se debió una carta enviada el 19 de octubre del 1959 por segunda vez, solicitando su renuncia a Fidel Castro, debido al giro comunista que estaba haciendo la revolución. Como respuesta fue acusado de sedición y traición, y condenado a veinte años de cárcel.

A 54 años de aquel suceso, en un rinconcito del occidente cubano, se ha revindicado su nombre, con honor y lucidez. Y un día no lejano, todos los cubanos sabrán que estuvo al lado de la verdadera libertad.

La Habana, viernes 7 de junio 2013

Una bibliotecaria y su hija, bajo tortura sicológica

Elaine del Carmen Pupo Echavarría proviene de una familia de educadores, y fue expulsada de su trabajo cuando gratuitamente comenzó a colaborar, desde finales de 2010, en un Proyecto Infantil nombrado "Vida a la Vida", que promocionaba la biblioteca independiente Helen Martínez, ubicada en la barriada capitalina de Santo Suarez.

Pasado un tiempo, tras adquirir suficiente experiencia trabajando con niños marginales que provenían de familias con diferentes problemas sociales, decidió fundar su propia biblioteca (Elena Mederos) ubicada en la Calle Rodríguez Este # 107 (interior), apartamento 6, entre Ensenada y Ataré, reparto Luyanó del municipio 10 de Octubre.

En el mes de diciembre del 2013 se incorporó al trabajo de las bibliotecas independientes. No imaginaba Elaine que el trabajo comunitario que hasta hoy realiza, tanto con niños marginales, como el servicio de préstamos de literatura sin censura a lectores dentro de su comunidad, le fuera a traer una persecución implacable por parte de la seguridad del estado cubana, quienes también ya han citado a su hija Eleyn Omaida Ponjuán Pupo para amenazarla.

En los dos últimos meses del año que está por concluir, Elaine Pupo ha sido interrogada en varias ocasiones por agentes del G2 en la unidad policial de Aguileras de su municipio. En declaraciones a este reportero dijo: "Recientemente un oficial de la policía política se personó temprano en mi casa, solicitándome mi carné de identidad y conminándome a presentarme en la unidad. Allí, me condujeron hacia un sótano, donde en una oficina me amenazaron dos gendarmes; me gritaron, y me interpelaron por todo el trabajo educativo que gratuitamente realizo en mi barrio".

Toda la preocupación de estos Vigilantes del Pensamiento era acerca del proyecto comunitario para niños llamado "Semillitas del futuro" en la que Elaine y su hija Eleyn le ofrecen talleres gratuitos de lectura, de costuras y artes manuales, además se celebran cumpleaños y otras actividades infantiles a un grupo de niños de su barriada.

No es un secreto que estas enseñanzas novedosas no existen en las escuelas estatales, y es de esperarse, como es lógico, que la relevancia de tal iniciativa haya trascendido por toda esta barriada marginal de Luyanó y un poco más allá.

En una parte del interrogatorio, nos dice Elaine, cuestionaron también la asistencia de mi hija a las salas de internet en la Oficina de Intereses, que al parecer acarrea serias preocupaciones a la policía política de los Castro, encargada de mantener enquistada la mente de los cubanos".

Es conocido que ni Eleyn, ni la mayoría de la juventud, pueden costearse el acceso a internet en las pocas salas de internautas que hay en el país, porque cuesta muy cara la hora.

Según Elaine, jamás el estado le ha brindado la posibilidad a su hija de recibir cursos de computación avanzada, de inglés básico, de periodismo, ni sobre la metodología para diseñar proyectos. Razones éstas por la que su hija asistió al Centro de Información de la Sección de Intereses de los EE. UU. Y alega: *"No se lo voy a prohibir, porque está en juego su formación"*.

Ya en el mes de agosto de este año 2014, la policía política citó a sus oficinas de interrogación de la calle Aguilera, a Elaine y a su hija.

Según el testimonio de la joven Eleyn Ponjuán, al llegar allí, ambas fueron separadas. *"Tenía mucho miedo, pero soporté la tortura sicológica; imagínate que me llevaron a un cuartico pequeño con dos hombres y una mujer, que dijo ser sicóloga, y ella me recomendaba que buscara novio, o me dedicara a la iglesia, si no quería ser encarcelada. Los interrogadores no paraban de intimidarme para que desistiera de seguir cooperando en el proyecto de mi madre. Tampoco permitirán que los americanos me recluten como agente de la CIA, y dijeron otras barbaridades."*

He aquí una historia más que se suma a la larga lista de represiones del régimen cubano y que también merece nuestra fuerte repulsa.

La Habana, martes 2 de enero 2015

Historias de saqueos y pérdidas del patrimonio bibliográfico cubano Recientemente Teresita Castellanos, directora de la Red de Bibliotecas Independientes "Reynaldo Bragado", en un taller celebrado con bibliotecarios de esa institución se refería al desvalijamiento ocurrido a finales del año 1960 de la importante biblioteca pública "José de la Luz y Caballero", creada el 1 de mayo de 1937 por José Cabrera Díaz en el batey del ingenio Mercedita (en Melena del Sur), considerada en su tiempo (por el valor patrimonial de las obras que atesoraba) como la segunda más importante de Cuba, después de la Biblioteca Nacional.

En su conferencia ella explicó que su fundador José Cabrera Díaz, oriundo de las Islas Canarias, y ciudadano cubano, fue un reconocido periodista. Se destacó como un hombre martiano, gran promotor cultural, y como defensor de la naturaleza, de la emancipación de la mujer y de la igualdad racial. Se inició en la masonería, y perteneció a la logia Decidida Unión. Era el administrador del central Mercedita, propiedad desde 1925 de la compañía azucarera de Gómez Mena S.A.

En efecto, sobre el saqueo a la mencionada biblioteca reporta la Enciclopedia Colaborativa Cubana (EcuRed) que "contaba con más de 4000 libros, de múltiples géneros". "Existían muchísimos ejemplares únicos en Cuba, como una Enciclopedia de 48 tomos. Entre los libros exóticos se encontraban Biblias escritas a mano, de un valor extraordinario. Así como los libros árabes que tenían piedras preciosas incrustadas en sus cubiertas. También conservaba una colección de pinturas de relevancia, como originales de Velázquez y esculturas griegas. Había una colección de periódicos que partían desde la terminación del siglo XVIII". Pero: "A finales de 1960 llega una presunta comisión de la Biblioteca Nacional para llevarse muchos de los libros existentes en el local. Y el entonces comisionado del Municipio de Melena del Sur atiende la solicitud y abre la puerta del local. Son llevados todos los textos de valor, pinturas y esculturas de valiosísimo costo. No se deja constancia de lo que se ha retirado, ni hacia dónde se llevará. No existió el inventario de lo proporcionado. También se retiraron los muebles del local. Y los libros que no fueron trasladados, fueron quemados en los hornos de calderas del central".

Sobre el tema del maltrato al patrimonio bibliográfico cubano Cubanet entrevistó a Adrián Sosa Blanco, quien dirigió la Casa del Joven Creador, conocida por La Madriguera, y que actualmente es director de la Biblioteca Independiente José Lezama Lima. Expresa Sosa Blanco que "en el libro Apuntes para la historia de la Biblioteca Nacional José Martí de Cuba (2001) de Tomás Fernández Robaina, se recogen varios testimonios de sus últimos directores: el de Aurelio Alonso (1967), quien declara: "Ese apoyo para la conservación de fondos se dio al Instituto de Historia del Partido, y no a la Biblioteca Nacional". El de Sidroc Ramos (1967 al 73): "La cortedad de fondos fue también un fenómeno en este período, fue un problema". El del poeta Luis Suardíaz (de 1973 al 76): "En nuestro período de dirección no se logró llevar a cabo la climatización. Eso impidió salvar colecciones muy importantes, sobre todo la prensa cubana, una pérdida irreversible". El de la doctora Marta Terry (de 1988 al 97): "No estoy satisfecha con mi actuación, tenía muchas ideas, proyectos, pero nada se pudo hacer". "Puedes resumir, diciendo que traté de hacer lo que pude, y como bien me dijo Pacheco en una conversación ante mis quejas… al menos había logrado mantener la Biblioteca abierta…". Y el de Eliades Acosta, que asumió el cargo en 1997, hasta el año 2007: "…tratar de ayudar a la Biblioteca y hacerla salir de la situación de desastre que tenía… Aquí había un verdadero desbarajuste en la protección y en la organización del trabajo… hubo gente que se pasó del límite y llegó hasta el robo…".

También el escritor Luis Iglesias Pérez abundó en detalles sobre la Biblioteca pública más antigua de Cuba (ostenta el nombre del sabio don Fernando Ortiz), la cual almacena documentos incunables (s. XV), y libros de los siglos XVIII, XIX y XX, valorados como patrimonio histórico-cultural de toda América, perteneciente al Instituto de Literatura y Lingüística, sita en Carlos III, y antigua sede de la Sociedad Económica de Amigos del País, y se refirió a un artículo de Waldo Fernández, publicado en la revista Palabra Nueva, con fecha de abril-2012, titulado "Entre la salvación y la pérdida", en el que se recogen las quejas de varios usuarios al no poder acceder ya a gran parte de las publicaciones periódicas (justipreciada entre las colecciones más completas de la Isla) que posee dicha institución debido al deterioro progresivo en que se encuentran ahora. Comentó Iglesias que el periodista señaló que el 90% de las publicaciones periódicas que guarda esta biblioteca están actualmente "en un estado regular o malo", y que "el 20% de sus libros" se hallan en franco deterioro. Esta situación se acrecienta a través del tiempo, con la inexistencia de la digitalización de la prensa y las revistas cubanas de siglos anteriores, con los manejos erróneos de los documentos, más la falta de encuadernación en algunos casos, el asedio del polvo y las plagas, unido a la carencia del equipamiento adecuado para las restauraciones y a la falta de climatización del inmueble.

Lo cierto es que sin la conservación sistemática no sólo de los libros, de los manuscritos, y de las publicaciones periódicas que nos hablan prolijamente desde el pasado, sino también sin la preservación de nuestras artes decorativas, los archivos filmográficos, la fotografía, la música, las tradiciones, los valores morales, y la arquitectura, lo único que nos traerá dentro de poco será la destrucción definitiva de la memoria histórica de la nación, que equivale a decir: el desarraigo de los cubanos.

lunes 19 de octubre del 2015

VII

REPRESIÓN

Los disfraces de la represión en Cuba

Inimaginable son los métodos de represión utilizados por la Policía Política al servicio del régimen comunista de Cuba. Su maldad institucional actúa como escudo entre el Gobierno y pueblo cubano a quien intentan celosamente aislar de todo vestigio de conocimiento que no sea la doctrina del sistema.

Cualquier contacto de algún ciudadano con grupos de la sociedad civil o miembro de la oposición democrática es reprimido de una u otra forma. Hace apenas unos días, el ciudadano cubano Alfonzo Martínez Cervantes vecino de la calle 18 # 5, entre Línea y Calzada, fue martirizado con la represión a causa de mantener una cordial amistad con una bibliotecaria que vive en su propio pasillo.

En horas tempranas de la mañana del 10 de Octubre cuatro policías se presentaron en su vivienda con una orden de registro, sin ningún tipo de explicación fue sometido a una pesquisa que duró cerca de una hora. Se encontró -según su propio testimonio- varios periódicos Miami Herald y un envase que contenía tinta de bolígrafo. Lo que bastó para arrestarlo a la vista del vecindario, esposarlo y conducirlo en un patrullero hacia la unidad policial de Zapata y C.

Ya en el lugar lo depositaron en uno de los infernales calabozos con que cuenta esta unidad. Durante las cuatro horas que se mantuvo detenido, fue sometido a interrogatorio por agentes de la policía política. Le cuestionaron su relación con una "contrarrevolucionaria" y le advirtieron del peligro de seguir obteniendo literatura, revistas y periódicos de ese lugar. Antes de concluir el interrogatorio se le practicó una prueba de caligrafía y se le cortó un mechón de pelo, método utilizado por la Estasis de la Alemana comunista con el fin de fabricarle delitos a los opositores.

Este tipo de represión quirúrgica es clasificada por muchos de terrorismo de estado, habitualmente se aplica de diferentes maneras y matices, a veces inimaginables. Siempre persigue el objetivo de aterrorizar a los ciudadanos comunes y corrientes, con tal de evitar su acercamiento a los demócratas de la oposición. Si alguno se atreve a manifestar amabilidad con los que una vez pasaron la alambrada, sufren el castigo gubernamental. Lo más curioso es que para este tipo de vigilancia -a través de la policía política- usan diversos elementos. Las brigadas de respuesta rápida y los llamados factores que, en la mayoría de los casos, son personas ancianas a quienes manipulan desmedidamente.

En el caso de la detención de Alfonzo Martínez Cervantes la ciudadana Josefina Prado -vecina del mismo pasillo- en momento que conducían a su contiguo, vociferaba "eso te pasa por no saber escoger a las amistades". Sin embrago esta ciudadana es una anciana que tiene su hermana vi- viendo en EEUU y un hijo en España.

La Habana, 13 de octubre de 2011

De la profecía a la realidad

El pasado sábado 1 de septiembre del 2012, la policía política del Gobierno militar de Raúl Castro abortó violentamente con arrestos, golpizas y barreras, la actividad prevista para reconocer y premiar a varios escritores que ganaron el concurso Nuevo Pensamiento Cubano 2012. Razón por la cual Antonio Rodiles, coordinador del Proyecto Estado de SATS, tuvo que enviar una segunda invitación a través de un mensaje a los celulares, para el domingo en la tarde, a un grupo de demócratas cubanos.

En el texto expresaba: "Hoy retomamos el panel de ayer en Estado de SATS. Nada ni nadie puede ahogar a la sociedad civil ni cerrar mediante la violencia y la arbitrariedad nuestros espacios. Un abrazo los espero a todos".

Nuevamente los citados se dispusieron a acudir. Pero entonces la policía política instaló por segunda vez otro operativo, para sabotear la pacífica actividad, apostando grupos de respuesta rápida desde la calle 43 hasta la calle 60 en varios puntos de 1ra Avenida en el barrio de Miramar.

Aunque veintidós demócratas, pudieron llegar, entre ellos, Dimas Castellanos, que entró escurridiza- mente en una bicicleta muy temprano, la mayoría de los miembros del panel: Orlando Luis Pardo, Frank Correa y Orlando Freire Santana, fueron interceptados y arrestados.

Aunque este día tampoco se pudo premiar a los ganadores del concurso, se produjo un épico debate entre los presentes. Algunos ofrecieron el testimonio personal de la represión sufrida, y mostraron las marcas de rasgaduras, y hematomas, producidos por empujones violentos. Otros, testificaron sobre las estancias en los calabozos, casas sitiadas y familiares amenazados. El recinto se convirtió en un testimonio vivo de la crueldad del gobierno militar cubano contra la oposición pacífica de la Isla. Este escenario de intransigencia dictatorial que vive la nación cubana hoy, resulta que hace cincuenta y siete años la profetizó el legislador cubano Rafael L. Diaz-Balart en su discurso del 10 de mayo de 1955 ante la Cámara de Representantes de Cuba, con motivo de la amnistía con que se le indultó a Fidel Castro, luego de su ataque al cuartel Moncada.

Ese día, en una parte de su clarividente intervención, Rafael L. Diaz-Balart dijo: "Y esta amnistía que acabamos de votar desgraciadamente es todo lo contrario. Fidel Castro y su grupo han declarado reiterada y airadamente, desde la cómoda cárcel en que se encuentran, que solamente saldrán de esa cárcel para continuar preparando nuevos hechos violentos, para continuar utilizando todos los medios en la búsqueda del poder total a que aspiran. Se han negado a participar en todo proceso de pacificación y amenazaron por igual a los miembros del Gobierno que a los de la oposición que deseen caminos de paz, que trabajen en favor de soluciones electorales y democráticas, que pongan en manos del pueblo cubano la solución del actual drama que vive nuestra patria. Ellos no quieren paz. No quieren solución nacional de tipo alguno, no quieren democracia ni elecciones ni confraternidad. Fidel Castro y su grupo solamente quieren una cosa: el poder, pero el poder total. Y quieren lograrlo por caminos de violencia, para que ese poder total les permita destruir definitivamente todo vestigio de Constitución y de ley en Cuba para instaurar la más cruel, la más bárbara tiranía, una tiranía que enseñaría al pueblo el verdadero significado de lo que es la tiranía, un régimen totalitario, inescrupuloso, ladrón y asesino que sería muy difícil de derrocar".

Profecía exacta, que hoy sigue su curso. Ahora con el régimen en las manos de Raúl Castro. Razones más que suficientes para seguir luchando por la libertad de Cuba. Cueste lo que cueste, como se reafirmó este domingo en la sede de Estado de SATS bajo un monstruoso operativo represivo de la policía política.

La Habana, lunes 3 de septiembre de 2012

El pago de un padre por amor a la libertad

En muchísimas ocasiones los periodistas independientes, activistas de derechos humanos y organizaciones políticas dentro de la isla, han denunciado las manifiestas tácticas de chantaje y presión que usa el régimen comunista de Cuba, a través de su policía política, y organismos paramilitares, contra los demócratas de la oposición.

Esta cruda realidad se torna más preocupante para los luchadores pacifistas, toda vez que a sus familiares, que en la mayoría de los casos no participan en las actividades propias de la oposición, se les expone a un diseño represivo, que no difiere mucho de las maniobras propias de las pandillas mafiosas.

Estos castigos colaterales, más allá del encarcelamiento o la persecución, se manejan con malévola intención por parte de un aparato militar, entrenado y adiestrado para amordazar o paralizar a la oposición por cualquier vía.

Traigo a colación - solo por citar uno entre tantos ejemplos- el caso del bloguero negro cubano Sergio Giralt Estrada, quien paga un alto precio por atreverse con valentía, a reseñar desde su blog insertado en el conocido portal de Voces Cubanas, los diferentes puntos de vistas independientes sobre temas deportivos censurados en la isla.

Este capitalino, con un extenso conocimiento sobre el beisbol, tanto nacional como de Grandes Ligas, desde hace años preside una peña deportiva en el Vedado. Un espacio independiente que interactúa regularmente con muchísimos fanáticos de la comunidad, facilitándoles información ya sea escrita, o en soporte digital, sobre el desempeño de los deportistas en otras latitudes.

Este desempeño informativo, le ha costado a Giralt Estrada que su familia haya sido blanco directo de la represión, por cuanto él pone al descubierto, la manipulación y desinformación de los medios informativos, sobre el deporte.

Hace poco, la Policía Nacional Revolucionaria realizó en su vivienda un exhaustivo registro, incautándole a su esposa un paquete de ropa que le facturó legalmente su hermano desde el exterior, e imponiéndole una altísima multa. Tampoco su hija de 24 años ha dejado de ser un objetivo de la policía, quien, a través del jefe de sector de su barrio, le mantienen un constante acoso y vigilancia que atenta contra su salud mental ya de por si quebrantada.

El desequilibrio de la joven devino a causa de una injusta condena, después de su matrimonio con un austriaco, por lo que fue recluida durante un año en el centro de internamiento del Ministerio del Interior "Bandera Roja" ubicado en Mayorkin, Municipio Güira, Provincia Mayabequé.

Al respecto, Giralt Estrada, autor del blog Clubdebeisbolgrandesligasencuba y padre de esta jovencita, fue interrogado por este reportero: "A mi hija la encarcelaron tras una falsa acusación por un supuesto delito de asedio al turismo, cuando en realidad en el momento de su detención se encontraba con su esposo legal. Pero comprendo que fue un ajuste de cuenta, por las actividades que realizo dentro de la sociedad civil cubana".

Baste señalar que en el certificado de matrimonio extraído del registro civil del Municipio Playa en la capital habanera se corrobora que la ciudadana cubana Anaiza Giralt Leblanch, residente en calle Zapata No1872 /12 y 14 Apto 7, hija de Sergio Giralt Estrada y Ania Leblanch La O, contrajo nupcias el 19 de mayo de 2010 con el ciudadano austriaco Christian Franz

Reinbacher.

Sin embargo, fue arrestada el 25 de marzo del 2011 y condenada a un año de prisión.

Ser pudo conocer además, que durante este periodo, que entre otras cosas, provocó la destrucción de su matrimonio, Anaiza pasó muchas vicisitudes y tuvo problemas de desequilibrio nervioso que todavía padece.

En aquel entonces, a su madre se le denegó la petición de cambio de medida que solicitó mediante una carta de súplica, que dirigió a la sección especial del Tribunal municipal de Plaza de la Revolución. Tras cumplir íntegramente la "sanción", fue liberada el 23 de marzo del 2012 y aun hoy es reprimida.

¿Casualidad? No lo creo.

26 de febrero 2013

Rolando Yusef Pérez estuvo 46 días en huelga de hambre en el infierno

El activista político, Rolando Yosef Pérez Morera, de 42 años, residente en Avenida 25, edificio 810, en el barrio conocido por la Comunidad del Tabaco en San Antonio de los Baños, Artemisa, pertenece al Partido Unión por Cuba Libre, y fue detenido por el Departamento de la Seguridad del Estado cubana el pasado 2 de mayo del 2015. A partir de su detención inició una huelga de hambre que mantuvo durante 46 días, al ser liberado bajo fianza en horas de la tarde del 18 de junio del 2015.

En entrevista exclusiva, Pérez Morera refiere haber apelado a esta herramienta de lucha no violenta para reivindicar el cumplimiento de su derecho, y eliminar las reglas o normas que ilegítimamente le estaban aplicando los órganos represivos del régimen castrista, a través de la mafiosa policía política.

Según relata este demócrata, ya en el 2014, a fin de evitar su participación en una reunión de su Partido, había sido detenido y enviado a un calabozo de la unidad de policía de Santiago de las Vegas, por un agente nombrado Johan, cuya fama de esbirro ya trasciende dentro de los grupos de oposición que realizan su labor en las poblaciones al suroeste de la capital. Esa noche, antes de proceder a su excarcelación, le amarraron los brazos con un cinto, y después de recibir varios golpes contundentes, fue abandonado en las inmediaciones de Melena del Sur.

CubaNet: ¿Cómo describes tu arresto del 2 de mayo y por qué?

Rolando Yusef: Después de recibir aquella golpiza intimidatoria, yo hice la denuncia a la Fiscalía General de la República, y la única respuesta que recibí fue la represalia de los órganos policiales del gobierno. A esto se une también que para obstaculizar la actividad paralela realizada por mi organización durante la cumbre de Panamá, los días 9 y 10 de abril de este año, a la cual no me dejaron llegar, fui detenido en mi hogar, y sometido a un fuerte interrogatorio por parte del agente llamado Yosvany, quien me intimidó con desaparecerme.

CubaNet: Evidentemente la anunciada amenaza del represor de marras se ha cumplido.

Rolando Yusef: Sí. Veintiún días después de dicha amenaza, el 2 de mayo al anochecer, yo iba pasando, camino a mi casa en San Antonio, por el frente de unos edificios del reparto, donde residen varios militares, y al reconocerme éstos, la emprendieron a golpes contra mí. De inmediato fui detenido y acusado por el Jefe de la Seguridad del Estado de ese territorio, Ernesto Pérez Morales, por un supuesto atentado contra las autoridades. Y esa misma noche me depositaron en un calabozo de la Unidad de la Policía de Artemisa, donde inicié la huelga de hambre.

CubaNet: ¿Cómo transcurrieron los primeros días de la huelga?

Rolando Yusef: A los veinte días, con mi salud quebrantada, querían que yo reconociera que había cometido un delito. A lo que me negué, y declaré mi inocencia, y voluntad de mantener la huelga de hambre, entonces me trasladaron hacia el Hospital Nacional y me ingresaron en la Sala de Penados del séptimo piso. Seis días después, yo seguía sin ingerir alimentos, me trasladan bajo un fuerte operativo, esposado y con cadenas, como un terrorista, a la Unidad de la Policía de Artemisa, y de ahí, en una patrulla, hacia la prisión de Taco-taco, donde forzosamente me pelaron al rape, me vistieron de preso, luego me introdujeron en una celda oscura y húmeda, llena de mosquitos. Extrañamente a la mañana siguiente, me dan la ropa de civil, y soy conducido al

Técnico de San Cristóbal, donde me recibe una psicóloga, capitana del Minint, quien me propuso cesar en mi huelga de hambre, y yo me planté con estas palabras: Libertad, o Muerte.

CubaNet: Según tus propias palabras la policía política te propuso acuerdos que tú consideraste indecorosos. ¿Podrías resumir cómo aconteció tu liberación acaecida el 18 de junio tras una fianza de mil pesos, sin que tu voluntad fuera quebrantada?

Rolando Yusef: En varias ocasiones, insistieron para que yo reconociera el supuesto delito del que me acusaban, me ofrecieron caldos de pollos o de res y mandarme para mi casa hasta el día del juicio, pero mi decisión era irrevocable: Mi libertad sin condiciones, o la muerte, porque yo soy inocente.

Finalmente explica Rolando Yusef que su abogado le comunicó que jamás la mostraron la existencia de un expediente. Además, durante los 45 días de detención no le tomaron declaraciones, no hubo instructor de caso, lo que corrobora que todo ha sido una falsedad creada por los órganos de inteligencia de la provincia de Artemisa.

El caso de Rolando Yusef Pérez Morera se suma a la lista de los opositores que emprendieron el camino de las huelgas de hambre en reclamo de sus derechos humanos. Recordemos, entre otros, al poeta-disidente Pedro Luis Boitel, fallecido en una huelga de hambre que duró 53 días, y también al activista Orlando Zapata Tamayo, cuya muerte acaecida en una cárcel cubana (febrero del 2010), luego de 86 días sin comer, provocó gran repercusión mediática, aumentando el desprestigio de los hermanos Castro.

25 de junio del 2015

Raúl Castro ratifica los secuestros en Cuba, y no los pactos

Recientemente el bloguero y periodista independiente, Joisis García Martínez, escribió en su cuenta Twiter @criolloliberal: "Raúl Castro ratifica los secuestros en Cuba y no los Pactos".

El hecho se relacionaba con la intensa represión de la policía política sobre unos 30 activistas de derechos humanos, que el primer domingo de septiembre fueron a brindar su apoyo a las Damas de Blanco durante la misa y su tradicional marcha por la 5ta avenida de la capital cubana.

Vale mencionar que, aunque algunas agencias de prensa se hicieron eco del suceso, éstas no reflejaron ciertos detalles canallescos sobre la redada.

Según refieren tres de los testigos del hecho: Joisis García, Rubén Carty Lowe (periodista inde- pendiente), y el conocido preso del G-75, Eduardo Días Fleites, ese día fueron secuestrados por la mafiosa "Seguridad del Estado" cuando se dirigían a sus hogares, y posteriormente abandonados en lugares lejanos.

El hecho ocurrió cuando los activistas se encontraban en la parada de ómnibus de 3ra y 20, de la barriada de Miramar, y sorpresivamente se vieron rodeados por un nutrido grupo de militares, casi todos vestidos de civil, que se apoyaron para este secuestro, de una caravana automovilística a base de varios autos ladas, motos Suzuki, dos patrulleros de la policía, y una guagüita de 8 plazas, destinada servir de calabozo rodante.

Todo este escuadrón represivo, bajo el mando del oficial, conocido por "Camilo, persiguió al ómnibus P1, donde viajaban los disidentes. Los fueron arrestando según se bajaban en las diferentes paradas. Este guion, que solo se ha visto en las malas películas de terror, tuvo una contante repulsa por parte de los pasajeros que viajaban en el ómnibus.

Los secuestradores empujaron a los opositores violentamente, hacia el interior de una guagüita, que finalmente los trasladaría hacia una zona intricada más allá del Cotorro, ubicada a unos 60 kilómetros del centro de la ciudad.

Durante el trayecto, las voces de los opositores se dejaron escuchar de manera altisonante, cuando uno de los militares que participaba en el operativo, cínicamente pegó un bofetón en plena cara al joven Adrián Chirino García, miembro de la Comisión de Atención a Presos Políticos y Familiares (CAPPF), quien pidió que abrieran la ventanilla ya que le faltaba el aire. El esbirro, vestido de policía identificado con chapilla (No 2228), se enfadó por el auxilio que solicitaba el activista, e hizo caso omiso al estado de hacinamiento a que los sometieron.

Varios activistas, después de ser liberados, dieron a conocer la identidad de la chapa de la auto Lada, que conducía el oficial "Camilo": HH122; además, del número de uno de los patrulleros, el 529, y la chapilla del conductor: 00884,

"La crueldad de las huestes represivas de ese domingo, jamás se me olvidará" declaró Joisis García. "El régimen sigue demostrando el carácter represivo y asesino de su tirano Raúl Castro, quien con estas órdenes muestra su temor, no solo a las Damas de Blanco, cuyo desfile con más de 80 mujeres ese domingo refleja el valor de estas dignas Marianas, sino también, al valiente Movimiento Cívico Cubano, que no ceja en su empeño por el cambio de sistema en Cuba".

Este hecho, que no es aislado, constituye en sí, otra página negra del pésimo historial en temas de derechos humanos del régimen de la Habana. Demuestra además, que durante la presidencia del General- Presidente, se ha mantenido la modalidad de secuestros que, no es nueva en la isla, ya en el pasado muchos hombres de la oposición democrática lo sufrieron.

La Habana, martes 10 de septiembre de 2013

Felonías contra la población penal cubana

El prisionero cubano Evelio Puentes Mayea, natural de ciudad de La Habana, quien cumple una sanción conjunta de 23 años de cárcel por un delito contra la seguridad del estado, denuncia las terribles condiciones a que son sometidos los reclusos en uno de las tantas granjas de reeducación.

Tras catorce años de duro encierro bajo el rigor infernal de las cárceles cubanas, Puentes Mayea fue trasladado para un "campamento de reeducación", ubicado en el poblado del Chico", a unos 40 km de la capital habanera. Si bien esta medida suponía una alternativa a las penas privativas de libertad, por cuanto aquí los presos no están confinados en celdas de rigor y salen trabajar, el trato sigue siendo terrible, ya que son obligados a trabajar forzosamente durante largas jornadas, bajo un pésimo régimen de alimentación, y sin atención médica.

Ya desde hace años la Comisión de Derechos Humanos y Reconciliación Nacional, que dirige el profesor Elizardo Sánchez, conjuntamente con la prensa independiente cubana y otras agrupaciones del Movimiento Cívico Cubano, han venido denunciando los abusos y las violaciones que se producen en todas las modalidades de reclusión en la isla, sin que se aprecie mejoría alguna.

A la dictadura cubana poco le importa que su oficialidad carcelaria cumpla o no con lo estipulado en las distintas convenciones de las Naciones Unidas sobre las reglas mínimas para el trato a los prisioneros.

Según Puentes Mayea, estas normativas reiteradamente son pisoteadas. Refiere que el capitán Richard, director del Centro de Reeducación del Chico, somete constantemente a los prisioneros bajo un régimen de chantaje y de malos tratos. Este oficial siempre se hace acompañar para sus amenazas de varios guardias, y en más de una ocasión ha expresado: "Ustedes los presos no tienen derecho a ningún beneficio, solo a trabajar bastante y bien duro".

Esta declaración carece de compasión, y es una muestra de desprecio y maltrato hacia la condición humana de los reclusos, quienes están obligados a trabajar de lunes a lunes, durante 14 horas diarias, en la construcción de dos edificios destinados a los médicos que atendieron al difunto Chávez durante su enfermedad.

El hecho más abominable del Chico ocurrió un día antes del pase que cada dos meses se le otorga a cada recluso en estos campamentos. Ese día el capitán Richard amenazó a los reos con suspender el pase, si no se ponían a chapear y a pintar toda la instalación, sin importarle que los infelices hubieran regresado al filo de las ocho de la noche, hambrientos y sin bañarse.

Puentes Mayea describe que se resignó a trabajar aquella noche hasta la una de la madrugada sin protestar. Sin embargo, le fue suspendido el pase, debido a una pequeña tardanza de 10 minutos acaecida en su anterior salida. "No tuvieron en cuenta que mi retraso fue a causa de un fuerte agua- cero y del pésimo servicio de transporte", aseguró.

Nadie tiene el derecho de maltratar a los presos como es costumbre hacer en los centros de reclusión del país. "Son verdaderos campos de exterminio. Teníamos esperanzas de que con la libertad de René González -uno de los cinco espías-, se fueran a preocupar por las condiciones en que vivimos los reclusos cubanos" sentenció este prisionero.

Mientras el gobierno cubano sobredimensiona sin reparo su campaña por la libertad de los "cinco héroes", por otro lado, factura felonías, como las que se dan en los campamentos de trabajo forzado, donde los reos muchas veces se alimentan de comida fermentada. Y lo que es peor, si alguno de ellos se enferma, nos comenta mayea, perdería el derecho a trabajar en la granja, y aunque se recupere, ya otro ocuparía su puesto, y él sería enviado nuevamente a la prisión.

Evelio Puentes Mayea, quien lleva catorce años encarcelado, y residía en la calle 10 de Octubre # 27, edificio 249E, E/ Arango y Vía Blanca, municipio 10 de Octubre, en compañía de su madre Elsa Mayeda, de 73 años, quien padece de una enfermedad psiquiátrica, expresó que no le importa pagar las consecuencias que se deriven de esta denuncia, siempre y cuando la opinión pública internacional conozca de las atrocidades del régimen cubano, contra la población penal.

La Habana, martes 1 de octubre de 2013

La vivienda de la opositora sanjuanera Sandra Ace Ramos amaneció este sábado rodeado por brigadas de respuesta rápida y fuerzas paramilitares, dirigidas por oficiales de la Seguridad del Estado de la provincia de Pinar del Río, que intentaron impedir una actividad política planificada por varios líderes opositores.

Según informó, vía telefónica, Maiker Alexander Hernández, dirigente de la Unión Patriótica de Cuba (UNPACU) en esa región, y presente en la actividad: Desde horas tempranas los oficiales del G2, José Manuel Crespo y el capitán Orestes Ayala, dirigieron el operativo policial que se hizo acompañar por turbas enardecidas que, con palabras obscenas y amenazas, injuriaron a los demócratas a fin de amedrentarlos. "Fue una demostración de fascismo puro, sin precedente para este municipio" dijo el dirigente opositor.

A pesar de la intensa represión y acoso, trece de los dieciocho convocados pudieron llegar al recinto ubicado en la calle Leopoldo Pérez # 145, en el Municipio de San Juan y Martínez, lugar donde está enclavada la Biblioteca independiente "Amor Paz y Libertad" que dirige Ace Ramos. Se supo que cinco opositores fueron conducidos a la unidad de la Policía Nacional "revolucionaria" de esta localidad, y posteriormente liberados, cerca de la cinco de la tarde.

Se encontraba presente en la reunión Raúl Risco, presidente de la Alianza Democrática Pinareña, así como Eduardo Díaz Freitas, el preso político del Grupo de los 75, bajo licencia extrapenal por enfermedad. Este último, desde la sede de la actividad, en llamada telefónica a este periodista, declaró: "Coordinamos el encuentro, porque nos hemos propuesto unificar a todos los grupos opositores de la Provincia de Pinar del Rio, una tarea postergada desde hace años".

También la bibliotecaria Ace, anfitriona de la actividad, dijo: "Estamos impresionados porque a pesar del acoso y de la intensa represión de las autoridades, muchos vecinos nos ayudaron para que algunos activistas pudieran llegar a mi casa".

El acto fascistoide cometido este sábado en San Juan y Martínez contra pacíficos activistas, no es un hecho aislado. Pinar del Rio ha recibido una enorme cuota represiva en lo que va de año, aunque esto sucede en casi todo el territorio nacional, y al parecer irá en aumento.

Para nadie es un secreto el carácter represivo del gobierno de Raúl Castro. Según La Comisión Cubana de Derechos Humanos y Reconciliación Nacional (CCDHRN), que preside el profesor Elizardo Sánchez, durante el mes de octubre se produjeron 909 detenciones políticas en la isla, una de las cifras más altas para un mes en las últimas dos décadas. Sin dejar de mencionar que aumentó el número de casos por violencia policial y parapolicial (las llamadas brigadas de respuesta rápida creadas por Fidel Castro).

San Juan y Martínez, sábado 9 de noviembre de 2013

<u>Violenta golpiza a opositor camagüeyano</u>

Hace unos días el opositor cubano Reinaldo Villafaña Villavicencio, presidente del Partido Cuba Independiente y Democrática (CID), y representante de la Red de Bibliotecas Cívicas en la provincia de Camagüey, fue víctima de uno de los actos represivos más violentos que la policía política del régimen castrista haya perpetrado en dicha ciudad, contra la oposición en lo que va de año.

Un sms enviado al móvil de este reportero por el activista, daba cuenta del suceso. "Ellos rompieron la verja de la entrada de mi propiedad, me rastrillaron un arma larga con la cual me apuntaron y me sacaron a empujones hasta la calle. Allí me lanzaron contra el suelo, golpeándome en la espalda y torciéndome los brazos hacia atrás; me esposaron de tal forma que me produjo hematomas en las dos muñecas. Me patearon en suelo, y luego me tiraron en un carro patrullero hasta la tercera unidad de la Policía nacional "revolucionaria". Durante el trayecto, un policía a mi lado me golpeó en el abdomen y en las costillas. Me torció el cuello, a punto de desnucarme, y me amenazó con matarme. Fui recluido hasta altas horas de la noche en una celda donde había cinco personas, teniendo capacidad para dos".

Esta escena de horror contra la oposición sigue caracterizando al gobierno de Raúl Castro quien recurre al peligroso uso de fuerzas "entrenadas", compuestas por matones que llevan a cabo una represión con planificada violencia física y verbal, amenazas de todo tipo.

Esta práctica, conocida como terrorismo de Estado, se ha ido intensificando durante este año 2013, en el territorio nacional. Sobre todo, contra las Damas de Blanco, los miembros de la Unión Patriótica de Cuba, los periodistas, los blogueros y los bibliotecarios independientes.

Ahora le tocó el turno a Reinaldo Villafaña, residente en la calle 7 #29, entre C y D, del Reparto Porvenir, en la provincia de Camagüey. Lo asombroso del hecho fue el pertrecho militar usado para la ocasión: más de cinco carros patrulleros, un pelotón de la Brigada especial de la Policía y un ca- mión atestado de gente armada con palos. Estos matones fueron a ajustarle cuentas al dirigente opositor por la osadía de exhibir en las ventanas de su casa unas pegatinas de Cambio, y Yo no Coopero con la dictadura.

Juan Carlos Céspedes, delegado provincial del CID en esa provincia, también fue golpeado y arrestado ese día ya que se encontraba en casa de Villafaña. En declaraciones a este reportero, dijo: "Esta espiral de violencia represiva en Camagüey, está impulsada desde la cúspide gobernante de Cuba. El día antes, Luis Vergara, jefe de un distrito del Poder Popular en Camagüey, se presentó en esta vivienda en compañía de los factores del barrio: CDR, PCC, FMC y otros, para advertirle a Villafaña que debía retirar los carteles adhesivos, porque violaban las leyes y eran provocadores, a lo que éste se negó rotundamente".

Mientras el Gobierno cubano sigue empecinado en tildar a los demócratas de la oposición de "contrarrevolucionarios" y de mercenarios al servicio de Estados Unidos, un creciente grupo se mantiene comprometido con la causa por la libertad con mucho decoro pese a los graves peligros que corren.

Martes 12 de noviembre de 2013

Testimonios de Kilo 8

El prisionero cubano Jorge Félix Otero Morales, natural de 122 No 4101, entre 41 y 43, en Marianao, La Habana, fue sancionado a cadena perpetua por delitos contra la seguridad del estado en la causa número 1 del 2006.

Bajos los cargos de secuestro de un avión de la línea aérea Iberia en el Aeropuerto José Martí, de la capital cubana, actualmente se encuentra extinguiendo su sanción en una celda aislada de la prisión de máxima seguridad, régimen especial kilo 8.

A través de una llamada telefónica quiere hacer público los escalofriantes maltratos que ocurren a diario en la prisión de Kilo 8, en la provincia de Camagüey, donde padece varias enfermedades, entre ellas, una alergia respiratoria aguda.

Cuenta que recientemente los militares de esta prisión le confiscaron fotos y cartas de su esposa, le prohibieron la entrada de alimentos a su celda y le aseguraron que jamás saldría de su aislamiento. Según el reo, las medidas fueron en respuesta a un video que "milagrosamente" pudo hacer con una cámara de teléfono, y entregado a la Agencia Social de Periodistas Independientes de Cuba (ASPIC), que fue colgado en Youtube. En dicha filmación el prisionero acusa a los carceleros del uso de atomizadores (espray con gas pimienta) y esposas, para poder infligirles crueles golpizas.

Otero describe, valiéndose de dibujos, las diferentes torturas que se aplican en esta cárcel, las crueldades de los guardias, responsables directas de un elevado número de suicidios. El video también denuncia las desalmadas tácticas de la policía política, quienes, mediante el cuerpo operativo de la prisión, utilizan el uso del teléfono y otros derechos restringidos para estimular la cooperación involuntaria de determinados reclusos, a quienes utilizan como chivatos o agresores.

El artículo 5 de la Declaración Universal de los Derechos Humanos establece: "Nadie será sometido a torturas ni a penas o tratos crueles, inhumanos o degradantes"; y la Convención contra la Tortura y otros Tratos o Penas Crueles, Inhumanos o Degradantes, propone hacer más eficaz la lucha contra las prácticas por la cuales se inflija intencionadamente a una persona dolores o sufrimientos graves, ya sean físicos o mentales, con el fin de obtener de ella o de un tercero información o una confesión".

El estado cubano, en teoría, se ha comprometido en más de una ocasión con el cumplimiento de las reglas mínimas establecida para el trato a los prisioneros, y lo establecido en las convenciones, pero la terrible realidad del sistema carcelario es que en la práctica supera la imaginación de cualquier guionista del cine de terror. El viejo proverbio: "saca la viga de tu ojo antes de mirar la paja del ojo ajeno," sigue siendo relegado por los principales dignatarios del régimen de La Habana.

Mientras cientos de prisioneros son víctimas de crueldades dentro de las ergástulas castristas, se desvía la atención con reiteradas críticas a la permanencia del Centro de Detención de Guantánamo por parte de EE. UU., o se exacerban constantemente sucesos foráneos relacionados con este tema.

¿Quién no recuerda la denuncia anónima realizada en enero del 2004 por el sargento del ejército norteamericano Joseph Darby, quien develó fotografías que mostraban a militares estadounidenses abusando de prisioneros en Irak? Aquel programa de *60 minutos* de la CBS y el artículo de Seymur.

M. Hersh, en la revista *The New Yorker,* que destaparon la historia, fue un perfecto puntal para que la controlada prensa oficialista, promoviera la manipulación de siempre en la mente de los cubanos.

La Habana, martes 4 de febrero de 2014

Interrogan en La Habana a pastor evangélico

La Policía Nacional revolucionaria del municipio Cerro citó al Pastor evangélico Alejandro Hernández Cepero, para ser interrogado sobre su vida privada.

La "entrevista" estuvo a cargo del teniente nombrado Roberto en un local que sirve de sector policial, en la Calzada del Cerro, esquina a Domínguez. Era la segunda vez que la policía política del régimen utilizaba este mecanismo para reprimir a este cristiano pentecostal.

Hernández Cepero pertenece al Movimiento Alianza Cristiana, una organización que se ha apoyado en el artículo 88 inciso g de la Constitución cubana, para presentar una iniciativa ciudadana, en este caso una ley de culto, que entre otras cosas beneficie por igual a todas las iglesias y que no se aco- sen más a los pastores.

En declaraciones al periodista dijo que a pesar de que la propuesta fue presentada ante la Asamblea Nacional hace tiempo, sin que hasta ahora hayan recibido una respuesta favorable, ya en estos momentos recibe el apoyo de más de 500 iglesias que no están siendo reconocidas oficialmente por el Estado. Todas ellas consideran dicho desconocimiento, una violación de la constitución de la República, toda vez que en su artículo 8 esta declara que todas las iglesias tienen iguales derechos. Se pudo conocer además que el proyecto incluye la creación de escuelas cristianas para cada profesión de fe, sin imposiciones ni controles del gobierno.

Durante mucho tiempo Alejandro Hernández estuvo pastoreando una denominación cristiana pentecostal en Artemisa, que levantó desde cero, y a la que ya no pertenece. Allí fue acosado y perseguido por las instituciones del gobierno, e incluso, fue amenazado con ser encarcelado, multado, o confiscada su iglesia.

Este hombre de Dios actualmente reside con su esposa en Aguadulce # 111, apto 3, 5to piso, entre San Indalecio y San Benigno, en el municipio Cerro de la capital. Desde hace años simpatiza y mantiene excelentes relaciones con la organización Pastores por el Cambio, un grupo evangélico que al igual que él, ha sido reprimido por su posición a favor de realizar cambios profundos en la isla.

Refiere Alejandro Hernández que en el interrogatorio de ese jueves los represores lo interpelaron por su nula participación en las actividades del Comité de Defensa de la Revolución (CDR), y sus constantes visitas a la Oficina de Intereses en la Habana (SINA).

Al primer requerimiento respondió con firme convicción: "No pueden obligarme a pertenecer a una organización de masas destinada a vigilar la vida y milagro de cada uno de los ciudadanos, a saber, con quién andas, donde vas o con quien te reúnes. Eso es inmoral y va en contra de los mandamientos de Dios". Y sobre lo segundo, declaró: "Mis visitas a la SINA son muy comprensibles, ya que allí puedo tener tiempos de internet gratuitamente, sin condiciones, y sin estar sometido a vigilancia de todo lo que hago o envío".

Finalmente, el pastor Hernández agradece a Dios y a la prensa independiente, por dar a conocer al mundo el control policíaco que mantiene el régimen sobre un grupo de creyentes que se mantiene en la primera línea del combate por la justicia.

14 de junio de 2014

Represión en Managua contra periodistas de APLP

Una pacífica reunión de periodistas independientes, que estaba prevista a celebrase el sábado 12 de julio del 2014, en la sede de la Asociación Pro-Libertad de Prensa (APLP), fue abortada por un operativo militar bajo las órdenes del régimen de Raúl Castro.

Desde horas tempranas la vivienda de José Antonio Fornaris, presidente de la APLP, ubicada en el centro del poblado de Managua, en el municipio Arroyo Naranjo, en la capital, no tenía acceso por ningún lado. Desde la misma entrada al poblado, y a ambos lados de la calle donde está enclavada la residencia del periodista, se desplegó el aparataje militar: un camión del ejército con más de 20 soldados "boinas rojas", tres patrulleros de la policía nacional revolucionaria, varios autos con chapas particulares, decenas de motos Suzuki y un enjambre de oficiales de la seguridad del estado que se movían inquieto de un lugar a otro.

Este gasto ofensivo puesto en marcha ese día, logró de nuevo impedir el desarrollo de la primera Asamblea de Asociados de la APLP, cuyo objetivo era dar a conocer su código de ética, analizar sus estatutos, la cotización de sus miembros y discutir un informe de represión sobre los periodistas en lo que va de año.

Ya en el mes de abril este Gremio, conformado por más de un centenar de miembros, había intentado realizar esta actividad en el municipio Santos Suárez, pero allí se vieron altamente repriidos por las fuerzas combinadas de la PNR y la policía política, quienes arrestaron a varios directivos, entre los que se encontraba el propio José A Fornaris.

No es un secreto que los periodistas siempre han estado en la mira de los regímenes totalitarios del mundo. Recordemos que el

Gobierno de Cuba arrestó y condenó a largas penas de cárcel a 26 de los 75 disidentes en la ola represiva de la llamada Primavera Negra del 2003.

De este horrible hecho surgiría la principal motivación entre algunos periodistas que posteriormente decidieron agruparse en una Asociación que se protegieran entre sí, y juntos demandaran la libertad de prensa.

La APLP pretendió obtener su legalidad como asociados, entregando el 6 de abril del 2006 la carta de solicitud al Registro de Asociaciones, del Ministerio de Justicia, que hasta la fecha no han respondido.

La represión perpetrada en Managua no es un hecho aislado. También hace unos meses a Odelin Alfonso, uno de los directivos de este gremio, a su llegada al aeropuerto José Martí, procedente de México, se le detuvo varias horas, reteniéndole su computadora y su teléfono móvil, que finalmente devolvieron un mes más tarde en pésimo estado.

Todo intento por acallar las voces dentro de Cuba, constituye una muestra del pánico que el régimen cubano siente ante la Prensa Libre.

Los sucesos de Managua instauran un grito de libertad contra la cara de los opresores castristas. Así piensan todos los detenidos y expulsados de aquel lugar, entre los que estuvieron los periodistas Juan Carlos Linares, Carlos Ríos, Odelin Alfonso, Aimé Cabrera, y la abogada Laritsa Diversent, entre otros.

13 de julio de 2014

Dictadura castrista abre fuego contra hip-hop

Recientemente la agencia AP (Associated Press), haciéndole el juego al régimen comunista de Cuba, arremetió contra los grupos de raperos que son contestatarios. Según AP, el movimiento de hip-hop está siendo financiado por la USAID (Agencia para el Desarrollo Internacional de Estados Unidos), razón por la cual contrató a un promotor serbio, y a la compañía Creative Associates International, para que reclutaran artistas capaces de avivar la disidencia entre los fanáticos de esta música, con vistas a sumar voluntades y a fabricar situaciones de abierto desafío a la revolución cubana.

El gobierno de los Castro, y sus acólitos, enseguida se aprovechó de la noticia, y corrió a difundirla por los medios cubanos para mostrar a las agrupaciones musicales de hip-hop como simples asalariados, peones de ese imperio del Norte. Y orquestó una campaña de tergiversación y desprestigio para restarles credibilidad a sus canciones, y sembrar la duda ante su patriótico accionar por conseguir una genuina democracia.

La farsa montada permite justificar la censura, y ampliar la represión contra todos los raperos, y en especial, contra Raudel Collazo, cantante del grupo musical Esc4drón Patriota, quien encarna en su obra musical una juiciosa crítica a la realidad cubana, ubicándose por derecho propio como una de las figuras más descollantes del movimiento Hip Hop en Cuba.

Este creador de Güines (actual provincia de Mayabeque), nacido y criado en un barrio pobre, encabeza la lista negra de los creadores cubanos más censurados, perseguidos, y vigilados por las autoridades comunistas. Está claro que a estos represores-creyentes, pues se creen dueños absolutos del país y de su gente, les molesta ser refutados y desobedecidos, y entran en pánico cuando escuchan la aguda letra de las canciones de estos artistas, sólo porque en ellas se revela todo un grito de libertad en los oídos de muchos jóvenes, y una coherente trinchera de ideas a favor de los cambios socio-políticos en la isla antillana

En conversación telefónica, Raudel Collazo nos desmintió el argumento de que los grupos raperos cubanos recibieran dinero a cambio de hacer intencionadamente crítico el contenido de sus canciones contra el gobierno de Cuba. Y con respecto al ataque emprendido por los medios informativos cubanos, afirma: "Nosotros nunca creímos que fue una agresión directa contra los aldeanos, sino contra todo el movimiento Hip Hot. También puedo asegurarte que vamos a seguir cuestionando, vamos a seguir criticando a través de nuestras canciones, ya que es la esencia de nuestra música. Y suceda lo que suceda, estamos en la senda de construir, de mantener una voz crítica como siempre lo hemos hecho creativamente. Nuestra intención no es confrontar, pero hay que dejar muy claro nuestra posición".

En este nuevo contexto de las relaciones Cuba-Estados Unidos, ya Raudel ha explicado a la prensa internacional que la AP difunde *calumnias y mentiras repugnantes*. Y que en Cuba, a partir de esa información, están sometidos los raperos a *un bombardeo mediático, es una campaña deshonesta. Hay muchas cosas muy mal contadas a propósito, y es evidente que el objetivo principal es desacreditarnos... Nunca hemos sido ingenuos, ni nos dejamos manipular.*

Es4dron, junto a otros grupos de rap en la Isla, representa un desafío para estos tiempos en sus creaciones artísticas, y arriesga su garganta para enfrentar con firmeza y coherencia al gobierno militar de Raúl Castro, a quien constantemente demanda por la obtención de la libertad para los sectores marginados. Esta valentía artística, donde el cantante se las toma bien en serio a través de las letras de sus canciones por ayudar a despertar la conciencia de la nación, irrita y preocupa al régimen, quien ha intentado a toda costa aislar la creación artística del cantante para que no llegue al consumo de los jóvenes cubanos.

A pesar de esto, este artista se hizo muy popular dentro de un gran segmento de la juventud cubana luego de su afamado disco "Somos la Raíz del Cambio" que se promovió como un polvorín de mano a mano a través de memorias flash y discos. Posteriormente, Raudel escribió una colección "la nueva filosofía de lucha" especialmente dedicado a la diáspora cubana y otras canciones promocionales, y ahora mismo se encuentra enfrascado en la producción del disco "Catarsis".

Lo cierto es que en general el Hip Hop cubano representa un testimonio crítico, una manifestación de protesta cívica, que sitúa a sus creadores en la primera línea de defensa de este pueblo que sufre a diario ante tantas adversidades, como la desigualdad, las penurias alimentarias, el hacinamiento, la soledad, la tristeza, la separación familiar, el racismo, y al final, ver la destrucción progresiva de su propio país que en el año 1959 era una tacita de oro.

16 de febrero del 2015

Mordazas a la creación artística independiente

Reinier Alejandro Fernández (La Habana, 1979), graduado de la escuela de Fotografía Profesional de la UNEAC en el 2003, es uno de los pintores de formación autodidacta, cuya obra artística es totalmente independiente.

Actualmente Reinier reside con sus padres en un edificio de Micro-brigada en la calle 25, entre A y B, en el Vedado. El pintor fue excluido de los órganos culturales estatales por ser uno de los firmantes del Proyecto Varela en el 2002, y dirigir una carta al que fuera Ministro de Cultura (1997- 2012), Abel Prieto, en la que le solicitaba un espacio cultural para los creadores independientes que ayudara a la promoción con exposiciones en galerías, ferias y parques.

Desde 1998 este joven creador tuvo que ganarse la vida, primero con la venta de sus dibujos, y después, de sus pinturas. "Jamás he recibido apoyo de las autoridades culturales de la isla, pues me consideran un desafecto". Y añadió: "La ayuda y la divulgación sólo están reservadas para aquellos que comulgan sumisamente con el oficialismo".

Seguidamente explica el artista: "En cuanto a los pintores independientes, tenemos que comprar un rollo de lienzo que oscila entre los 260 y los 400 CUC en las tiendas en divisas. En cambio, los oficialistas lo consiguen por 60 CUC, siempre y cuando se dejen utilizar por la maquinaria oficialista de propaganda, que además se encarga de promocionarlos como una falsa vanguardia que no existe".

Reinier Fernández agradece la amistad establecida con otros creadores que lo ayudaron a proyectar algunas ideas en pequeño formato, llegando a perfeccionar el estilo del autorretrato y el abstraccionismo surrealista, una influencia que lo distingue estéticamente. Dentro de sus creaciones más apreciadas se encuentran: la Marina Ernest Hemingway, María Carla, Continuidad, Platanoes, Lea y el Guajiro Tabaquero.

Otro de los artistas plásticos excomulgados por el régimen fidelista, y sus acólitos, es Lázaro Alberto González, de Buena Vista, en el municipio Playa, graduado en la academia San Alejandro, caricaturista y antiguo colaborador de DDT, quien nos refiere: "Muchos pintores se ven limitados a la hora de comprar los materiales que necesitan, casi siempre de segunda- y más bien para aficionados, que son más caros aquí que en cualquier parte del mundo. Para los artistas plásticos, consagrados al sistema, existe un determinado subsidio de materiales de pintura, reciben un salario y la promoción, conformada por la propaganda culturalista de la dictadura, la cual además les otorga una patente de corso al incluirlos en el Registro de los Creadores, a fin de facilitarles la compra de materiales a bajo precio".

También el laureado pintor güinero, José Luis Medina, un crítico de la dictadura, que en varias de sus obras ha reflejado el deterioro de su natal Güines, se ha quejado de la asfixia a la que es sometido por la maquinaria de la censura. En esa ocasión dijo: "No es justo que los pintores que producen excelentes obras sean confinados a una feria que las autoridades permiten en La Habana Vieja, donde los creadores para poder comercializar las obras, tenemos que prescindir de nuestras firmas y ofertarlas a muy bajo precio a intermediarios que lucran a costa de nosotros, con el auspicio del gobierno comunista".

Tanto Reinier, como Lázaro Alberto, y José Luis, y todos aquellos que no comulguen con el oficialismo, están condenados al silencio, exceptuados de participar en los murales colectivos, y privados del derecho a incluirse en el Registro de Creadores, despojándolos de las facilidades que se otorgan para adquirir a precios módicos los materiales de pintura necesarios: tubos, pinceles, lienzos y marcos.

Como tantos creadores en Cuba, estos pintores sufren por la discriminación cultural, y el anquilosamiento que invaden el Consejo Nacional de Cultura, el Departamento de Orientación Revolucionaria, el Instituto Cubano del Arte e Industria Cinematográfica (ICAIC), la Unión Nacional de Escritores y Artistas de Cuba (UNEAC), y el CODEMA. Estos aparatos burocráticos son como verdaderas mordazas que secuestran el arte, convirtiendo las opciones de la Cultura cubana en una mera proyección de la política comunista.

8 de julio del 2015

Hace falta muchos deportistas como Urquiola dentro de INDER, pero muchos más en la prensa cubana

Finalmente, Michel Contreras se decidió desde el laboratorio de la oficialista página de Cubadebate, a hablar de lo que Alfonso Urquiola le dijo aquella "tórrida mañana" del sábado 28 de marzo del 2015.

En una parte del texto, Alfonso Urquiola: 'Estoy tan decepcionado que no vuelvo a dirigir', publicado este pasado 27 de abril en Cubadebate, el periodista se lamenta, después de un par de tantos, y cito: "...una llamada telefónica me ponía al tanto de que mi entrevista, la que tanto me llenaba de ilusiones, se había convertido en pasto de las redes sociales. Todo el mundo hablaba de ella. Súbitamente, el inefable encanto de lo inédito dejaba de existir, y perdí el interés por describir a mis lectores los detalles de la conversación con el manager de los tabaqueros". Y añade, mientras teclea en su laptop: "...ahora lo hago entre desanimado y deprimido, como el corredor que llega último en una maratón donde partía de favorito".

Pero lo cierto es que hay un gran trecho entre esta edición confeccionada por Michel, siguiendo los dictados manipuladores del poder, a las reales palabras y a las valoraciones emitidas por Urquiola en los casi 48 minutos que duró el video mostrado en la red.

Como expresa uno de los cientos de comentarios registrados en la entrevista aparecida en Cubadebate: "...se ha dado aquello de que "vista hace fe", y los que vimos y oímos el video de la grabación, tenemos más elementos de la sinceridad del manager pinareño." Esta impresión se reafirma cuando el mismo Contreras escribe en su edulcorado artículo: "Confiado en que el ambiente no ofrecía peligro, Urquiola –que es un hombre de verbo caliente– ni siquiera se puso una camisa y empezó a hablar a pecho descubierto, lanzando sus verdades a diestra y a siniestra con esa campechanía que lo distingue".

Ahora bien, ¿cómo es posible entender que Contreras demorase casi un mes en publicar su entrevista, si creemos a sus palabras de que ésta era la mejor de su vida? ¿O es que el periodista estaba obligado a esperar por la señal aprobatoria de la censura política? ¿O acaso fue que le dijeron que no, y ahora él y sus amos se han visto obligados a inventar su propia versión de los hechos? Todo indica que Michel Contreras está mintiendo, porque como reza el refrán afrocubano: "Fue a comprar cabeza, y le cogió miedo a los ojos", y ahora al ser sorprendido por la divulgación en las redes sociales del video en cuestión, justifica su demora, entiéndase terror, con el peso del trabajo periodístico de la postemporada en la Serie Nacional.

Con su proceder periodístico lo que ha logrado es negarse a sí mismo e invalidar su frase de "...vivo enamorado de las declaraciones fuertes, quizás porque me suenan más sinceras". Sin dudas tal afirmación ha dejado ya de ser creíble.

Para los cubanos amantes del beisbol, conocedores de que algo anda muy mal desde hace rato en nuestro deporte nacional, ese "alguien" que grabó y compartió el diálogo de la entrevista, según Contreras, en un "ejercicio de barato fisgoneo y a sus espaldas", sí dio relevancia a lo que una persona de prestigio y conocimiento beisbolero, como es el caso de Alfonso Urquiola, dijo sin pelos en la lengua y a camisa quitada. Cosa que no hace el oficialista entrevistador, quien sólo atina, dadas las circunstancias, a jugar el triste papel de acusador.

De hecho, está bien claro que Contreras nunca tuvo la intención de publicar con exactitud las ideas expresadas por Urquiola, y se esconde detrás del argumento del proceso de edición, algo normal dentro del periodismo, el cine y la literatura. Pero una cosa es evitar la redundancia informativa, las mal llamadas palabras obscenas, y las incoherencias gramaticales, en aras de la calidad del lenguaje y de la entrevista en sí, y otra muy distinta es modificar adrede, suprimir con malicia, tildar de irrelevante un problema, y amordazar el pensamiento del entrevistado por resultar incómodo lo que dice. El articulista al contestar a la pregunta de Martínez de Osaba sobre si le omitiría alguna cosa a lo manifestado por Urquiola, confesó: "Sólo lo inevitable", y "…los duros calificativos dirigidos a la Comisión y a los colegas de la radio y la TV", dando así por sentado que estos criterios no eran más que una rotunda exageración. Acaso no es una verdad de Perogrullo lo que anotó un usuario al comentar sobre esta entrevista mal contada, que recoge apenas quince minutos de una conversación que duró (según Michel) una hora: "…Cuba entera conoce que es un relajo lo que hacen los federativos del beisbol". O este otro, del Santiaguero que exclama a gritos: "CORRUPTOS. Sí. Michel, CORRUPTOS".

Sobre Michel Contreras, sabemos para quién escribe, es un asalariado más del gobierno que para ganarse los frijoles representa como puede su papel de reportero. Por tanto, él ha publicado solamente lo que la censura de Cubadebate, propiedad del régimen de los vetustos Castro, le autorizó difundir para guardar las apariencias ante la evidencia de un video que recorre el mundo: el de Urquiola. Y por supuesto, ni soñar con que la entrevista aparezca publicada en la prensa nacional.

Parafraseando lo que dejó escrito el lector Bárbaro en su comentario: Hacen falta muchos Urquiolas dentro del INDER, pero muchos más aún en el periodismo cubano. *11 de Abril, 2015*

VIII

JAQUE AL DEPORTE

Un réquiem por los peloteros cubanos

El beisbol en Latinoamérica es un escape a la pobreza. Parte de esta región respira, y habla pelota.

Todos los peloteros latinoamericanos han soñado algún día llegar a las Grandes Ligas, excepto los jugadores cubanos, a quienes el régimen imperante les castró ese sueño.

En los últimos 20 años, solo un pequeño grupo de cubanos ha podido jugar en esta pelota. Mientras los peloteros de República Dominicana, Puerto Rico, Venezuela y México y otros, exhiben una constelación de estrellas, recibiendo exuberantes retribuciones monetarias, a los magníficos peloteros cubanos les está reservado como único galardón, el integrar la selección nacional, previa confirmación de su compromiso con Fidel, y la Revolución, quien dispone el otorgamiento de una medalla de honor, por las "hazañas" deportivas.

La conocida pasión por este deporte en la isla nace del hecho de haber jugado beisbol antes de que ningún otro país caribeño. Antes de 1959, Cuba contaba con una fuerte liga profesional, donde se formaban muchas de las estrellas de las Grandes Ligas. Esto se esfumó con la instauración de la dictadura comunista.

A pesar de todo, los jugadores isleños siempre han estado muy cerca del firmamento beisbolero hispano. Baste señalar que en el 1er Clásico Mundial en el 2006, Cuba fue uno de los seis equipos invitados de América Latina. La novena antillana dio testimonio de su talento cuando el equipo se enfrentó a muchos de los peloteros que integran las ligas mayores y los venció.

Al término de la primera vuelta de este evento mundial, el equipo estaba entre los cinco de los seis que avanzaron a la segunda ronda, e integró el grupo de la muerte, que se reunieron en Puerto Rico para celebrar la segunda vuelta: Cuba, Venezuela, Puerto Rico y República Dominicana. Una ocasión propicia, donde muchos afirmaron que esta fue la verdadera serie del Caribe que todos esperaron por años (cuando al fin contaron con Cuba enfrentándose a jugadores de grandes ligas de la región).

La R. Dominicana alcanzó su pase a la semifinal con su victoria sobre Venezuela, y Cuba derrotó al trabuco puertorriqueño, repleto de estrellas profesionales. Luego dio paso al más grande momento de la pelota cubana, cuando derrotaron inobjetablemente en la discusión del pase a la final, al tremendísimo equipo dominicano, quien colocó en su trinchera de lanzar al estelarísimo Bartolo Colón.

El histórico enfrentamiento demostró la altísima calidad del beisbol en la isla. Un legado que se re- monta desde principio del siglo 20, cuando los cubanos Armando Marshall y Rafael Almeida, jugaron con lo Reds.

Posteriormente Adolfo Luque, que formó parte del equipo campeón en 1919 y tuvo una de las mejores temporadas por un lanzador de este equipo en 1923, con sus 27 triunfos, seis blanqueadas y efectividad de 1.93, dejaría bien claro a los estadounidenses que los cubanos podían tener éxitos como jugadores de las mayores.

No por casualidad, cuatro glorias de este deporte están en el salón de la fama de la pelota de grandes ligas: Tany Pérez, José de la Caridad Méndez, Cristóbal Torriente y Martin Dihigo. Este último, una leyenda, y conocido por el Inmortal, a quien al igual que a Méndez y Torriente no le permitieron jugar en las mayores por ser negros.

Desde 1959 los beisbolistas cubanos tienen otro impedimento, ahora en su propio país: está prohibido jugar en Grandes Ligas.

Esta barrera ha empezado a quebrarse desde finales de la década del 80, con las fugas, primero, de los estelares René Arocha, Rolando Arrojo, Osvaldo Fernández, Rey Ordoñez, el Duque y Libán Hernández, y después con José A Contreras, Kendry Morales, Alexei Ramírez, Yuniski Betancourt, Dayan Viciedo, Yunier Escobar, Brayan Peña, Yuniski Maya y el lanzador Aroldis Chapman.

Para otros jugadores de Latinoamérica, la ruta hacia este beisbol tampoco ha sido fácil. Por ejemplo, Juan Marichal, Fernando Valenzuela, Pedro Martínez, Mariano Rivera, Iván Rodríguez, Alex Rodríguez, Edgar Martínez y Albert Pujol, tuvieron que enfrentar las barreras del idioma y de la adaptación. Pero a diferencia de los cubanos que permanecen en su país, ellos inspiran a la juventud a esforzarse, y así dejar a atrás y para siempre la pobreza.

La Habana, martes 5 de marzo de 2013

Solo un cambio total de mentalidad salvará de la hecatombe al béisbol cubano

Las recientes declaraciones de Antonio Castro a la cadena televisiva norteamericana CNN acerca de los peloteros cubanos que juegan en Grandes Ligas, evidencian el uso deshonesto de un lenguaje que a todas luces está dirigido hacia el público extranjero y no al pueblo de Cuba.

"Hay que hacer algo por nuestros jugadores, no podemos perderlos, tenemos que luchar y para ello tenemos que cambiar" dijo, desfachatamente, el hijo de Fidel Castro, como si le interesara de corazón el bienestar de los peloteros cubanos. Si embargo, muchos entendidos consideran que no será tan fácil poder convocarlos para jugar con la selección de Cuba después que escaparon del terrible magnicidio financiero de que han sido víctimas durante medio siglo de dictadura.

Fue su padre, precisamente, quien aniquiló el profesionalismo rentado de este deporte en la isla, imponiendo a cambio una pésima compensación con medallas, diplomas y arengas políticas, que solo dejaron una infinita pobreza, a pesar del enorme potencial para jugar a la pelota.

El doctor Antonio Castro fue el médico de la selección nacional durante mucho tiempo. Desde esta posición le fue asignada la máxima jerarquía del beisbol cubano, y ostentó en algún momento el cargo de vicepresidente de la Confederación Mundial de Beisbol y Softbol (WBSC). Se sabe que, desde el ejercicio de su profesión al servicio de los deportistas de alto rendimiento, fue un leal guardián del dueño absoluto —su padre- de todas las selecciones nacionales, por lo que llama poderosamente la atención, que ahora salga en defensa de los atletas profesionales.

No es casual, que, ante la imparable estampida de los peloteros cubanos hacia el mejor beisbol del mundo, Tony se apareció diciendo a un canal de la televisión estadounidense que si no cambiamos, lo perdemos todo. Eso es absurdo, si ya desde hace tiempo el régimen comunista lo perdió todo.

Tal como van las cosas, ni las tenues reformas económicas del gobierno de Raúl Castro, que busca fórmulas para levantar las enormes restricciones que pesa sobre los atletas de alto nivel, evitarán que otros jugadores busquen fortuna en el beisbol rentado.

¿Quién puede dudar que este no sea el mejor momento del beisbol cubano ante la noticia que corrió por los barrios y pueblos de este país, acerca del éxito de tres peloteros cubanos: Pito Abreu, Alexander Guerrero y Dalier Hinojosa, quienes saltaron de la serie nacional cubana al mejor beisbol del mundo, y de la miseria a la riqueza, ¿cuándo fueron galardonados con portentosos contratos que rebasaron los cien millones de dólares?

Para Sergio Girat Estrada, bloguero y presidente de una de las peñas deportivas más calientes de Vedado, las declaraciones de Antonio Castro constituyen una burla, y se pregunta: "Cómo es posible que este dirigente se olvide del daño financiero causado a tantos estelares jugadores, por sólo mencionar algunos, como Omar Linares, Casanova, Muñoz, Pacheco, Kindelan, Gurriell, y Wilfredo Sánchez, Isasi, Pierre, Germán Mesa, Miguel Cuevas, y lanzadores como Rogelio García, Jesús Guerra, Braudilio Vinent, Pedro Luis Lazo, Julio Rojo, Manolito Hurtado, Omar Ajete, y Lázaro Valle.

En suma, solo un cambio de mentalidad puede rescatar de la hecatombe al beisbol cubano. Ningún gobierno debe interponerse en los principios básicos del mercado.   *31 de octubre de 2013*

Omar el Grande merecía un mejor destino

En este tiempo que vivimos, donde el deporte rentado se convirtió en el sueño de casi todos los peloteros cubanos, hablar de lo que pudo ser el mítico Omar Linares Izquierdo en el beisbol de Grandes Ligas conmueve la conciencia de los entendidos del juego de las bolas y los strikes.

Mejor destino merecía este fruto del municipio tabacalero de San Juan y Martínez en la Provincia de Pinar del Rio, quien, a juicio de muchos, ha sido uno de los más grandes peloteros del beisbol cubano de todos los tiempos y el mejor de la pelota esclavizada por la dictadura de los Castro. "Si se hubiera dedicado al atletismo, al fútbol, al baloncesto, hubiera sido una estrella, porque era un atleta en toda su configuración morfológica", declaró su primer manager en series nacionales el pinareño Juan Charles Días.

Más allá de su descollante actuación en los veintitrés eventos internacionales en los que participó, siendo la clave de los innumerables triunfos de la novena antillana en su época, Omar Linares exhibe una impresionante hoja de servicio que facturó durante sus veinte series nacionales, algo muy difícil de superar. Su liderazgo en el promedio ofensivo para las temporadas (1985, 1986, 1990 y 1992); en carreras anotadas (1985, 1987, 1993 y 1995); bases por bolas en las series nacionales de 1992, 1993, 1994, 1995, 1996 y 2000, y el batear por encima de 400 en seis temporadas, convirtiéndose en el jugador de más alto promedio de bateo en Cuba (368); a lo que hay que añadir sus 404 jonrones, le asegura a este jugador cubano el título de Pelotero Excepcional.

Para un reciente artículo publicado en Cubadebate, bajo la firma de Juan A. Martínez Osaba, titulado: *El Niño Linares: ¡Qué clase de niño!* Omar declara: *Recuerdo que, en Atlanta, en los Juegos Olímpicos, me querían dar veintiséis millones por jugar cuatro años. Anteriormente, en varias ocasiones, me habían ofrecido cheques en blanco, ofertas de un millón solo por firmar, todas esas cosas (...) Con el dinero hubiera tenido todo lo material, pero no hubiera tenido lo que tengo ahora.*

La pregunta que se desgaja de estas declaraciones es: ¿Qué tiene Omar Linares ahora que no hubiera tenido si en la flor de su juventud hubiera decidido incursionar en el beisbol profesional de los EE. UU.? Al entender de muchos, especialmente los pinareños, sólo la complacencia del régimen Castro-comunista, cuyos caprichos mutilaron los dones y la posibilidad de prosperidad de cientos de beisbolistas en la isla.

Más allá de los regalos del gobierno, como la casa otorgada a Linares a la entrada de Pinar del Rio, el auto Lada de fabricación rusa y la gasolina gratis que le resolvía las autoridades de su provincia, y su posterior traslado para una residencia en la capital cubana para comprar su fidelidad, ¿qué otro patrimonio exhibe este extraordinario beisbolista? ¿El ser incluido en el Saloncito de la Fama el 8 de noviembre del año 2014, fecha de Refundación del mismo en el Béisbol "revolucionario" cubano y electo con la totalidad de los votos?

Lo que todavía muchos recuerdan fue cuando en el 2002 dejó de ser un pelotero activo en Cuba, imponiéndosele el anticipado retiro -algo que muchos no entendieron-, junto a otras ilustres figuras como Antonio Pacheco, Víctor Mesa, Orestes Kindelán, Luis Ulacia y Germán Mesa.

En medio de un bajo perfil publicitario, Omar el Grande, seria vendido a la gerencia de las Grandes Ligas Profesionales de Japón, de cuyo contrato el gobierno de la isla se hizo con la mayor parte del dinero. Su actuación en tres años con los Dragones no pasó de un pobre averaje de (246), con apenas 11 jonrones.

Llama la atención que Martínez Osaba -un acérrimo defensor de los peloteros de vuelta-abajo- en su artículo para Cubadebate, afirmara que aquella "autorización" de la Federación Cubana de Béisbol para que Linares jugara como profesional en un *team* de las Grandes Ligas Japonesas, fue una exploración, que hoy rinde sus frutos con Cepeda, Despaigne, Yuliesky y otros". Y concluye con ironía: *Allá, en la tierra del sol naciente, no rindió lo que de él se esperaba, ya no era el mismo, quizás no había nacido para fabulosos contratos, y llevó consigo la humildad de San Juan y Martínez, de sillones rotos y paredes descascaradas, sin buenas pinturas. O simplemente se apagaba una estrella fulgurante.*

Pero en verdad, lo que no ha dicho el peridiodista Martinez Osaba es que Omar Linares a pesar de ser en su momento de más esplendor el pelotero más asediado por los *cazatalentos* de las Grandes Ligas norteamericanas, jamás recibió un retiro oficial como han tenido otros agraciados deportistas. Y lo que es peor aún, las autoridades castristas tras su regreso del Japón, sólo le obsequiaron un puesto como entrenador de bateo del equipo Industriales, incluso sin poder usar su tradicional número 10 en sus espaldas.

20 de enero 2014

Dan Jaque Mate a Capablanca en la capital

Desde hace algún tiempo el Club de Ajedrez "José Raúl Capablanca", ubicado en la populosa calle Infanta # 54, en el Vedado, cerró sus actividades por órdenes gubernamentales para dar refugio a varias familias que quedaron sin techo por las intensas lluvias que azotaron la capital.

La utilización de varios centros sociales, deportivos o culturales, para estos fines ha dejado sin esparcimiento y recreación a una importante porción de la población capitalina.

El Club Capablanca, el Patio de María en el barrio la Timba, y la Casa de la Cultura del Municipio 10 de Octubre, entre otros, ya no brindan sus acostumbradas actividades recreativas y culturales. Ahora están repletos de personas que esperan, en condiciones infrahumanas, por un hogar donde vivir dignamente. Dichas familias perdieron sus viviendas, o estaban en peligro de derrumbe debido a la inexistencia de recursos para la reparación y mantenimiento.

El proceso degenerativo por el que atraviesa hoy gran parte de los hogares capitalinos es el distintivo de un gobierno fabricante de miserias. Su indolencia, y errática intervención, ante la alarmante fragilidad arquitectónica de la ciudad habanera, se pone a prueba tras cada azote atmosférico, por mínimo que sea.

Lo asombroso es que ciertos lugares bien reconocidos, como el club Capablanca, dejen de existir para convertirse en albergues. Este club, fundado el 26 de junio de 1947, con el nombre del más prestigioso jugador cubano, quien obtuvo el título Mundial en 1921 al derrotar al alemán Emanuel Lasker durante el match jugado en La Habana, se convirtió en un sitio frecuentado por escritores y artistas, trabajadores, apasionados del ajedrez, para jugar e intercambiar ideas y criterios sobre lo último acontecido en el juego ciencia.

Mario Zenón Puentes, uno de los asiduos visitantes al Club Capablanca, aseveró: "Ya el ajedrez ha recibido otras estocadas. En el pasado, el magnífico centro ajedrecístico que había en la calle 15, esquina C, fue cerrado para entregárselo a una empresa editora de libros. En su lugar se habilitó el local de la calle 21, entre 4 y 6, que está en pésimas condiciones".

Otro destacado ajedrecista del Vedado que prefirió el anonimato declaró: "Comprendo la necesidad de los que no tienen casa. Pero me pregunto, ¿por qué desmantelar el de Ajedrez? Es lamentable el cierre del Club Capablanca, el gobierno debería reparar y conservar este lugar por su significado histórico y lo que representa para el deporte de las casillas en la capital.

De ahí salieron ajedrecistas de la talla de Eddy Cobo, Silvino García, Néstor Veliz, Eleazar Jiménez, y Julio Becerra.

Muchos creen que el cierre del afamado Club fue un jaque a la Federación cubana de Ajedrez, por cuanto limita el desarrollo de nuevos valores de ajedrecistas que representen a Cuba en torneos futuros... Más bien fue un jaque mate al inolvidable José Raúl Capablanca, vistiéndolo de negro.

8 de abril de 2014

Víctor Mesa, el mánager de la dictadura

A diferencia del estrellato como pelotero que un día tuvo Víctor Mesa, su desempeño actual como dirigente del beisbol cubano deja mucho que desear a los que siguen este deporte, especialmente a la villareña, ya le han colgado el apodo de "Osama Bin Laden" de la pelota cubana, y para ellos poco importa que el equipo matancero se haya incluido en el pináculo del beisbol nacional durante los últimos tres años bajo su dirección.

Para nadie es un secreto que su desmedida prepotencia y su enorme irrespeto hacia los peloteros, periodistas y árbitros, le ha reservado el odio de la inmensa mayoría del país, nunca antes visto hacia un manager.

¿Qué pensarán hacer las autoridades deportivas con Víctor Mesa, ahora que vuelve a perder la discusión del título nacional, en esta ocasión ante Pinar del Río, toda vez que desde hace algún tiempo le entregaron la dirección del equipo nacional por los próximos cuatro años?

Un vistazo al libro "Vilma, una vida extraordinaria", publicado por la editorial Capitán San Luis en el 2013, nos revela las excelentes relaciones del pelotero con la desaparecida Vilma Espín, presidenta de la Federación de Mujeres Cubanas durante largos años, y esposa de Raúl Castro.

"Ella estaba muy contenta con los resultados míos", dice Víctor Mesa en el libro, "porque a pesar de yo haber sido un niño con problemas, -estuve en una escuela reformadora de menores por darle un batazo en la cabeza a un compañero- me estaba realizando como persona y atleta. Ya cuando estoy en la serie nacional, los encuentros con Vilma eran más frecuentes y los compañeros me decían: Oye, parece que Vilma te quiere mucho, porque siempre está preguntando por ti cada vez que viene a Villa Clara".

"Un día en un campeonato mundial aquí en la Habana Raúl Castro me saludó y me dijo ¿Cómo está el pelotero de Vilma?".

No es casualidad que la nueva dirección del país le otorgue a Mesa tantas prerrogativas. En el mencionado libro también se exhibe una foto de Vilma y Raúl, dedicada al polémico pelotero, con fecha 2 de diciembre del 2006, día del Ejército Rebelde: "A nuestro amigo Víctor Mesa, gran pelo- tero, y mejor patriota, un recuerdo de Vilma y mío", y firmada por el general Castro.

Para nada importa que Víctor Mesa maltrate a la vista de todo el mundo a sus peloteros, al igual que posea las peores estadísticas en los juegos de importancia capital. "Nunca pudo conseguir un título con Villa Clara y humilló y maltrató a muchos peloteros buenos de esa provincia de la que es hijo ilustre", dijo un profesor que imparte clases en la Universidad de Santa Clara que prefirió el anonimato. Tampoco pasa nada ahora que perdió la serie final con el experimentado equipo Pinar del Rio.

Lo cierto es que mientras Victor Mesa recibe el apoyo inmenso de la dictadura del General Castro, la mayoría de la afición del país deseaba la victoria de Villa Clara contra Matanzas en la final de la serie 52. Incluso, posteriormente muchos se alegraron de su derrota en la discusión del título contra el equipo vueltabajero en la serie 53.

22 de abril de 2014

Majá: páginas negras del Béisbol revolucionario

Con la llegada al poder del virus del castrismo, se pondría fin al beisbol rentado para los cubanos. Aquel último juego, celebrado entre Cienfuegos y Almendares el 7 de febrero 1961, marcaría un antes y un después para el más amado de los deportes en la Isla.

Desde entonces la propaganda comunista no ha cesado de presentar el llamado béisbol revolucionario, como un ejemplo de nobleza, gloria, heroísmo y patriotismo, sin admitir ni un átomo de responsabilidad por la decadencia de la pelota.

Uno de aquellos peloteros al servicio de aquel sueño revolucionario, el ex lanzador de beisbol de las series nacionales de finales de la década del 70 y principio de los 80, José Elías González Agüero, nacido en 1954 en Bayamo, devela en su libro titulado Majá, las tantas veces que muchos beisbolistas, a riesgo de perderlo todo o ir a la cárcel, vendieron o arreglaban los juegos con banqueros y apostadores para poder subsistir y mantener a su familia.

José Elías, como tantos otros escritores, mantuvo engavetada la impresionante historia, a sabiendas que jamás las autoridades aceptarían sus argumentos. Fue entonces que decidió ponerse en contacto con los miembros del Club de Escritores Independientes de Cuba, a fin de viabilizar las gestiones con alguna editorial para su posible publicación.

Según el periodista y escritor Víctor Manuel Domínguez, presidente del Club, el libro cuenta con abundantes testimonios y anécdotas, también de la historia, y nos ofrece suficientes argumentos que revelan la corrupción generada en el beisbol revolucionario desde los primeros años, de la que ni Elías mismo pudo escapar.

En el preámbulo de este libro queda definido el momento exacto en que el ex lanzador se decidió escribir las vivencias ocultas de aquella pelota que solo daba gloria al castrismo, y pide mil disculpas a hermanos y amigos por haber sufrido el sabor de la vergüenza sin ser los culpables.

También consigna por adelantado las molestias de muchos, admitiendo que a algunos no les gustará verse plasmados en las páginas de Majá, "pero todo tiene que ser recogido por la historia, tanto las cosas buenas, como los sucesos malos, y también los culpables", sentenció.

José Elías se centra en la etapa (1978-1982) marcada por sus propias vivencias dentro de aquella pelota. Pero de ninguna manera omite la remembranza de los más resonados escándalos por juegos vendidos dentro de la propia pelota revolucionaria.

En 1963 el lanzador zurdo Rolando Pastor, y los jugadores Guapería Quintana y Güiro Ortega, protagonizaron la primera venta de un juego. Luego vendrían los Industriales de la capital en 1971 con Leonardo Fariñas y Héctor Despeine, y siete años después 75 atletas de alto rendimiento de los equipos Nacionales. Todos estos hechos fueron conocidos por las autoridades Cubanas.

El autor de Majá da por sentado la hipocresía de ese mito triunfalista del castrismo, quien solo reconoce y exacerba los logros y triunfos de la pelota revolucionaria, escondiendo verdades de las cuales son responsables directos, y que ahora son reveladas por él en su libro. Insiste en que de ninguna manera este libro viene a ser un tribunal para banqueros, apostadores y peloteros, más bien se presenta como denunciante de un sistema que cercenó el talento de muchísimos peloteros, a quienes obligaron al infortunio y la pobreza, dando paso a la corrupción como único medio de supervivencia.

A ese grupo pertenecen los estelarísimos: Rey Vicente Anglada, Manuel el Brujo Rivero, Dagoberto Echemendía, Eunudis Paulot, Eddy Herrera, Bárbaro Garbey, Roberto Salazar, Julián Villar, Wilfrido Ruiz, Florentino González, el propio autor del libro Majá, y otros muchos más. Todos, a pesar de sus errores y debilidades, se mantienen en la mente de un gran número de aficionados que los honra como glorias imborrables del béisbol cubano. Finalmente, el otrora lanzador de los equipos capitalinos, autor del libro "Majá", termina diciendo: "Cuando nos cae una pajita en los ojos, por muy pequeña que sea, nos sacan las lágrimas, ¡estas son nuestras lágrimas!".

24 de junio de 2014

Antes, y unos años después de la toma del poder por Fidel Castro, el Centro Deportivo, o parque José Martí, como también se le conoce, ubicado en las inmediaciones del Malecón habanero, se codeaba con las mejores instituciones deportivas de la capital. Aquí, entre otras disciplinas, se podía practicar, futbol, beisbol, campo y pista, natación, clavados y polo acuático, en su complejo de piscinas, además de un gimnasio para lucha y boxeo, y un excelente tabloncillo de baloncesto que figuraba entre los mejores de la provincia.

Desde hace tiempo la depauperación de este emblemático centro se hace visible, sin que el gobierno ponga en marcha algún plan de inversiones para recuperar esta importante instalación deportiva, quien fuera durante años, pieza clave en el desenvolvimiento y formación de figuras deportivas de renombre en este céntrico territorio de la capital de Cuba.

Este periodista conversó con Mario Zenón Puentes Centeno (conocido por Azúcar) y uno de los buenos basquetbolistas que tuvo el Vedado, quien se formó como jugador de este deporte en la cancha del Martí, llegando a integrar los equipos provinciales y codeándose junto a figuras de la talla de Pedro Chapé, Félix Wilson, Cristian Jiménez, Pantaleón Masa, Rafael Rafoso, y diferentes deportistas de otras disciplinas de no menos envergadura, que también se perfeccionaron entrenando en el parque Martí.

Nacido en el municipio Plaza, Puentes Centeno, a sus 63 años, aún juega el basquetbol cada domingo con otros veteranos que en su juventud alcanzaron notoriedad, en la maltrecha y dura cancha de cemento de la calle 23 y B, en el Vedado, añorando —eso sí- las excelentes condiciones que en el pasado tenía el centro deportivo

José Martí.

"Para los que nacimos en este barrio y hemos practicado algún deporte, nos dice Azúcar, el parque Martí era uno de los mejores y más portentosos centros deportivos de la ciudad, y el epicentro de calidad de vida de los oriundos del Vedado".

Para Pantaleón Masa, otro deportista de renombre y muy conocido en el Vedado: "Es una pena ver al Martí convertido en ruinas, sabiendo que es por culpa de las autoridades deportivas que se despreocuparon del mantenimiento e inversión de este emblemático lugar". Y añade el veterano deportista: "Lo poco que queda para entrenamiento deportivo es el maltrecho terreno de atletismo, allí todo se está derrumbando y la gente lo está usando como posada para el hacer el amor".

Si bien esta pena embarga a casi todas las estrellas de la época dorada del baloncesto y a otros deportistas en este municipio, el caso del Parque Martí no es único, el deterioro en casi todos los centros deportivos de la capital cubana y en el resto del país es una realidad comprobable.

Un recorrido por las más renombradas instalaciones para las competiciones nacionales muestra la incapacidad de este gobierno para mantener la calidad deportiva de la nación caribeña.

Para ejemplificar lo anteriormente dicho: El gran estadio Latinoamericano (símbolo del Beisbol), apenas cae una fuerte llovizna, hay que suspender el juego por su pésimo drenaje, destruidos por ineficientes levantamientos del mismo, amén de los techos agujereados, las butacas rotas, y los duros asientos de cemento, que le estropean la columna al más pinto de la paloma; en igual condición está la sala polivalente Ramón Fonst (también conocida como la Casa linda de Plaza),y que debido a las filtraciones y al abandono del INDER, se ha convertido en un establo horrible, un feudo de cucarachas y ratones. Otros como el velódromo Reynaldo Paseiro, y el Estadio de Atletismo (construidos para los Juegos Panamericanos del 91) son actualmente dos monumentos a la Imperfección y a la Mediocridad del sistema socialista.

Con estos tiros se pierde toda esperanza de que algún día el Martí del Vedado, ubicado en el Malecón y la Avenida Los Presidentes, justamente a escasos metros del emblemático edificio del Ministerio de Relaciones Exteriores de Cuba, cara de la diplomacia, retome el esplendor que en el pasado tuvo. Por lo pronto, algunas fuentes anónimas han confirmado, que, en el mes de septiembre del 2014, se convocó a una reunión con miembros del gobierno donde se planteó la decisión de demolerlo por su mal estado, pero hasta la fecha, nada indica el comienzo de esta orden y el CVD José Martí se sigue cayendo a pedazos.

La Habana martes 10 de febrero del 2015

Espía en la portada de la guía de Beisbol 2013

Resulta indiscutible que el Beisbol forma parte de la Historia de Cuba. Más allá de las anécdotas, de los grandes acontecimientos, de las curiosidades y de la pasión que despierta en la isla, siempre hay que recurrir a las estadísticas que los jugadores y equipos van acumulando en su diario desempeño.

Desde la década de los 90s el Instituto Cubano del Libro viene realizando la edición actualizada de la Guía Oficial de la Serie Nacional de Beisbol. Pero algunos seguidores de nuestro pasatiempo nacional aseguran que disponer hoy de este libro no es tan fácil. "Las tiradas de estos ejemplares se realizan ocasionalmente a cuentagotas, y no están disponibles siempre en las librerías del país, además su precio de 20 pesos es muy alto", afirmó un partidario empedernido de los Industriales.

No obstante, Alfredo Saldo, un apasionado del beisbol y fanático de los equipos villareños, que desde hace más de 30 años vive en el Vedado, se vanagloria de tener en su poder una colección de las Guías beisboleras, obtenidas tras hacer largas colas, cazando las exiguas oportunidades de venta, o pagándolas a sobreprecio. Por eso, con la apertura de la Feria Internacional del Libro, enseguida se dio un saltico hasta la antigua fortaleza de La Cabaña, sede del evento, para comprar la Guía del 2013. Y cuál no fue su sorpresa cuando vio junto con la foto de la portada del equipo Villa Clara, campeón de la serie 52, la figura de René González Sehwerert (Chicago, 1956), uno de los cinco espías, agente de la DGI, sentenciado a 15 años de prisión en EE. UU. y liberado al cumplir los 12.

Sobre tal diseño argumentó indignado: "Para mí no tiene ningún sentido ver en primera plana, vestido con una camiseta del color que representa a los villareños (naranja) a este hombre, quien además de no ser villareño, posiblemente jamás haya jugado pelota en su vida. Pensé que en medio de la crisis que vive el beisbol, tan necesitado de urgentes transformaciones, dejarían de politizarlo, pero veo que eso no va a ser posible".

Lo cierto es que más allá de la propaganda impositiva, aflora entre la población beisbolera un fuerte clamor por los cambios para la pelota cubana. La mediocre participación de un equipo cubano en la serie del Caribe (equipo de Villa Clara), hizo recordar con nostalgia la preponderancia que mantuvo la isla en el pasado.

Las Guías de Beisbol no son medios para la propaganda política, sino referentes obligados para la búsqueda de información, donde aparecen reflejadas las estadísticas de los peloteros. Ellas pueden ofrecer cualquier dato de la labor, tanto ofensiva como defensiva de los atletas participantes en las series nacionales y selectivas, así como sobre la actuación de los lanzadores, los récords de picheo y de bateo, individuales y por equipos; más aquellos récords que se han inscrito durante la pelota "revolucionaria".

Finalmente, Alfredo confía que su perenne proclama por la necesidad de evoluciones para el beisbol cubano, sin intromisiones del estado, se cumpla algún día. Por el momento ya ha pensado en cambiar la foto de la contraportada de su Guía 2013, y poner otra donde exclusivamente aparezca el equipo de Villa Clara en la portada.

La Habana martes 18 de febrero de 2014

Alfonso Urquiola: ¿De héroe a villano?

Otra vez el escritor pinareño Juan A. Martínez de Osaba le escribe a un grande del beisbol vueltabajero. Esta vez le tocó el turno a Alfonso Urquiola, "Caballero del Diamante", que es el título del libro lanzado en el pabellón Cuba, durante la 24 Feria del Libro-2015.

Resulta muy significativo que en una parte de este libro, el autor refiriéndose a la serie de Oro 50 (2011), donde el equipo de Pinar del Río ganó, con gran brillo de sus jugadores, y después no escogieron ni a un solito pinareño para el team Cuba que participó en aquellos Juegos Panamericanos de Guadalajara, México, aparezca escrito: *"En Vueltabajo hubo sorpresa por la ausencias de pinareños en ese equipo, hubo reacciones fuertes sobre el manager"*. Para luego preguntar: *¿Sería capaz Alfonso de ir contra la corriente? ¿Asimilaría la afrenta con espíritu deportivo?* La respuesta de Urquiola fue: *"Quizás haya sido la decisión más polémica de mi vida. Yo no podía aparecerme con que tal o más cual debía estar por ser vueltabajero, me dejé llevar por mis convicciones y sé que los perjudiqué y, lo que es peor, sin quererlo le hice daño a la pelota pinareña "*.

Pinar del Río, bajo el mando de Urquiola, ganó la serie 53 que otorga el boleto a participar en la serie del Caribe en San Juan, Puerto Rico, de donde regresaron victoriosos. Sin embargo, desde la reaparición del equipo de Pinar del Río en su estadio, la reacción de su público no ha sido la esperada. Lo anunciado por algunos cronistas oficialistas en aquel entonces de que este equipo "campeón" sería aclamado en el Capitán San Luis no se ha cumplido. Hasta ahora la afición beisbolera no muestra el mismo fervor por ir a ver los juegos de su equipo.

Y lo más preocupante es que en estos momentos la clasificación del equipo pinareño a la postemporada de esta serie 54, cuando apenas faltan unos catorce juegos por celebrar, anda más negra que la noche en que se extravió el cochero. Téngase en cuenta que Pinar perdió la serie 2 a 1 en su primera aparición ante el equipo de Ciego de Ávila, e inmediatamente logró sobreponerse de la derrota en el primer desafío contra el débil Artemisa, a quien le ganó el cotejo particular, para luego perder sucesivamente sus compromisos contra la Isla, Industriales, el sotanero Holguín y recién acaba de perder con el equipo de Granma.

¿Entonces qué le ha sucedido al multicampeón vueltabajero? En opinión de los entendidos ha sido víctima de la funesta desmotivación. *"Todos saben que el boleto a la Serie del Caribe fue ganado por este aguerrido equipo en la serie 53, y muchos todavía no comprendemos cómo asistieron solamente nueve pinareños a Puerto Rico"*, nos dijo Raúl Aronte, un licenciado en Cultura Física que ha colaborado con el entrenamiento de jóvenes promesas pinareñas.

Las dificultades actuales del Tsunami verde comenzaron con las ausencias, por bajas solicitadas, del cátcher titular Lorenzo Quintana, y el astro del box, el zurdo Julio Alfredo Martínez. La calidad del equipo se ha visto mermada con las posteriores fugas de Osniel Madera y la del prometedor Lázaro Alonso, ambos salieron del país al conocer su exclusión del equipo conformado para la serie caribeña. En la propia competición, el supersónico Vladimir Gutiérrez (novato del año en la serie anterior) dejó el equipo para buscar nuevos horizontes en las Ligas Mayores.

Para colmo de males, a la suspensión del campo corto, Luis Alberto Valdés, de excelente desempeño en Puerto Rico con el Cubapinar, que al regresar a la Isla emprendió una frustrada salida ilegal, esta semana se unió la lesión de Yosbany Torres, y la extraña solicitud de baja del astro del box Freddy Asiel Álvarez, quien se creí fuera un refuerzo de lujo.

Está claro que el máximo responsable de este cúmulo de malestares e injusticias reiteradas, que agobian desde hace tiempo a los peloteros y directores, amén de la falta del incentivo monetario, y que apunta como la causa principal del síndrome de la apatía, presente en nuestro beisbol, es el propio gobierno cubano.

Sin duda que el estelar Alfonso Urquiola se enfrentará a nuevos desafíos. Y como él mismo cuenta al autor del libro, acerca de las injusticias padecidas: *Me hubiera gustado jugar en Grandes Ligas... En 1999 dirigí en los Panamericanos de Winnipeg, para mí la competencia más difícil de todas, clasifiqué a Cuba para los Juegos Olímpicos de Sídney 2000 y me pagaron quitándome el equipo que tenía conformado... Quizás fue porque allí mandé a sacar del dogout a todo el que no estuviera en la dirección del equipo, ni fuera pelotero, donde se incluían a varios federativos y el Comisionado Nacional.*

A pesar de la crisis generada en el corazón del multicampeón Pinar del Río, esperamos que, a la provincia pinareña, la que más campeonatos ha ganado desde el 78 a la fecha, encuentre de nuevo la motivación por el triunfo.

La Habana jueves 5 de marzo del 2015

Recuperan cancha de baloncesto en la calle 23 y B del reparto Vedado

"Al parecer un ángel de Dios se apareció para interceder por la restauración de la cancha de baloncesto de la céntrica calle 23 y B, en el Vedado", me dijo José Lázaro, un asiduo practicante de este deporte en el territorio, al ver la remodelación que, en sólo unos días, se ejecutó en esta emblemática instalación al aire libre.

Y es que, como parte del programa "Baloncesto Sin Fronteras" que desarrolla el torneo norteño para expandir su influencia a escala global, representantes de la NBA Y FIBA, entregaron donaciones en implementos y materiales, destinados -entre otras cosas- al remozamiento de la cancha número uno de la Ciudad Deportiva, la cancha conocida como la Mariposa del Instituto Superior Manuel Fajardo y la ubicada en la calle 23 y B del Vedado.

Cabe mencionar que el área al aire libre de 23 y B -como se le conoce- se encontraba depauperada y subutilizada, sin atención de ninguna índole por parte de la autoridad deportiva de este municipio desde hace varios años. Su funcionamiento se debía enteramente a la voluntad y al esfuerzo de los jugadores que allí practican el baloncesto, quienes, con sus propios recursos, además de llevar los balones para jugar, acometieron la reconstrucción de los rústicos aros de una de las dos canchas con que cuenta esta instalación. En ocasiones anteriores también recibieron aportes de amigos extranjeros que donaban balones, rodilleras, camisetas, tenis, tobilleras, y otros implementos.

Esta modesta inversión que ha hecho la NBA en esta cancha se ha convertido en una novedad, no solo para los jugadores que no salen del asombro al ver como en un pestañeo este lugar cambió de la noche a la mañana, sino también para los dueños de las maltrechas edificaciones colindantes. Ahora se han colocado aros nuevos con fondo de acrílico en ambas canchas, ubicados perfectamente a 3,05 m de altura, e introducidas 1,20 m dentro del rectángulo de la cucajuego, provistos de los basculantes homologados.

María Tanita, una admiradora del baloncesto, y que reside en el deslucido caserío ubicado a unos metros de la cancha declaró: "Gracias a las reiteradas protestas emprendidas por toda la comunidad en solidaridad con los deportistas del lugar ante el proyecto estatal de convertir este sitio en parqueo de vehículos por la Juventud Comunista, dirigida en aquel entonces por el defenestrado Otto Rivero, quien estuvo al frente de la "Batalla de Ideas", y después por la Contraloría General de la República, es que se pudo conservar esta instalación."

Las recientes conversaciones con el país del norte han traído a la Isla al Subcomisionado de la NBA, Mark Tatum el presidente de la FIBA, Horacio Muratore, el afamado basquetbolista Steve Nash, dos veces ganador del MVP de la NBA, Dikembe Mutombo, miembro del salón de la fama, y embajador Internacional de esta liga y Ticha Penicheiro, leyenda de la WNBA, quienes visitaron este viernes la cancha de 23 y A en el Vedado.

"Es un día maravilloso para el baloncesto cubano y para nuestra federación", afirmó el presidente de la Federación Cubana de Baloncesto, Ruperto Herrera. "Resulta magnífico que la NBA y la FIBA colaboren con los entrenamientos de los jóvenes y el desarrollo de este deporte en nuestro país. Herrera fue miembro de aquel equipo del Munich-72, ganador del bronce olímpico y cuarto lugar en el Mundo Básquet del año 74 en Puerto Rico, integrado además por Pedro Chapé, Alejandro Urgellés, Miguelito Calderón, Tomas Herrera, Conrado Pérez, Rafael Cañizares y Juan Domech.

Aunque mucho ha llovido desde entonces para este deporte que tanto gusta en nuestro país hay que lamentar que durante todo el periodo comunista sólo dos basquetbolistas del patio han jugado en la NBA, aunque brevemente. Ellos son: Andrés Guibert, con 22 juegos para el Minnesota entre los años 93-95, y lo siguió Lázaro Borrell que jugó 17 juegos con el Seattle en el 99-2000.

La Habana viernes 24 de abril del 2015

Otro escándalo sacude a las redes mandamases de beisbol en la isla

Desde hace mucho tiempo se sabe que, dentro de la Federación Cubana de Beisbol, y de la Comisión Nacional de este deporte prevalecen la prepotencia, la arrogancia, los absurdos, la desacertada toma de decisiones, la mentira, las medias verdades, la falta de información y de transparencia.

Otro escándalo sacude las redes de los mandamases del beisbol en la Isla. A las contundentes declaraciones de Alfonso Urquiola sobre la existencia de corrupción, nepotismo y tantas otras manipulaciones cometidas por la Comisión Nacional de Beisbol (FNB), se une ahora, el descarado despojo del distintivo de Novato del Año al jardinero de los Industriales Yusnier Efraín Díaz, que deja con la boca abierta a los amantes de este deporte en Cuba.

Resulta un insulto a la inteligencia que el reciente anuncio de los equipos "Todos Estrellas" (ofensivo y defensivo) correspondiente a la recién finalizada serie 54 de beisbol, y dado a conocer el pasado viernes 17 de abril por la Dirección Nacional, aparezca el torpedero de la Isla de la Juventud Alfredo Rodríguez con averaje de bateo de 265 y OBP de 301 el premio de el Novato del Año, en vez de Yusnier.

Todos los seguidores del beisbol conocen que Yusnier Díaz, debutante con menos de 20 años, vistiendo una camiseta tan exigente como la de Industriales, además de imponer sólidos números, exhibió un brazo impresionante y una defensa de altos quilates que en más de una ocasión puso de pie al graderío en varios estadios. Su ímpetu en el terreno es digno de un jugador acostumbrado a estas lides. En sólo 65 juegos, alineando como el segundo bate de los azules de la capital, bateó para un astronómico promedio de 348, con un OBP de 477, sólo superado en series diferentes, como novatos del año, por Rolando Verde (360) y Yasser Gómez (358).

Aunque la emisora capitalina de radio, la COCO, anunció que el jardinero Yusnier Díaz, después de cumplir el calendario con los Industriales, decidió marcharse legalmente del país, viajando al Ecuador, muchos no comprenden el porqué del tal despojo, evidentemente un castigo político.

Ante el silencio de una prensa deportiva amordazada, este periodista salió a entrevistar a varios miembros de La Peña Deportiva del parque John Lennon, en El Vedado.

Sergio Giralt Estrada, presidente de esta Peña, declaró: "No entiendo por qué no se le informa a los aficionados correctamente, con todas las cartas en la mano. Ahora que no vengan a engañarnos con la muela bizca, ni con jueguitos de palabras. Acaso no era más ético decir que la Federación decidió que el muchacho no será el novato del año, porque se fue de Cuba, y que en su lugar se nombra al pelotero Alfredo Rodríguez".

Lo cierto es que el descredito de la Comisión Nacional de Beisbol va en aumento y sigue en boca de los apasionados de este deporte. ¿Cómo quedará entonces ante la opinión nacional el criterio generalizado de los narradores televisivos, Rodolfo García y Modesto Agüero, y el locutor radial Andy Vargas, quienes vaticinaron que el novato del año ya tenía un nombre indiscutible: el pelotero Yusnier Díaz?

Jorge Ángel, un entendido del beisbol nacional y de grandes ligas y miembro de la mencionada peña del Vedado, afirma: *Los narradores cubanos son simples voceros que aplauden las decisiones de los Comisionados. Y no hay que asombrarse si mañana lo califican de traidor a la patria.*

Está claro que Yusnier no perdió la oportunidad de ser escogido el Novato del Año, sino que lo condenaron al destierro, a la desmemoria, a la pérdida de su condición de ciudadano cubano, a sus derechos civiles. Así les sucedió a los excelentes peloteros René Arocha, José Ariel Contreras, Antonio Pacheco, los hermanos Liván y el Duque Hernández, Kendry Morales, Alexei Ramírez, Yoenis Céspedes. Todos, glorias deportivas cubanas, pero considerados traidores por los hermanos Castro, y sus secuaces.

La Habana domingo 19 de abril del 2015

¿En franco descenso la calidad del beisbol cubano?

La actual coyuntura de la pelota cubana hacia el desastre es un proceso que viene en camino desde hace años.

El pinareño Heriberto Suárez Pereda, designado por el INDER desde el pasado año para ocupar la máxima jerarquía de la Dirección Nacional de Beisbol (DNB), divulgó en un dialogo para Cubadebate, la implementación de las nuevas políticas de control trazadas con el fin de contrarrestar el actual panorama que vive el béisbol cubano.

Más allá de las medidas anunciadas, entre las que se vislumbra una nueva estructura, según él, "atemperada a los tiempos actuales, y a las tendencias vigentes del béisbol contemporáneo, que son muy retadoras", el nuevo vocero gubernamental del controlado deporte, lamentó la avalancha de deserciones que en los últimos tiempos ya ronda cerca de un centenar de beisbolistas, entre ellos, más de 15 jugadores que estaban considerados talentos o estaban incluidos en las nóminas de la Preselección nacional. "Al final se siente frustración porque esos atletas surgieron de un sistema deportivo de Alto Rendimiento, formados en el modelo cubano de deporte socialista, pero la pelea es muy desigual y parcializada por lo que hay que seguir trabajando en la formación de valores de nuestros atletas", apuntaba Suárez Pereda.

Para algunos entendidos de este deporte, la pregunta que ronda es: ¿Cómo es posible que las autoridades de este país continúen excluyendo de su análisis a las verdaderas razones del problema del beisbol cubano en estos tiempos? "Todos sabemos que la actual crisis viene dada por la aplicación de erróneas políticas con los peloteros, declaró José, más conocido por el gallego, fundador desde hace varios años de la vigilada Peña Deportiva del parque John Lennon, de la calle 17 y 6, en el Vedado, un espacio donde casi todos sus miembros creen que la solución del beisbol cubano pasa primero por los billetes, y no por las nuevas estructuras del INDER.

"Cuando veo a esos muchachos jóvenes, tan talentosos, tomar decisiones lúcidas al emigrar de su país, asumiendo la difícil situación de separarse de la familia confiados en su talento deportivo, me pongo muy contento. Ojalá les paguen muchos millones y que brillen todos en las Grandes Ligas, logrando buenos contratos a la altura de Robinson Canó, Pujol, Cabrera, Pito Abreu, Puig, Yasmany Tomas, y otros", especula este especialista independiente del deporte.

En las declaraciones de Suárez Pereda el pasado 11 de mayo a la oficialista página Cubadebate, lo más engañoso fue cuando precisó que el antídoto para compensar esta tendencia de abandonar el país sería la contratación de atletas en otras ligas, y que la medida avanza rápidamente. Se sabe que estas contrataciones fueron un cuento de camino, y solo se beneficiaron siete agraciados, hijos ilustres del beisbol cubano: Despaigne, Cepeda, y Héctor Mendosa, que juegan en la liga de Japón. Por otro lado, Alexei Bell, Yordan Manduley, Ismel Jiménez y Yunieski, el mayor de los Gurriell, juegan en una liga independiente de Canadá.

En medio de tanta incertidumbre, es un hecho que a los peloteros cubanos no se les valora en su justa medida, razón por la cual el éxodo sigue imparable. Y al parecer son las propias familias de los deportistas las encargadas de alentarlos a que busquen su bienestar en otras latitudes.

Este periodista entrevistó una fuente, cuyo nombre omito por razones de seguridad. Es el tío de uno de los buenos talentos del beisbol, que recién se fugó del país: "Siempre le decía a mi sobrino que tenía que forjar su propio destino en la pelota rentada, ya que él tiene para eso. Nadie quiere que nuestros muchachos sigan los ejemplos penosos de grandes peloteros como Omar Linares, Luis Giraldo Casanova, Rogelio García, o Pedro José Rodríguez, Antonio Muñoz o Gurriell, el padre y el hijo, que, si hubieran tomado igual decisión, todo sería muy diferente para ellos. Cada persona es dueña de su vida, y al final solo la vives tú, es responsabilidad de cada cual la decisión de vivir bien o mal. En resumidas cuentas, solamente a la familia y a algún buen amigo le importan los problemas que tendrás, por eso todo aquel que piensa en conceptos tan abstractos como la Patria, el Gran líder, o el pueblo, y toma por caminos equivocados, finalmente pierde cuando deja de ser una estrella".

No cabe duda de que el actual panorama, muy diferente a lo sucedido en la década de los 90s, cuando el retiro masivo de peloteros estelares perjudicó severamente al Beisbol cubano, sólo propiciará un mayor descenso en la calidad general, un proceso que viene en camino desde años. A pesar del triunfalismo expresado por Heriberto Suárez Pereda, nuestro beisbol atravesará por mayores descalabros.

La Habana, martes 26 de mayo del 2015

IX

TEMAS SOCIALES

Gracias por los zapateros

Gracias al viejo oficio de la zapatería, muchísimos cubanos resuelven hoy la problemática de calzarse los pies. A cientos de estos artífices se les puede ver en los bajos de una bodega, en un garaje o en un rincón de un agro, clavando, cosiendo y pegando todo tipo de calzado.

Este servicio cobra una mayor relevancia, ante la imposibilidad de los cubanos para hacerse de una buena prenda para vestir sus pies. No es un secreto que la mayoría del calzado –casi siempre de fabricación china- que hoy se vende, a través de las tiendas recaudadoras de divisas, además de no tener atributos de un simple adorno, poseen una pésima calidad no acorde con sus altísimos precios.

Incontables ciudadanos gastan 20 o 30 CUC en estos zapatos que, luego de ponérselos en un par de ocasiones, tienen que salir corriendo a auxiliarse de un zapatero porque se quiebran o se despegan con facilidad.

"Tal pareciera que dicha mercancía, debido al largo tiempo que se mantiene acopiada en los almacenes esta vencida o podrida", me dijo Sixto, un zapatero guanabacoense que lleva ejerciendo este oficio desde hace varios años en un edificio en la calle Línea, en El Vedado. "Todos los días vienen varios clientes quejándose del rápido deterioro de los zapatos que compran en las tiendas en divisas. A veces tengo que hacerles reparaciones capitales que van desde: poner una suela nueva, clavar un tacón, o recoser con hilo encerado, cualquier costura", declaró.

Ejercer este trabajo en la isla no es tarea fácil. A todos los zapateros las autoridades locales les cobran un altísimo impuesto; y ninguno cuenta con una empresa mayorista que los provea de puntillas, suelas, agujas, hilo; y el indispensable pegamento idóneo para el calzado

Conseguir los materiales necesarios para trabajar con calidad los diferentes tipos de calzados, es un verdadero dolor de cabeza. Una botella de 750 ml de pegamento de buena calidad, cuesta 200 pesos cubanos en el mercado negro. Pocas veces el zapatero encuentra este producto en las tiendas estatales, y cuando lo hay, es de mala calidad y a un astronómico precio el cuarto de botella.

A pesar de tantas limitaciones, este sector cuentapropista, como tantos otros, se las ingenia para mantener a sus familias, y contribuyen a que los pobladores de esta isla resuelvan la difícil tarea de resguardar sus pies.

No hay un área en la vida de los cubanos en el que la decadencia del sistema comunista no haya hecho un enorme hueco.

Aquella otrora industria del calzado cubano- muchos recuerdan la marca Amadeo- contaba con un conjunto de actividades de diseño, fabricación, distribución, comercialización, y un reconocimiento en muchas partes del mundo. Hoy muchas de las fábricas de calzados prácticamente están en ruinas, algunas totalmente cerradas como la propia fábrica Amadeo, y otras como el complejo de calzado de Guanajay se mantienen parada por falta de materiales.

La Habana, martes 22 de mayo de 2014

<u>**Nadie quiere quedarse para ver el final de esta trágica novela**</u>

Cientos de cubanos se arriesgan por mar, atravesando el estrecho de la Florida, o viajan al Ecuador, para desde allí continuar viaje por Centroamérica, con rumbo a EE: UU.

Hace seis meses comenzaron las conversaciones sobre el restablecimiento de las relaciones diplomáticas entre Cuba y EE. UU, pero hasta ahora solo se sabe lo que han dicho a la prensa Raúl Castro y Obama. Lo más sencillo en el proceso de esta normalización, se llevará a cabo a partir del 20 de julio de este año, con la apertura de las embajadas en ambas capitales.

En medio de la lentitud del proceso, unido a la falta de información esclarecedora, se ha generado una enorme confusión en cuanto a los beneficios que traerá para la población de la Isla la restauración de los lazos amistosos entre ambos países, y de paso, cómo quedará la actual Ley de Ajuste Cubano. Por tales motivos, cientos de ciudadanos aún cifran sus esperanzas en superar a como dé lugar la distancia de 90 millas que separan los EE. UU de Cuba, conocido por el Estrecho de la Florida, o seguir la ruta hacia Ecuador, país donde no se necesita visa, y desde allí continuar viaje a Centroamérica y México, con la esperanza de llegar al país norteño.

Ya se ha vuelto habitual el oír cómo circulan en cualquier barrio habanero las historias de vecinos y amigos, que hace muy poco emprendieron los diversos caminos de la emigración, ya sea legal, o no, a pesar de los riesgos que supone esta última.

Para citar unos pocos ejemplos. María Julia Menéndez, natural de la barriada de Luyanó, quien poseía la nacionalidad española, y pudo viajar a Miami el pasado año, y regresó, fue alertada recientemente por sus hijos que viven en la Florida, para que sacara urgentemente un pasaje rumbo a Gran Caimán, y de ahí, saltara a la Florida, donde inmediatamente, pidió asilo, gracia a la Ley de Ajuste cubano.

En cambio, su esposo, Manuel Osorio, conocido por El Gordo, que no posee la ciudanía española, según cuenta su hermano, después de vender la casa, se ha lanzado en una lancha, se cree que fue hacia México, aunque se desconoce su paradero actual. Al respecto, nos comenta su mejor amigo, Alfredo Zaldo: *"Estoy consternado, porque mi amigo El Gordo, siempre le tuvo miedo al mar. Lo contradictorio es que por el año 2002 lo invité a firmar el Proyecto Varela, y se negó acobardado, y me dijo que él no se jugaba el pellejo metiéndose en asuntos políticos"*.

Otro caso es el de Reina Irma de la O, trabajadora del sector de la Salud, y que profesa el cristianismo, quien por más de un mes estuvo angustiada por el riesgoso viaje de su hija, su nietecito, y su yerno, quienes después de vender su apartamento para costear su viaje al Ecuador, atravesaron la región centroamericana hasta llegar a la frontera de México con EE. UU, donde por fortuna cruzaron. *"Doy gracias a Dios que oyó mis oraciones, tuve mucho miedo durante la travesía de ellos por tantos países. Algunas personas me advertían que ese recorrido era muy peligroso, ya que a las personas les podían quitar el dinero, y hasta la vida"*, declaró.

Durante más de 50 años de fidelismo, millones de cubanos han querido irse de Cuba por distintas razones. Muchos hasta han preferido correr el riesgo de morir en salidas ilegales, antes de agonizar aquí. Las estadísticas (del 2014) hablan por sí solas: la Guardia Costera de EE. UU registró la fuga de

2.059 cubanos en embarcaciones. En tanto, en Panamá se reporta la presencia de inmigrantes cubanos, venidos desde Colombia, atravesando la selva del Darién.

Resulta doloroso el tener que leer estas cifras: las 1 154 muertes o desapariciones en intentos de salida ilegal, la mayoría por mar, documentado por la organización Cuba Archive en los últimos quince años, aunque otras fuentes, como la de la activista María Werlau, directora ejecutiva de la BBC, están convencidos de que la cifra mencionada es mucho mayor, y así lo expresó recientemente a la propia emisora.

A modo de resumen traigo el ejemplo de Heidy, residente en la calle 37, entre 6 y 4, en la Timba, que marchó hace unas semanas al Ecuador, y antes de irse me comentó: *"Si Cuba sigue abrazada a los Castro, llegará a ser más pobre que Haití"*. Y continuó diciendo: *Los cubanos no creen ya en las supuestas bondades que puedan traer los norteamericanos al país, pues la dictadura sólo ansía sacarle el dinero al enemigo, para beneficiar a la clase gobernante"*.

Finalmente, otras opiniones recogidas dentro de la población sobre el tema Cuba - EEUU también reflejan este mismo sentir: el pueblo, que es sabio, lo sabe. De ahí, el creciente aumento del éxodo por cualquier vía, de la población joven cubana. Y como me dijo el viejo Pancho, al salir del hospital: *Nadie quiere estar aquí para ver el final de esta trágica telenovela.*

Miércoles 1 julio del 2015

Sobre "Espacios cotidianos", una instalación entre dos aguas

El pasado 28 de mayo, a las 8:30 pm, con motivo de la Bienal de La Habana 2015, quedó inaugurada en el parque de Ayestarán, entre 20 de Mayo y Paseo, la muestra artística "Espacios Cotidianos", donde se conjugaron el quehacer escultórico del camagüeyano Dagoberto Jaquinet Cejas, conocido pintor, ceramista, y restaurador, y la fotografía audiovisual del habanero Humberto Mayol, periodista de profesión, y excelente fotógrafo, cuya labor creativa se enfoca a captar la realidad de la existencia humana en su entorno.

Este evento inaugural contó con las palabras de Armando Fernández Seoane, funcionario de las Artes Plásticas de la apolillada UNEAC, y la curaduría estuvo a cargo de Caridad Martínez Fernández. El conjunto expuesto por Dagoberto Jaquinet consta de dos esculturas, hechas de alambrón soldado, pintadas de gris, y se titulan: El Caminante, y el Ave Fénix, situadas cada una en los extremos de la gran valla rectangular que recoge el fotomontaje realizado por Humberto Mayol. Esta muestra de arte, a cielo abierto, de la 12 Bienal permanecerá en dicho emplazamiento hasta el 22 de junio.

Es importante resaltar que este pequeño parque de Ayestarán posee la escultura monumental de bronce, conocida por El Relevo, con una tarja fechada en 1956, que es obra de la escultora norteamericana Anna Vaughn Hyatt, la cual fue donada a Cuba por su esposo Archer Milton Huntington, reconocido arqueólogo, bibliófilo, filántropo, hispanista, poeta estadounidense, y fundador en 1904 de la Hispanic Society of America: un museo gratuito, dotado de una biblioteca para la investigación artística.

La expo-instalación "Espacios cotidianos" se puede decir que navega entre dos aguas. Se alza de espaldas al poder dictatorial, pero de frente a los barrios marginales como el de San Martín, el de la calle Zaldo hasta Infanta, y el laberíntico Platanito, que son los más cercanos, después de La Timba, al eje del régimen comunista de Cuba: La Plaza de la Revolución.

A la mañana siguiente, con la fresca, visité de nuevo el parque para tirar varias fotos bajo la luz del sol. Y un vagabundo que dormía sobre un banco, tapado con cartones, se despertó, y al verme cámara en mano, se acercó a mí, y me dijo jocosamente: "¡Buenos días, señor! Debo decirle que yo dormí en compañía del Caminante, al que ya bauticé con el nombre de Ángel de los Espantapájaros, y me siento protegido por el Ave Fénix". Y enseguida añadió, como si hubiera adivinado cuáles eran mis planes en ese momento: "Si usted lo desea, y tiene fe, ellos pueden acompañarlo en cualquier recorrido por estos alrededores. Yo también le puedo servir de guía, porque nací aquí cerca, bajo el puente del Hoyo de la Vieja. Bueno, si me paga un cafecito. Mire, ahí en la esquina, al lado del teatro".

No dudé en invitarlo. Luego, nos dirigimos primero a la comunidad platanera, que no es El Platanito de Buey Arriba, en la provincia de Granma, surgido en el año 1940, sino El Platanito del municipio Cerro, en la capital habanera, pegado al estadio Latinoamericano, que limita con las calles General Emilio Núñez, Marta Abreu y 20 de Mayo, y colinda por el fondo con la calle Pedro Pérez, y con un tramo sin canalizar de la infecta Zanja Real, hace poco desbordada por las intensas lluvias, penetrando en muchos hogares y destruyendo cuánto encontró a su paso.

Allí, varios vecinos curiosos se nos acercaron para mirarnos en silencio, con cierto recelo, pero hubo uno sin camisa que empezó a hablar como si ya supiera lo que yo necesitaba saber: "Hace años, ya hasta perdí la cuenta, cuando se construyeron esos edificios de doce plantas (Granma I y II), que nos prometieron a bombo y platillo que se ocuparían de construirnos buenas viviendas de mampostería. Pasó el tiempo, más de media rueda de fidelismo, y nada... Y para terminar el cuento, una vez mandaron a un dirigentico para que nos explicara que finalmente no era posible recibir ayuda estatal, y que cada familia empezara a construir por sus propios medios".

Luego de abandonar El Platanito, y al vagabundo, crucé 20 de Mayo, bajé por Marta Abreu, y entré por la calle San Martín, que da nombre al barrio. Según avanzaba, saltaban a la vista las pésimas condiciones de vida que prevalecen entre los habitantes de esta zona marginal, tan cercana al poder, y totalmente olvidada por las autoridades. Doblé a la izquierda, a buscar Zaldo, y el panorama de pobreza se repetía. Rápidamente subí, saliendo a la calzada de Ayesterán, para llegar de nuevo al parque donde están enclavadas las estatuas de la Bienal.

Cansado, me detuve ante el mural informativo que muestra esta instalación. Entonces rechacé, mientras leía aquel letrero, las poéticas palabras que allí aparecen escritas, y que repiten los consabidos clichés. Y dudé con firmeza que tanto el Caminante, como el Ave Fénix, pudieran curar nuestras heridas, cada vez más abiertas por los hermanos Castro.

Martes 2 de junio del 2015

La maestría de un anciano para la encuadernación

Jaime Quevedo, conocido por el Chiquitico, dio sus primeros pasos como operario de imprenta en 1947 de la mano de su padre, quien trabajaba por esa época en el periódico Prensa Libre, ubicado en la calle Obrapía, entre Compostela y Habana. En este lugar también se comisionaba la compostura de diferentes libros, revistas y folletos, ofreciendo a Jaime la posibilidad de convertirse en un especialista de la encuadernación.

Este oficio que prácticamente ya no se ve en la Isla, ni siquiera en las imprentas estatales (únicas) – al menos con la profesionalidad que se trabajaba antes- necesita no solo de un concienzudo talento del operario, requiere también de los recursos apropiados, difíciles de conseguir en las actuales condiciones de la Isla para los que realizan esta actividad de manera independiente.

No se conoce ninguna tienda – en moneda nacional- que oferte hojas de papel, goma apropiada (preferentemente cola), pliegues de cartón, pieles y plegaderas. Sin embargo, gracias al perseguido, pero siempre efectivo mercado negro, Jaime Quevedo, como tantos otros trabajadores inde- pendientes, puede ejercer este difícil arte de la encuadernación. Hay productos como el hilo encerado de tres cabos, el celaste tan usado para la confección de tapas, y otras pieles especiales usadas a petición de sus clientes en la restauración de obras literarias de gran valor, que depende en gran medida de buenos amigos que se los traen del exterior.

Jaime jamás pudo imaginar que a sus 82 años de edad aquel oficio, bien aprendido antes de la Revolución comunista, le fuera tan útil en estos tiempos para palear el insignificante sueldo de seguridad social que le paga el gobierno de los hermanos Castro, luego de haber trabajado por más de 50 años ininterrumpidos.

Este talentoso anciano que reside en la calle 6, esquina a 39, en el Vedado, donde está enclavado su taller de encuadernación, recibe diariamente a muchísimas personalidades entre los que se distinguen: artistas, médicos, abogados, diplomáticos y otros que, frecuentemente le solicitan la confección de talonarios, modelos, libros de registros, trabajos de restauración de libros, cuadernos para tesis, agendas elaboradas a base de un material resistente que protege el conjunto de las hojas bien cosidas, pegadas o anilladas en el lomo.

Este reportero al preguntarle si disfrutaba de lo que hacía, teniendo en cuenta la fama adquirida, ya que no son muchos los que se dedican al complicado oficio, me dijo: "A decir verdad hago esto por- que el sueldo con que me jubilaron cuando tenía 62 años, (la escala salarial más bajas unos 170 pesos cubanos) no me alcanzaba para mantener a mi familia, pero me gustaría estar descansando como lo hacen la mayoría de los ancianos en otros países, después de su jubilación".

En otra parte de la conversación Jaime nos cuenta que antes no era así. Nos rememora aquellos días del año 1956 cuando se alistó en la Marina de Guerra donde lo mandaron a trabajar en una imprenta del arsenal de Casablanca, en el puerto habanero. "Definitivamente allí conseguí la maestría en este oficio dijo. Y añadió: "Al paso de casi dos años pedí mi licenciamiento de la Marina de Guerra, por mejoras que de manera honrosa me otorgaron, unos meses después fui nombrado Jefe de encuadernación de la imprenta del periódico "Time de La Habana", hasta que llegó la nacionalización en los primeros años de la Revolución, y cerraron todas las imprentas particulares".

La útil plegadera de Quevedo seguiría trabajando durante más de cuarenta años como encuadernador de las mejores imprentas de la capital en diferentes talleres bajo el nuevo régimen comunista, pero jamás sería igual a aquella época donde se reconocía el talento del hombre.

Finalmente, este artista de la encuadernación nos cuenta que en 1957 casi se le suben los sumos para la cabeza cuando hubo una disputa entre la editorial Lex de aquellos tiempos, cuyas oficinas radicaban en la calle Obispo en La Habana Vieja y el Time de La Habana, ya que ambos se disputaban sus servicios.

Pero lo asombroso de este caso es que próximo a cumplir sus 83 años Jaime Quevedo sigue muy de- mandado por su incuestionable talento para ejercer el arte de la encuadernación.

La Habana, viernes 18 de noviembre de 2014

No es lo mismo que te lo cuente a que tú lo veas

No es un secreto que muchos de los que han salido definitivamente de este país, antes de partir prometieron a sus familiares ayudarlos con la compra de una mejor casa, el envío constante de remesas y otros utensilios necesarios para subsistir en esta isla donde los precios son caros y se hace muy difícil solucionar las carencias y los problemas acumulados durante más de medio siglo de dictadura.

Y aunque muy pocos de los emigrantes pueden cumplir con todo lo prometido, de vez en cuando muchos sorprenden a sus seres queridos, tanto con un viajecito a la isla por varios días, o haciéndoles una invitación a los EE. UU.

De cualquier manera, siempre ocurrirán descomunales transformaciones de la pasada manera de pensar. En el primero de los casos, la mayoría de los cubanos que regresan al país de visita, apenas pisan en el aeropuerto José Martí, les parece haber llegado a una ciudad bajo el constante bombardeo de una guerra. Algo que luego se percibe de manera tangible cuando caminan por cualquier ciudad, o llegan a sus antiguos hogares donde quedaron sus familiares.

Juan Alberto Menéndez Soto, como tantos cubanos, tras cuatro intentos errados de salida "ilegal", tirándose al mar en balsas, logró finalmente llegar a los Estados Unidos, donde lo recibieron dándole abrigo como refugiado.

Luego de varios años transitando por el período de adaptación en el país del Norte, decidió en 2014, darse un saltico a la barriada de Luyanó, del municipio 10 de Octubre, situado en el centro geográfico de la capital habanera. Para el ansiado momento, Mary, su madre, y su padrastro, Manuel Osorio, más conocido por

Manolito el Gordo, había recibido con antelación una aceptable suma de dólares enviada por él, para mejorar la casa.

"Embaldosamos la cocina, nos dijo Osorio. Echamos piso nuevo en la casa, pintamos, pusimos taza y lavamanos, juegos de llaves, ducha y calentador en el baño, todo comprado en las tiendas dolarizadas. Así y todo, al día siguiente de su llegada, Juan Alberto decidió hospedarse en un Hotel". Y prosiguió: "Durante la semana que estuvo el muchacho en Cuba, se empeñó en comer solamente en restaurantes y cafeterías; no sé si porque sentía lástima por nosotros, o porque la comida que cocinamos el primer día no le gustó, a pesar de que era muy diferente a la que acostumbramos a comer nosotros".

Este no es un caso aislado. Una señora que vive en una vieja casona de la calle 23 y A, en el Vedado, recibió a principios del pasado mes de noviembre a su hija Saskia Reyes, procedente de EEUU por segunda vez. "Imagínate que mi hija estaba horrorizada, se lavaba la boca con agua hervida, se bañaba tres veces al día porque se sentía sucia todo el tiempo. Sólo tomaba el agua comprada en dólares y jamás quiso comer en la casa", declaró.

En el segundo de los casos están los que viajan al extranjero por primera vez, por un corto tiempo, y luego regresan a Cuba. Oscar, dueño del paladar "El Gusto", ubicado en la calle A y Zapata, en el Vedado, recientemente pudo visitar a su hijo, que pertenece al cuerpo de Marines de los EE. UU. y reside en Atlanta, Estado de Georgia. "No es lo mismo que te lo cuenten a que tú lo veas" declaró; cuando llegué al aeropuerto de Miami me di cuenta enseguida que el aeropuerto de La Habana tiene más parecido a un almacén de guaguas que a una terminal aérea, pero la peor impresión me la llevé cuando regresé a la Isla. Fue tremendo castigo el tener que adaptarme de nuevo a este subdesarrollo del quinto mundo”.

Bárbara Priol vive con su esposo en un apartamentico moderno en El Vedado. Tiene sus dos hijos en Miami. Pudo adquirir la ciudadanía española hace algún tiempo, lo cual le permitió viajar fuera de Cuba. “Aquella noche que regresé a Cuba, procedente de los EEUU, por poco me da algo, una sirimba, cuando entré a mi casa, en penumbras porque los bombillos ahorradores que tenemos casi ni alumbran. Además, al ver a mi marido comiéndose un pedazo de pan con puré de tomate, y él estaba de lo más risueño, todavía me tiene traumatizada”, me dijo.

Cientos de historias insólitas pueden recogerse entre la población cubana sobre este asunto. Pero todas apuntan hacia una dirección: el desastre cimentado por el Castro comunismo en nuestra nación.

La Habana, viernes 5 de diciembre 2014

El patriotismo desde el Hip Hop

Con 36 años de edad, Raudel Collazo, cantante del grupo musical rapero Es4adrón Patriota, encarna en su obra musical una juiciosa crítica a la realidad cubana, ubicándose por derecho propio como una de las figuras más descollantes del movimiento Hip Hop en Cuba.

Este creador güinero, nacido y crecido en un barrio pobre -como casi todos en la isla- encabeza la lista de los artistas cubanos más censurados, perseguidos y vigilados en su propio país. La aguda letra de sus canciones se revela como un grito de libertad en los oídos de muchos jóvenes, constituyendo una aguerrida y coherente trinchera en defensa de los cambios en la isla.

Entre los temas más contestarios de sus discos se encuentran: el Legado, mi Testimonio, Somos la Raíz del Cambio y otros, que circulan clandestinamente dentro de un gran sector de la juventud cubana que lo siguen. Un desafío para estos tiempos, puesto que Es4dron en sus creaciones artísticas, dispone su garganta para enfrentar con firmeza y coherencia al gobierno militar de Raúl Castro, a quien constantemente demanda por la libertad para los sectores marginados.

Esta valentía artística, donde el cantante se las toma bien en serio a través de las letras de sus canciones por ayudar a despertar a la nación, despierta mucha preocupación en el régimen, quien ha intentado a toda costa aislar la creación artística del cantante, de los jóvenes cubanos.

Desde sus propios argumentos, encara los problemas más acuciantes de todos los sufridos de la isla. El tema "Mi Testimonio" se identifica con todas las madres que tuvieron que enfrentar solas la crianza de sus hijos, en medio de un sistema de carencia y vicisitudes. Un sector sensible en el que el rapero se incluye, afirmando que vio llorar muchas veces a su propia madre. Llanto que, "eran las consecuencias de la pobreza, / de ser negro en una nación que prometió justicia e igualdad para todos, / donde el sueño era salir de allí, / aliviar su situación y vivir de otra manera. / Llenos de esperanza y de fantasías, / hoy todavía esperan que las promesas de un país/ "por los humildes y para los humildes se cumplieran".

El año 2009 se intensificó la persecución contra este grupo rapero, debido a la grabación clandestina de uno de sus más importantes discos: El legado. Según el propio Raudel "un regalo para las calles y para esa mayoría que de algún modo no dice y dice muy poco de lo que en realidad siente en su corazón".

El Legado fue una producción de catorce temas cargados de esperanza y fe para toda la isla. Títulos como: la Voz de la Nación, No Más Discriminación, revolución y Decadencia, reflejan el punto de vista crítico de Raudel Collazo. Destacándose el impresionante y gustado video clip del tema ¡decadencia! que todavía hoy se pone en muchos DVD de hogares cubano y se traslada de ordenador en ordenador.

Esta grabación fue realizada desde un estudio forrado con periódicos Granma, y cartón de envases de huevos, y constituye parte importante de su legado, por cuanto ¡Decadencia! expresa de algún modo la energía de redención, y liberación sin violencia, un evento que se espera suceda en nuestro país.

Decadencia, lo dedica a la gente humilde y pobre de esta isla. En esta obra musical, canta, habla y expresa su crítica en nombre de la juventud cubana. De aquellos que trabajan y se esfuerzan por esta isla, de los blancos y los negros de este país que merecen una nueva Cuba.

El prolifero creador, también se alzó con la obra: Somos la Raíz del Cambio, una producción que el propio Raudel, en conversación telefónica con este reportero afirmó "era una deuda contraída con la diáspora". Aquí el joven cantante reitera su posición con respecto a la realidad de la isla, ya expuesta en el tema Decadencia. Una puesta rapera bien seria donde Es4dron enumera la necesidad de asegurar una vida con tolerancia, equilibrio y armonía con todas las familias de la nación y la diáspora. Pero también con progreso oportunidad para todos, advirtiendo que sus deseos y opiniones no constituyen peligro para nadie, puesto que rechazan la violencia y la confrontación.

Y aunque la dictadura insiste en tildar su mensaje de contrarrevolucionario, el artista siempre lo desmiente y plantea que su mensaje se llama responsabilidad y compromiso con la nación. Definen la palabra revolución como "cambio, progreso y transformación", y denuncian el larguísimo periodo de congelación de las esperanzas de los cubanos.

Somos la Raíz del Cambio, más que una obra artística, es una declaración cargada de conocimiento crítico, una manifestación de protesta cívica, sin malas palabras, que sitúa a Raudel Collazo en la primera línea de defensa de esa masa acéfala que sufre y se traga el dolor de la: desigualdad, carencia, poca alimentación, hacinamiento, incomunicación, depresión, generación desorientada, puerilidad, separación, racismo, destrucción, y una lista, aún mayor.

La Habana, martes 4 de septiembre de 2012

Osvaldo Payá e Irena Sendler, Atalayas de la Paz

Para muchos entendidos, tanto el insular Osvaldo Payá Sardiñas como la alemana Irena Sendler merecieron el Premio Nobel de la Paz. Ambos, fallecidos ya, realizaron aportes distinguidos en favor de una causa justa con resultados ponderativos.

En el caso de Payá dedicó más de la mitad de su vida a defender los Derechos Humanos en Cuba. País que desde 1959 se encuentra bajo una dictadura comunista que no permite el menor vestigio de libertades, y persigue, reprime y encarcela a quien se atreva a levantar la voz en contra del régimen. En medio de este escenario, Payá se erigió como un verdadero gigante para entregar a los ciudadanos de su país herramientas pacíficas y útiles, en aras de poner fin a la opresión. Y aunque aún hoy estos desmanes continúan, ahí quedó el Proyecto Varela, y otras iniciativas, como legado de su valor patriótico que no pueden ser excluidas de la historia contemporánea cubana.

Por otro lado, Irena Sendler, siendo alemana, conocia cuáles eran los planes de los nazis para los judíos durante la Segunda Guerra Mundial y consiguió un permiso para trabajar en un guetto de Varsovia como especialista de alcantarillados y tuberías, pero sus planes iban más allá… Irena sacaba niños escondidos en el fondo de su caja de herramientas en la parte de atrás de su camioneta. Lugar en el que siempre iba su perro, al que entrenaba para ladrar a los soldados nazis cuando salía y entraba del guetto, por supuesto los soldados no querían tener nada que ver con el perro y los ladridos ocultaban el ruido de los niños.

Cuando los nazis la descubrieron, le pegaron tan brutalmente que le rompieron ambas piernas y brazos. Irena mantenía un registro de los nombres de los niños que sacó. Después de la guerra, intentó localizar a los padres que pudieron haber sobrevivido y reunir las familias, pero la mayoría habían sido llevados a la Cámara de gas. Aquellos niños a los que ayudaba encontraron casas de acogidos o fueron adoptados.

Irena Sendler fue nominada en el 2002 al Premio Nobel de la Paz, pero no fue seleccionada, el premio se lo adjudicaron a Al Gore, Vicepresidente de los EE. UU, por unas diapositivas sobre el calentamiento Global.

Cuba no exhibe en su historial ningún Nobel de la Paz. No por falta de hombres con resonantes aportes a la ciencia, la paz y reconciliación entre los hijos de esta tierra, sino, tal vez por coyunturas políticas tan necesarias en estas otorgaciones. En la década del 2000, Las Damas de Blanco y Osvaldo Payá Sardiñas fueron nominados para el preciado galardón sin ser seleccionados, a pesar de que ambos hicieron grandes aportes en la defensa de los Derechos Humanos en la Isla.

El más importante líder democratacristiano del Movimiento Cívico Cubano estuvo nuevamente entre los nominados al Nobel de la Paz en el año 2012, premio que muchos dentro de la Isla pensaban que merecía, pero un controvertido y extraño accidente acabó con su vida en julio de este mismo año, privándolo –tal vez– de ser el primer cubano en alzarse con tan insigne galardón. Un hecho que para la dictadura comunista hubiera sido un recoge y vete.

Irena Sandler y Osvaldo Payá a pesar de no haber sido seleccionados al Nobel de la Paz permanecen aún después de muertos en los corazones de millones de seres humanos. Ellos son un ejemplo mundial de Paz y responsabilidad.

La Habana, 27 de noviembre de 2012

La lucha contra la marginación constituye un reto titánico

Durante el último medio siglo, el pueblo cubano ha aprendido que el régimen comunista es sinónimo de arbitrariedad, coacción, despojo y atropello. Es exactamente como el único responsable de la marginación que sufren todos los estratos sociales de esta nación.

Mientras la mayoría de las sociedades del mundo procuran cada vez más ensanchar sus fronteras para la búsqueda de libertad y progreso, la sociedad cubana está impedida de procurarse los anhelos de la felicidad humana que les corresponde justamente por eso, por ser humanos.

Este reto titánico se eterniza desde hace más de medio siglo, por medio de un cautiverio revolucionario, devenido en afrenta a la dignidad humana, que trajo la llegada al poder de un grupo de hombres armados, encabezados por Fidel Castro, quienes, desde entonces, sumieron a la nación en la más terrible pobreza de toda su historia. Y lo peor es que esta pobreza no solo fue física, sino también, humana y espiritual.

La marginación impuesta a la población cubana imposibilita el disfrute, el pleno ejercicio de los derechos humanos de todos los ciudadanos. Derechos tan elementales como: el poder escoger qué leer, qué aprender, qué ver, y cómo alimentarse, aunque esto parezca absurdo, no están al alcance de la mayoría; y lo más nefasto: la imposición de las ideas que se deben profesar, y a qué líder deben adorar, son premisas que no tienen discusión.

Todos los que se muevan fuera de estas ilaciones, son tildados de traidores a la patria, o en el mejor de los casos, vilipendiados con otros epítetos para demonizarlos a los ojos de la sociedad.

Quién mejor para ejemplificar los azotes de la marginalidad que los partidos y movimientos políticos de la oposición, y otras organizaciones, cuyo desenvolvimiento debe ejecutarse siempre, bajo la represión de la policía política castrista, a quien le han dado la inmoral tarea de paralizar la lucha por la democratización, la vida y el progreso nacional.

Ahí está el ejemplo del proyecto "Animando Sonrisa": una idea autónoma de un grupo independiente de bibliotecarios, que promociona la cultura y el debate sin el más mínimo reconocimiento ni apoyo gubernamental, y se las ha ingeniado para recorrer las periferias de varias ciudades del país para llevarle a los niños, en extrema pobreza, una sonrisa, un lápiz, un libro, y hasta una actuación teatral. Todo en aras de hacerles sentir que no están solos en su marginalidad.

Mientras el actual gobernante cubano, Raúl Modesto Castro Ruz, no cambie su mentalidad y se ponga a tono con los nuevos tiempos que corren, peor será el resultado del juicio que sobre él sobrevendrá.

La Habana, jueves 11 de abril de 2013

La Girón y sus 13 años de improductividad

Con la llegada del periodo especial en la década del 90, a tono con el derrumbe del socialismo en la Europa del Este y la URSS, cuantiosas fábricas en la isla se vieron imposibilitadas de continuar su flujo de producciones, debido a su dependencia exclusiva de la materia prima y tecnología soviética, que dejó de llegar al país.

Aun así, no todas ellas corrieron la misma suerte. La Ensambladora de Ómnibus Girón, ubicada en la esquina de la calle Línea y 18 del Vedado, que durante muchos años cubrió con sus manufacturas una parte importante del transporte urbano y escolar de la isla, "milagrosamente" encontró un nuevo rumbo donde ubicar a sus trabajadores.

Por orden expresa de Fidel Castro, esta fábrica se convertiría en una armadora de bicicletas chinas, que sirvieron de transportación alternativa a gran parte de la población cubana durante el momento más infernal del periodo especial.

Esta faena, truncada a partir del año 2000, a raíz de un incendio que provocó el cierre total de su nueva actividad, trajo consigo la pérdida del empleo de la mayoría de sus trabajadores, a quienes enviaron a sus casas con un porciento del salario hasta un "nuevo aviso" que nunca llegó.

A trece años de aquel suceso, solo durante un tiempo, una parte de la inmensa nave ha funcionado como ensambladora de motos eléctricas de la empresa CIMEX, y últimamente suele servir de almacén de bienes y consumos del comercio en la capital, sin que haya señales de reparación o restauración, para un nuevo destino del recinto, que aporte al desarrollo y brinde empleo a los ciudadanos de esa zona.

Una fuente cercana al lugar que prefirió el anonimato dijo: "Posiblemente esta fábrica sea el mayor símbolo visible de la improductividad y el deterioro, generado durante los últimos 25 años en el sector industrial del emblemático barrio del Vedado, en la ciudad de La Habana".

Maite, una vendedora de dulces que vive en los alrededores de la Girón, también declaró: "Mi hermano trabaja ahí y me dijo que había una propuesta para convertirlo en un mercado de productos en divisas, pero no funcionó, porque la inversión era muy costosa. También se comenta que el afamado cantante X Alfonso a través del Ministerio de Cultura, ha estado gestionando una inversión para poner en marcha un proyecto cultural que se cree pueda beneficiar a la juventud, huérfana de diversión, pero al parecer, no se le concedieron".

Al margen de la veracidad o no de estos comentarios que se generan a través de personas muy cercanas al lugar, la popular fábrica Girón, silenciada y quebrada indefinidamente por la incapacidad y falta de voluntad del régimen de Cuba, exhibe hoy un penoso deterioro imposible de ocultar.

Los techos levantados tal si fueran a volar, y llenos de hueco en una parte, la mugre, las rajaduras en sus paredes y la falta de pintura, se explaya a la vista de todos los que pasan el túnel de Línea, tanto en una dirección como en otra. Un insoslayable anuncio del olvido o la incapacidad de las autoridades para promover el desarrollo de la capital.

Parece una ironía que el Vedado, quien alcanzó su máxima grandiosidad en la primera mitad del Siglo XX, esté pasando por esta terrible involución. Un territorio que, por demás, alberga prácticamente la totalidad del centro político y administrativo de la capital de Cuba, donde se ubican las sedes de numerosos ministerios estatales y oficinas, así como compañías extranjeras que tienen relaciones con el país. ¡Qué vergüenza no!

La Habana, martes 30 de abril de 2013

Génesis del Partido Liberal Nacional Cubano (PLNC)

Hace apenas unos días, regresó a Cuba procedente de Ecuador, el actual presidente del Partido Liberal Nacional Cubano (PLNC), Fernando Palacio Molgar, quien bajo el manto de la nueva ley de emigración, cumplió una invitación a ese país del programa Aulas Abiertas que agrupa al Instituto Ecuatoriano de Economía Política, y a grupos de estudiantes por la libertad.

En dicha visita, además de dar su visión a algunos medios de prensa sobre la actual situación política, social y económica de la isla, sostuvo charlas y encuentros con representantes de organizaciones no gubernamentales, y centros estudiantiles en la ciudad de Quito.

Pude conocer por boca del propio dirigente liberal, el enorme interés de estos sectores ecuatorianos, sobre el trabajo que viene realizado el PLNC desde hace varios años. Su labor es un esfuerzo que necesariamente nos remonta a la génesis de este partido, cuyo plan comenzó el 2 de julio del 2002, con la fundación del Movimiento Liberal Cubano (MLC), un pequeño apéndice de la corriente de pensamiento liberal dentro del movimiento opositor cubano, que en cinco años de dura batalla anti totalitarista dentro de Cuba, alcanzó, liderazgo, base social, y madurez suficiente, para convertirse en un partido político.

A once años de la fundación del MLC, me viene a la mente los días de oleada represiva de marzo del 2003, que llevó tras las rejas a 75 líderes de la oposición cubana. Fue un difícil momento, donde la voz de esta agrupación se levantó inquebrantablemente por medio de denuncias y protestas en diferentes lugares de la isla.

El valor y patriotismo de cada militante, por ofrecer su irrestricto apoyo a los familiares de los presos políticos, traspasaron las fronteras de la isla. Cada detención, paliza recibida, o acto de repudio, fue como una forja durante todo este periodo, que indudablemente redundaría en la base partidista, dando paso al PLNC. Un hecho fraguado por sus fundadores el 3 de mayo del 2007, a pesar de la constante represión y vigilancia sobre ellos.

En los dos primeros años de vida (2007 y 2009), el PLNC ingresó en la vanguardia de esta corriente política, manteniendo un desempeño por la defensa de postulados tales como la no intervención del Estado, la economía de mercado, la promulgación al respeto de los derechos humanos, y su ca-pacidad para entablar un diálogo con todas las fuerzas "prodemocráticas" de Cuba.

Su liderazgo se puso a prueba en el 2008, tras entablar una ardua campaña por la publicación y cumplimiento de los Pactos Internacionales, que el gobierno cubano firmó en el 2007. En ese plan de lucha, el PLNC obtuvo el apoyo de 15 organizaciones, que respaldaron con su firma un documento que se entregó el 7 de agosto de ese año ante la Asamblea Nacional del Poder Popular.

Fue una petición dirigida a los parlamentarios, exigiendo la inmediata publicación de los Pactos, en todos los órganos de difusión. Una hazaña ampliamente difundida en los medios internacionales de prensa y el cuerpo diplomático acreditado en La Habana, que se extendió días después a nueve Asambleas Provinciales, lo que provocó una fuerte represión por parte de la policía política.

Unos meses después, el liderazgo de esta organización encararía otro compromiso de envergadura al responder positivamente al llamamiento para ser parte de la Unidad Liberal de la República de Cuba. Una tarea postergada por la mayoría de los líderes liberales que, finalmente y por primera vez, pretendía la unión de todos los partidos, movimientos y asociaciones de esta corriente, con el fin de crear la mayor fuerza política del país.

Y aunque hoy sabemos que aquel esfuerzo entre los liberales cubanos no dio los frutos esperados debido a contratiempos tal vez inesperados. Ahí está la idea, esperando su gran momento. Mientras tanto, *el* Partido Liberal Nacional Cubano mantiene su acostumbrado carácter dentro y fuera de Cuba.

La Habana, martes 2 de julio de 2013

La pintora Sandra Ceballos, un ejemplo de inspiración, libertad y creatividad

La vivienda de la reconocida pintora cubana Sandra Amelia Ceballos Obaya, se vio colmada este pasado sábado 12 de octubre, de un selecto público amante de la plástica contemporánea cubana, que se dio cita para presenciar la segunda parte del Proyecto "Curadores, come home".

La continuidad de este proyecto en opinión de la propia Sandra constituye una contrapartida de la primera edición celebrada en el 2008, que tuvo como principal exponente a Gerardo Mosquera y su invitado, el artista español Santiago Sierra.

Para la artista y los participantes fue muy significativo contar en esta ocasión con una invitada especial como lo es Rachel Weiss, escritora, pedagoga y curadora, profesora de Administración y Política de Arte en la Escuela del Instituto de Arte de Chicago. Ella y otros cuatro curadores de distintas partes del mundo, incluyendo Magali Espinosa que reside en Cuba, tienen todas las prerrogativas para designar a los artistas que participarán en el proyecto "Curadores, come home", que se extenderá durante el resto del año.

En el caso de Weiss, ella eligió la obra realizada por dos jóvenes creadores habaneros: Celia Irina González Álvarez y Junior Aguiar Perdomo "Así no se da el Café", cuyo realismo crítico y profundidad, también impresionó a la mayoría de los presentes.

Mucho llamó la atención el estreno en Cuba del documental "El canto del Cisne", del artista Glesis Novoa, que refleja una imagen sísmica de los años ochenta en América Latina, a partir de una investigación en proceso, la cual abarca la primera década (1979-

1990) del performance en Cuba y complejos aspectos del arte conceptual de la época.

En este documental se recogen las opiniones de algunos artistas de la vanguardia de los ochenta. Una generación que por su agudo y fecunda crítica al sistema, de alguna manera fue barrida por el régimen comunista. Y aunque actualmente la mayoría está en el exilio, ya hay un hablar sin miedo y directo. Se usan los términos de dictadura, represión, encarcelamiento, y arte limitado.

Espacio Aglutinador, proyecto que dirige Sandra Ceballos desde los años noventa, nos introduce en un sitio libre y creativo que ha permitido sacar a la palestra pública a un grupo de jóvenes creadores con ideas libertarias que, por estar fuera del marco institucional y no pertenecer a los sistemas de enseñanza artística de la propia política cultural, no recibieron el apoyo de las autoridades cubanas, por tanto, quedaron excluidos.

La modesta casa de la artista, devenida en galería promocional, ubicada en la calle 25, esquina a 6, en el Vedado, es un referente obligado en defensa de un arte sin condicionamientos políticos.

Según el roquero Gorki Águila, presente esa noche en la actividad, el espacio totalmente separado de las instituciones gubernamentales que Sandra Ceballos ha logrado, significó una inspiración en el comienzo su vida artística. "Mi mayor influencia para lanzarme con el proyecto musical de "Porno para Ricardo" fue la vanguardia de los pintores de los 80s. Esa gente me infundió aliento, porque sentía que había una pujanza, había unidad y algo se estaba queriendo decir. Se estaba dando el berro, haciendo fuerza. Y por supuesto Sandra Ceballos fue alguien muy importante en esa generación" sentenció.

Otro de los presentes, Claudio Fuente, fotógrafo del Proyecto Estado del Sats, la proyección de Espacio Aglutinador que dirige Sandra, revela la posición y el sentir de muchos artistas -tengan o no posiciones críticas y abiertas, y mantiene una incuestionable sintonía con el deseo de libertad de todo el Movimiento opositor. En tal sentido dijo: "todos tenemos espinas en el corazón, ya sean espirituales o históricas, y es bueno que los dedos acusadores estén coincidiendo desde cualquier estatus: cívico, político o artístico".

La pintora Sandra Ceballos, además de participar en varias exposiciones tanto personales como colectivas en Canadá, México, Ecuador, Inglaterra, Holanda, y por supuesto en Cuba, ha sido galardonada con diferentes premios durante su carrera artística. En 1985 obtuvo una Mención en Pintura (Salón Playa'85, Galería de Arte Servando Cabrera Moreno, La Habana). En 1995 el Primer Premio Nacional Anual de Pintura Contemporánea Juan Francisco Elso, Museo Nacional de Bellas Artes, La Habana. En 1997 1990's Art from Cuba: A National Residency and Exhibition Program. Art in General and Longwood Art Project/Bronx Council on the Arts, Nueva York, EE. UU, y en 1998 Artista residente.Instituto de Diseño y Medios Audiovisuales, Basilea, SUIZA.

La Habana, martes 15 de octubre de 2013

Los Pocitos: De fama benéfica a peligro para la salud humana

Muy lejos quedó en el tiempo aquella fama benéfica adquirida por el barrio de Los Pocitos, surgido en el siglo XIX, gracias al descubrimiento de un manantial de aguas medicinales ubicado en la finca La Vigía, actual municipio de Marianao, propiedad en aquel entonces de doña Beatriz Navarrete. La lápida que antaño se colocó allí decía textualmente:

Reinando la Majestad de Don Fernando VII (QDG) el excelentísimo Sr Don Dionisio Vives, el Sr Don José Ma. Calvo, Alcalde de Primera elección de la Habana con el auxilio del real consulado y el de los vecinos construyó esta fuente.

22 de julio de 1831

Don Ignacio Tovar dirigió la obra y grabó.

Este periodista hizo un recorrido por este barrio para conocer en detalle, entre otras cosas, el estado físico de la afamada fuente y las condiciones en que sobreviven sus habitantes. Nos cuenta María Josefa, una ancianita, originaria del lugar, que las aguas del manantial eran llevadas a lomos de mula y en carretones de caballos a las casas de los pobladores. "Ahora como ya lo ves, la fuente está contaminada. No existe la menor voluntad política por parte de las autoridades del gobierno por rescatar la histórica tradición. Y nosotros vivimos dentro la miseria, como si navegáramos entre los excrementos, ya sin las aguas del milagroso manantial". Y concluyó diciendo: "Mira, mi hijito, si el mártir José Testa Zaragoza, asaltante del cuartel Carlos M. de Céspedes, en Bayamo, y natural de aquí, de Los Pocitos, volviera a nacer, estoy segura de que se enfrentaría sin pensarlo dos veces a esta tiranía".

Con el paso del tiempo, esta comunidad que otrora se caracterizó por las excelentes condiciones ambientales, se ha degradado ostensiblemente, hasta el extremo que residir en los alrededores representa un tremendo peligro para la salud humana y la ambiental.

La conocida frase *Llega y pon* sirve para resumir las condiciones de vida de todo un asentamiento poblacional que se extiende por gran parte de la ribera del rio Quibú, resultado de la afluencia de familias pobres, proveniente de los campos cubanos, y la presencia de los descendientes de antiguos esclavos africanos que hubo en esta zona.

Esta barriada -como casi todo Marianao- muestra un cúmulo impresionante de problemas sociales que van desde el deterioro del fondo constructivo, el hacinamiento habitacional, la degradación de las redes hidrosanitarias, las peores escuelas del municipio, la criminal contaminación del río Quibú, hasta las diferentes formas en que se manifiesta la violencia. Tal situación ha propiciado la opinión popular de que Los Pocitos es una zona de marginación, de alta peligrosidad, dentro de la capital cubana.

Hubo una etapa, entre los años 2006 y finales del 2011, donde este barrio se vio influenciado de manera positiva por el proyecto Pocitín. Una propuesta sociocultural que promovía la educación y el desarrollo de todas las manifestaciones del arte, a fin de desmarcar a este territorio de la mala fama adquirida por la presencia de plantes ñáñigos, las constantes peleas callejeras, y las actividades delictivas. Esta iniciativa fue promocionada por la prensa local, y en diferentes revistas como un buen ejemplo a seguir en nuestro país.

Conversé con uno de los gestores de aquel esperanzador proyecto, que desapareció hace ya cuatro años. Su nombre es Adrián Sosa

Blanco, nacido en este barrio, conocedor de la rica historia de Los Pocitos, quien además había dirigido la Casa del Joven Creador, conocida por La Madriguera. Su liderazgo le permitió convertirse en uno de los artífices que comenzaron a producir transformaciones importantes en la vida familiar. "Mi labor no se limitó sólo a aunar esfuerzos y sentar las bases que hicieran posible el proyecto Pocitín, una idea de ayuda socio-cultural, sino que también estimulé la iniciativa creadora y el apoyo de sus residentes. Se habilitó una nave, ubicada en 136 entre 83 y 85, en Los Pocitos, que sirvió de sede para este proyecto, donde rápidamente se comenzaron a brindar talleres sobre cultura de paz, drogadicción y alcoholismo, atención a la niñez y a la viudez, entre otros problemas que afectaban el barrio, así como el ejercicio de actividades en las diferentes ramas de la manifestación del arte, llegando incluso a contar con las actuaciones de artistas reconocido prestigio nacional. En realidad, el proyecto logró cambiar la imagen negativa de Los Pocitos".

En el 2010 la prensa local reconoció que Pocitín clasificaba entre los tres proyectos culturales más importantes de la capital, logrando cambios positivos en la mentalidad de los residentes.

Infelizmente la ineficiente burocracia comunista, imperante en la isla desde hace medio siglo, no permite atreverse a mayores y sostenidos esfuerzos en aras del mejoramiento humano. Y el proyecto Pocitín ha sido otra víctima de la demagogia de los hermanos Castro, y sus acólitos.

Al final, tanto la célebre fuente, el proyecto Pocitín, y el río Quibú, se han erigido en un vertedero de basura.

La Habana, viernes 27 de febrero del 2015

Entrevista al escritor Luis Iglesias Pérez

Miembro de la UNEAC. Nació el 31 de julio de 1952 en la barriada capitalina del Cerro. Desde muy temprana edad fue admirador de Juan Clemente Zenea y de la poesía española, pertenece al lote de buenas semillas que dio la literatura cubana en los años 80s, entre los que se encontraban Reina María Rodríguez, Atilio Caballeros, Víctor Fowler, y María Elena Cruz Valera.

¿Cómo incursionaste en la literatura cubana?

Me gradué en 1973 como Técnico de Psicometría en el Hospital Psiquiátrico de La Habana. A partir de ese momento empecé a combinar las escrituras con el trabajo que realizaba en el hospital Calixto García, después pasé al Miguel Enríquez hasta el año 87, cuando solicité la baja para dedicarme exclusivamente a escribir.

En los años 70 hubo una explosión de poetas cubanos. Fue una época donde a la juventud cubana le gustaba escribir poesía. ¿Cómo describes ese momento en tu vida?

En esa época, a pesar de no dominar el oficio, escribía versos, como por inspiración. Esta tarea la combinaba con el amor constante a lectura, convirtiéndome en un asiduo visitante de la Biblioteca Nacional donde pude leer gran parte de las antologías de poesía de autores internacionales.

¿Cuándo se dan a conocer tus primeros trabajos literarios de relieve?

A finales de la década del 80 empiezo a presentar varias de mis obras en concursos literarios. De esa manera me pongo en contacto con la brigada Hermanos Sainz que agrupaba a artistas y escritores. Allí conocí a Reina María Rodríguez, quien se encontraba al frente del gremio a nivel nacional. No solo me aceptaron, sino que tres años después, me propuso asumir la dirección del grupo en la capital, pero con la condición de pasar la Escuela Nacional de cuadros de la Unión de Jóvenes Comunista (UJC) Julio A Mella…

¿Qué objetivos perseguía la escuela J. A. Mella?

Siempre estaba lista para adoctrinar y "enseñar", a los escritores y artistas, y al personal vinculado a la cultura, atiborrando con clases de comunismo científico, Marxismo- leninismo y economía política al alumnado

¿Qué cambios produjo tú nueva responsabilidad?

De cierta manera cambió, ya que, aparejado al trabajo, debía organizar los expedientes de cada miembro, además de programar actividades en la Casa del Joven Creador que promocionaba jóvenes talentos de la cultura cubana. Todo esto a través de Cultura Provincial que autorizaba algunas publicaciones en pequeños folletos que se llamaban Extramuros, de aquí salieron mis primeras publicaciones y también los primeros cuadernos de poemas del actual novelista Atilio Caballero, del poeta y ensayista Víctor Fowler, y de la conocida poeta María Elena Cruz Valera.

¿Es cierto que al fundarse la Asociación Hermanos Sainz a usted lo excluyeron?

Si, y hasta los días de hoy es un misterio que no he sabido, tampoco he preguntado. Es lamentable que en todos los aniversarios de la Asociación Hermanos Sainz nunca se haga mención a aquellos escritores y artistas que iniciaron la institución desde la brigada.

¿Cuántos premios obtuviste?

En el año 83 gané el premio poesía de amor Varadero, compartido con un matancero. Posteriormente en años sucesivos obtuve varias menciones del premio David, convocado por la UNEAC.

¿Tú labor cómo escritor ha sido ininterrumpida?

En los tiempos de Periodo especial dejé de escribir. A veces retomaba la poesía escribiéndola a mano, aún conservo los manuscritos que permanecen inéditos. Fueron tiempos muy difíciles en los que estuve obligado para sobrevivir a sacar una licencia de cuentapropista de limpiabotas, con un sillón que fue propiedad de mi padre.

¿Cuándo te afiliaste a la UNEAC?

Después de publicar un cuaderno de poesía titulado "Tratado sobre la falsificación del oro" en la segunda convocatoria al Pinos Nuevos en el año 96, que convocó la editorial de Arte y Literatura, solicité mi inclusión al año siguiente, y fui aceptado como miembro de la UNEAC.

¿Puedes contar algo en especial sobre Heberto Padilla y Antón Arrufat?

Sobre Heberto Padilla, sólo nos vimos dos veces, pienso que sufrió una gran injusticia.

Mi amistad con Arrufat data del año 1973, y se mantiene hasta hoy. Nos conocimos en el aula de la Universidad, donde coincidimos. Él trabajaba en una biblioteca, castigado por el gobierno, a raíz de ganar el premio de teatro de la UNEAC con la obra "Los siete contra Tebas". Por suerte, luego de va- rios años de exclusión, poco a poco se editaron sus libros. Fue Premio Nacional de Literatura. Finalmente, se le dedicó la Feria del Libro del 2002. Allí Antón me invitó a un conversatorio sobre su obra, donde leí una reseña crítica a su novela La noche del aguafiestas.

¿Se interesó la UNEAC por ti cuándo padeciste un infarto del miocardio en el 2012?

Con respecto a mí, la UNEAC jamás se ha acercado para brindarme ningún apoyo. Ahora mismo es una realidad que no sabe si estoy vivo o muerto. Es más nunca se me ha invitado a participar en ninguna actividad.

¿Cuál es tu opinión acerca de los escritores críticos al gobierno?

Es plausible su valentía. Pero, sus obras no circulan dentro de la población, igual les pasa a los escritores oficialistas, solo conocidos en el microambiente intelectual cubano. Cuando se trata de libros promovidos bajo la anuencia del gobierno las ediciones son escasas, y los lanzamientos de los libros se hacen en lugares prácticamente sin promoción para que la gente ni se entere de que existen esos cuentos y esas novelas. Seguimos aferrados a los grandes nombres de la literatura universal. O sea, lo que el pueblo conoce: las novelas de Carpentier, de García Márquez, la poesía de Guillen, de Neruda, pasando a un segundo plano la narrativa cubana actual, que aparentemente se editan y se premian, pero sin la debida promoción.

¿Cómo pudiera resumir la vida de un escritor cubano?

Yo pienso y lo he visto, por los escritores que conozco, que aunque tengan nombre, están sobreviviendo, ya que no tienen una solvencia económica que facilite la total concentración en sus obras literarias, contantemente tienen que estar inventando algo para tener alguna entrada y poder sufragar los gastos.

¿Eres futurista?

Tengo grandes esperanzas en que Dios me dé más años de vida para poder ver con mis propios ojos el fin de la situación tan adversa por lo que atraviesa Cuba. Y confío en no irme de este mundo sin ver que ya el pueblo cubano ha dejado de sufrir. En cuanto a mi ventura personal, espero que mi última novela, Máquina de Soñar, que no pude presentar en el concurso Alejo Carpentier a causa del infarto, pueda ser publicada por cualquier editorial.

La Habana, martes 21 de mayo 2013

Cierre de círculos infantiles en el reparto Vedado

La alarmante depauperación constructiva que durante años se ha ido expandiendo por todo el país, especialmente en la capital habanera, sigue afectando el funcionamiento de la mayoría de las instituciones sociales aún disponibles para la sufrida población isleña. Lamentablemente ahora cayó en desgracia el círculo infantil "El Bambi", ubicado en la céntrica calle Paseo, esquina a 23, cerrado hace más de un mes por el peligro de que el techo les viniera encima a los infantes.

Margarita, una especialista en Contabilidad, que tenía a sus dos niños en este círculo, declaró: "Tremendo problema nos ha acarreado a todos los padres el cierre de este centro, pues los alumnos de tercero y quinto año los mandaron para el círculo de 17, entre 14 y 16, y los de primero y cuarto año, para el de Paseo y 31. Y como yo tengo dos niños de distintas edades, estos no están juntos, y debo volverme la maga Circe para dejarlos allí antes de dirigirme al trabajo, al cual casi siempre llego tarde".

Muy alejada de la realidad está aquella versión oficial, que definía a los Círculos infantiles creados en 1961, como una Institución educativa, destinada a facilitar la integración laboral de la mujer y a su vez contribuir a la formación de los niños y niñas desde las edades más tempranas.

Según refiere una fuente que trabaja en el Ministerio de Educación, y que prefirió no identificarse, en los últimos años, incontables centros de este tipo han tenido que cancelar sus actividades en toda la ciudad de La Habana, a causa del enorme deterioro producido por la falta de mantenimientos constructivos. Solo por citar un ejemplo, ahí está el caso del círculo infantil "Comunistas del Futuro", ubicado en la calle E y 19, en el Vedado, que se vio forzado a cerrar sus puertas por temor a un derrumbe fatal en un aula repleta de niños.

Luego de varios años en espera por una reparación que nunca se facturó, dicho inmueble fue entregado en usufructo a varias familias necesitadas de vivienda. Y ¡ojos que te vieron ir!, para esta institución social de tanta importancia para las madres trabajadoras. Al respecto, Carmela, una madre soltera que vive en esta zona y labora en otro municipio, dijo: "Imagínate, vistieron un santo para desvestir a otro. A falta de un círculo infantil ubicado en la cercanía, ahora tengo que levantarme a las 5 y media de la mañana para llevar a mi hijo de 3 años hasta el que hay en la calle 17, entre 14 y 16, y gracias, que pude conseguirlo".

Gustavo, un ingeniero en computación, y que tiene a su hijo en el círculo infantil de Paseo y 31, afirmó que la comida que les dan a los niños allí es pobre, que su hijo se enferma con frecuencia, y la ingenie del lugar deja mucho que desear. "Si tuviera dinero lo sacaría de ahí y lo llevaría a unos de esos centros particulares que hay en Nuevo Vedado para los hijos de la élite, y que por 80 dólares los llevan y los traen a sus casas, además de darte (si lo quieres) un video de los eventos más importante en los que participa el niño en el día".

Hasta inicio de la década del 80 esas instalaciones fueron dirigidas por el instituto de la infancia, después las asumió el Ministerio de Educación, quien creó un subsistema de educación preescolar que abarcó hasta los círculos infantiles.

Según datos oficiales en Cuba hasta el 2010: el 70 % de la población infantil preescolar participaba en el programa "Educa a tu hijo", y existían 1130 círculos infantiles, con una matrícula de 154 mil niños, cifras que para aquel entonces no satisfacían las demandas de la población, ni brindaban un servicio aceptable.

En la actualidad, con el agravamiento de la situación económica del país, la falta de educadoras y el deterioro de las edificaciones, estas instituciones han perdido definitivamente el crédito dentro de la población cubana.

La Habana jueves 2 de abril del 2015

Panadería de La Timba: "La que más se rompe"

Una gran irritación provoca entre la población residente en la zona de La Timba, del municipio Plaza, la reiterada falta de pan que presenta la única panadería que hay en el barrio. Según explican los consumidores, esta instalación, ubicada en la calle 37, entre 2 y Paseo, paraliza su producción por las constantes roturas de los hornos desde hace unos dos años.

Este reportero entrevistó a varios vecinos que compran en dicho establecimiento, y que no pueden darse el lujo de comprar de pronto una flauta de pan que cuesta diez pesos.

"Cuando sucede este percance, que los hornos entran en huelga, y dejan de funcionar, se trae el producto de otras panaderías para seguir ofertando el servicio del pan normado. Pero ya de por sí este alimento nuestro de cada día posee una pésima calidad, imagínate ahora cómo será el nuevo pancito cuando procede de otro centro de elaboración. Sólo viéndolo, se puede creer. El que nos traen es pequeñito, medio duro y viejo, que ni los perros quieren probarlo, después que lo huelen", dijo María Emilia, una señora de esta barriada, enfermera de profesión, que aunque se jubiló hace unos cuantos años, todavía ayuda a cualquier enfermo, tomándole la presión arterial, poniendo una inyección, o curando una herida si es necesario.

Sobre este recurrente problema de la parálisis de los hornos, Leonardo, nativo de la Timba, y más conocido por Boby el Bailarín, declaró: "Aparte, súmale las molestias de tener que estar al tanto de cuando traigan el pan, pues nadie te puede explicar nada de nada. Después, tú sabes, se arman las largas colas, al estilo de las que ridiculizó Pánfilo en el teatro, ese personaje del programa humorístico: Vivir del cuento. En Cuba se ha perdido el respeto por el tiempo de los demás, y a uno se le va el día para resolver cualquier cosa, por sencilla que sea. Está visto y comprobado que a nadie en este país le interesa trabajar bien y rápido. No hay quien arregle este sistema. Es como arar en el mar. Es una pústula, aparecida en el 59, cuya única solución será hacerle una cirugía. No, mejor un trasplante completo de piel."

"Claro que el servicio de esta panadería ha mejorado en algunos aspectos, alega un ancianita conocida por Toña, porque hace unos meses atrás no te daban ni vuelto al comprar. Esto de no dar vuelto es una enfermedad contagiosa, bastante común en los comercios estatales, y en los ómnibus urbanos. Pero bueno, no hay que desesperarse, porque el infarto está ya que hace olas, y el demonio anda suelto y sin vacunar. Por eso, a veces yo esperaba a que arribaran varias personas con menudo, y en otras ocasiones, las dependientas me daban a cambio un pan de más, o dos, según... la cuantía del dinero a devolver."

Los pobladores de la Timba se quejan de que las autoridades de este municipio han hecho poco por el bienestar de esta comunidad. Incluso, aquellas instituciones que en el pasado desempeñaron funciones sociales importantes, fueron cerradas. Con respecto a este punto nos comenta el viejo Esteban, quien trabajó como lector de tabaquería, y ahora es un eficaz recolector de materia prima: "En general, todo va a parar al balón inflable de las promesas, que nada cuestan, aunque una vez el globito terminó, si la memoria no me falla, en alguna pinturita exterior para enmascarar el aspecto cochambroso de las casas y edificios". Cuando le expliqué que en la antigua Unión Soviética, allá por el año 1963, hubo un racionamiento de la harina, y que a Jrushchov se le ocurrió inventar la receta del pan inflado con aire, para que pareciera tener el tamaño requerido, por lo que desde ese entonces se conoce como el Pan de Nikita, nuestro entrevistado me replicó impetuoso: "¡Brother, eso sí es una tremenda idea para ponerla en práctica en Cuba, porque también estas instalaciones funcionarían como poncheras para los autos y las motos! Escúcheme, pues le habla la voz de la experiencia, y yo le digo a usted que durante mucho tiempo la eficiencia productiva de esta panadería, alias *La que más se rompe*, ha sido y es mediocre, inestable e impredecible. Y son muchos los compatriotas que aún se recuerdan de las pocas veces que podían adquirir la cuota asignada de pan en las horas tempranas, es decir, antes de que sus hijos entraran a clases, y así poder prepararles una meriendita".

Finalmente, una profesora jubilada de la escuela primaria Gustavo Pozo, y que prefirió no se mencionara su nombre, sobre este tema nos comentó: "Mis abuelos y mis padres vivieron aquí mucho antes del arribo de los barbudos de Fidel, y no eran ricos, sino humildes trabajadores, pero no sufrieron una calamidad tan grande como la que soportamos ahora. ¿Di tú, si este socialismo es irrevocable entonces tenemos que seguir padeciendo el mal pan y el resto de las penurias?".

La Habana lunes 18 de mayo del 2015

Lo que el viento se llevó

(¿Dónde está aquella industria del calzado cubano?)

Hace unos meses un Pastor norteamericano que fue a predicar en una Iglesia Evangélica del Vedado, antes de referirse a las tribulaciones sufridas por la Iglesia primitiva de Macedonia, miles de años atrás, dijo jocosamente a los creyentes cubanos allí reunidos: "Estoy mirando desde aquí los pies de ustedes, y por eso sé que estoy en Cuba".

Tenía razón el predicador. El calzado (mayoritariamente de fabricación china) que se comercializa hoy en las tiendas recaudadoras de divisas es de pésima calidad, y con altísimos precios de venta. Son zapatos que después de usarlos un par de veces, se quiebran, se despellejan, y se despegan con facilidad.

Lo que desconocía este joven pastor es que antes de 1959 la isla de Cuba contaba con un vasto desarrollo tecnológico del calzado que traspasaba las fronteras nacionales. Las marcas Bulnes, Ingelmo, Valle, y Amadeo, de fácil adquisición para todos los cubanos, contaban con un conjunto de actividades de diseño, fabricación, distribución, comercialización, y un prestigio en muchas partes del mundo.

¿Adónde ha ido a parar entonces la industria cubana del calzado? Cubanet salió a investigar e hizo un recorrido por el municipio Cerro, donde estaban enclavadas estas reconocidas marcas.

Amadeo, en Mariano 460, entre Lombillo y La Rosa, actualmente está prácticamente destartalada y sólo produce botas. La Valle, que estaba ubicada en Santo Tomás 277, entre Arzobispo y Tulipán, es desde hace rato un almacén de polvo. La marca Bulnes, en la Calzada del Cerro, esquina a Patria, otrora fábrica de todo tipo de zapatos, construida por el español Benigno Herrero Bulnes, fue nacionalizada por los hermanos Castro, se mantuvo funcionando hasta los años 70, luego devino en ruinas por un largo período, hasta que el Estado construyó una Sala de Cine 3D, al lado de un anterior timbiriche de venta de alimentos y bebidas. Sobre "C. Ingelmo y Hermanos", fundada por Cristóbal Ingelmo García, natural de Salamanca, España, es importante subrayar que dicha firma familiar se catalogó en su época como la más importante entre las 185 fábricas de calzado de hombre. Ingelmo empezó con un tallercito, y a los pocos años (1924) construyó una imponente fábrica de varias plantas, situada en Pedroso y Nueva. Hace más de cuarenta años allí funciona la empresa de instrumentos musicales "Fernando Ortiz", específicamente productora de maracas y tambores.

Este reportero conversó con una fuente, que quiso permanecer en el anonimato, pero con un largo historial como directivo dentro de la industria del calzado hasta su jubilación. Él asegura que en 1990 Cuba producía alrededor de veintitrés millones de pares de zapatos de todo tipo, pero que a partir del Período Especial comenzaría el deterioro y la descapitalización de esta industria.

Para argumentar su explicación nos dice: "Durante esta etapa de rápida depauperación económica la fábrica Nguyen Van Troi, en Vía Blanca y Monumental, cuyo edificio, organización, e infraestructura fue proyectada e instalada por técnicos checos de la firma SVIT (Bata), fue totalmente desactivada, convertida en una pocilga de chatarra y ratones. Por otro lado, la Amador Blanco Peña, de Loma y Tulipán (creada a principios de la década del 70, a iniciativa de Fidel, con la maquinaria incautada a las fábricas de Ingelmo y de Valle), dejó definitivamente de funcionar en el 2014, siendo reacondicionada la inmensa nave por la Oficina Nacional de Diseño Industrial, que se estableció allí. También desaparecieron la fábrica de Managua, en la calle Independencia, entre Campamento y Arencibia, encargada de confeccionar botas militares atornilladas, tan pesadas y poco prácticas que los propios soldados les arrancaban las suelas, y en su lugar se puso un policlínico. Igual destino corrió la Empresa de Calzado Plástico, creada por Celia Sánchez en Ermita y San Pedro, donde desde 1990 están las oficinas del grupo empresarial Combell, que antes estuvo en la calle Empedrado, cuya misión principal es impulsar dinámicamente la producción socialista de un calzado, cómodo y bello, cosa que evidentemente jamás han logrado".

De lo poquito que queda de producción de calzado en el país se puede mencionar, entre otras, la Botana, al sur de Villa Clara, la Venus en Guanabacoa. Y entre los productores privados, destaca el Proyecto Guazú, en Santa Clara (Villa Clara), que produce un calzado hecho a mano, de vestir y de trabajo, guantes, petos y fajas.

Mientras algunas empresas internacionales hacen estudios independientes sobre la influencia del calzado en la imagen personal, donde advierten que el 85% de las mujeres admiten valorar a sus compañeros, jefes y clientes según la ropa y el calzado que llevan, se puede decir que, en la Cuba del siglo XXI, gracias a los artesanos fundamentalmente, y al viejo oficio de zapatero remendón, gran parte de ciudadanía resuelve el cómo calzarse los pies por más tiempo. En fin, sin el ingenio de estos cuentapropistas no se hubiera podido evitar que la población de Cuba caminara descalza por los campos y ciudades bajo este sol que raja las piedras.

Lunes 3 de agosto del 2015

Café de calidad, destituido de las costumbres del cubano

(Resulta increíble que siendo Cuba uno de los productores de café a nivel mundial, se les oferte a sus ciudadanos este café ligado con chícharo.)

Mientras los cubanos de a pie siguen dependiendo para su desayuno, de esa extraña libación mezclada con una excesiva cantidad de chícharos, el Estado cubano acaba de facturar una costosa inversión de equipos de tecnología de punta, para la Empresa procesadora de Café Asdrúbal López en la provincia de Guantánamo.

La información aparecida en un artículo publicado el 4 de agosto del 2015 en el periódico Granma con el título: "Instalada nueva tecnología en procesadora de Café", bajo la autoría de Jorge L. Merencio Marín, da cuenta de que los medios fueron adquiridos a la firma suiza Bhuler, y tienen como prioridad perfeccionar, aún más, los atributos, la calidad y la cantidad de los ocho tipos de café que exporta. La nueva planta se alista para comenzar en septiembre el procesamiento de los granos recogidos en las provincias cafetaleras de Guantánamo y Holguín.

En este artículo se explica que "la selectora óptico-electrónica, por ejemplo, es bicromática y emplea cámaras de alta resolución, lo cual facilitará la detección y expulsión de los granos con defectos, tales como granos negros, fermentados, brocados, manchados, entre otros". Muchos ciudadanos se han preguntado si no habrá mejoría con respecto al café mezclado, distribuido en un envase de 4 onzas una vez al mes por la libreta de racionamiento, al precio de 4 pesos, donde encontramos restos sólidos de cualquier cosa, y que desde hace tiempo y en cualquier rincón de la cocina cubana ha recibido una oleada de críticas y maldiciones.

Cubanet salió a buscar impresiones sobre este café adulterado, procesado y envasado en una planta ubicada en las Ocho Vías, en el municipio Guanabacoa, y que impúdicamente plasma en forma de anuncio en letras blancas, en la superficie de la envoltura de nylon: "mezclado con chícharo al 50 %".

El resultado de la encuesta fue que once, de los quince entrevistados al azar en la calle, declararon que esa mezcla tiene mal sabor, produce irritación en el estómago, y que es muy trabajoso colarlo debido a las tupiciones en las cafeteras, que en muchas ocasiones explotan produciendo roturas en las cocinas, manchas en los techos; sin contar que se han reportado personas con quemaduras y otras lesiones.

Mayra, ama de casa, residente en el Vedado, y criada en un campo cafetalero del Oriente cubano, comentó alarmada: "Nosotros siempre hemos presumido de consumir un buen café. Este que nos venden en la bodega, no se sabe ni qué cosa es. Yo, primeramente, lo paso por un colador, para extraerle los restos sólidos que contiene, lo mismo pueden ser chicharos, que frijoles, o semillas de aguacate. No sé hasta cuándo nos seguirán embutiendo con esta mezcolanza explosiva que cada vez viene peor".

Otro entrevistado, antiguo maestro tostador, residente en la calle 25 del Vedado, de 85 años de edad, quien prefirió no se mencionara su nombre, que trabajó durante muchos años en la desaparecida procesadora Pilón, ubicada en Diego Velázquez y Santa María en el municipio Plaza, muy cerca del Zoológico de 26, refiere que los granos del café han sido siempre uno de los principales productos de origen agrícola comercializados en los mercados internacionales y supone una gran contribución a los rubros de exportación en la isla. Pero también enfatiza que "en Cuba estaba el café bueno a disposición de todos, pero después de la nacionalización de esta industria, los cubanos han sido privados de consumir con abundancia y calidad esa deliciosa bebida que suele tomarse como desayuno, o en la sobremesa después de las comidas, y constituye una de las bebidas sin alcohol más socializadoras, no sólo en Cuba, sino en muchos países del mundo".

Tanto la Asdrúbal López (o Alto Serra por nombre comercial) en Guantánamo, como la UBC Torrefactora Café Selecto, situada en Almendares y Santa María, en la capital, dos de las más importantes procesadoras del café puro, de donde sale el Extraturquino Especial, el Turquino, el Serrano Superior, el Caracolillo, el Alto Serra, el Cubita, el Arriero y otras marcas, enfilan sus producciones a la exportación o comercialización en las tiendas recaudadoras de divisas CUC.

Esto se traduce en que el café de calidad ha sido expulsado de las costumbres del cubano, y de su paladar. Y solamente logrará probar algo mejor cuando alguien lo trae de los campos donde se cultiva, un riesgo que muchas personas no se disponen a correr por temor al decomiso y a las multas excesivas que se imponen en los controles policiales de las carreteras, o lo compre en las tiendas dolarizadas.

Resulta increíble que siendo Cuba uno de los productores de café a nivel mundial, se les oferte a sus ciudadanos este café ligado con chícharo. Mejor es que lo exhiban en una galería de arte surrealista.

La Habana, martes 11 de Agosto del 2015

Antes de la venida del Papa maquillan a la reina

El régimen totalitario de Cuba parece extraído de la famosa novela, escrita por George Orwell, donde los animales se rebelan en la granja y expulsan a los abusadores humanos para crear un sistema de gobierno igualitario, que a la postre se fue convirtiendo en otra tiranía trapacera, explotando, y engañando a sus congéneres, incluyendo a los visitantes.

Esta "Ranchería Revolucionaria", la que dirige este país, con motivo de la venida del Papa Francisco, ha desplegado un movimiento de brigadas constructivas que, de prisa y corriendo, están enmascarando con brochazos y parches de cemento, la imagen de fealdad y destrucción que muestran las edificaciones a ambos lados de dos importantes vías de esta ciudad: la calle 25 en el Vedado, y en mayor medida, la populosa Reina, en Centro Habana.

En dichas direcciones de la capital existen dos santuarios católicos, que están en la ruta del Papa, y son posiblemente los escogidos para que el Santo Padre los visite. En la calle 25, esquina a Paseo, aún se destaca la majestuosidad de la iglesia Santa Catalina de Siena, de estilo gótico, y que antes contaba con su propio convento, pero tras la llegada al poder del ateísmo fidelista se transformó en preuniversitario.

Desde mediados de julio del 2015, trabajadores de la empresa SECON se enfrascan en pintar las edificaciones cercanas al templo Santa Catalina de Siena, haciendo hincapié por la calle 25, y restaurando los tramos de las aceras que habían sucumbido. María Mercedes, una católica que coopera en el trabajo comunitario, bajo la anuencia del sacerdote, subrayó: *"Aunque la calidad de la pintura dada a los edificios aledaños no es la mejor, hay que decir que lo peor es no haber solucionado el deterioro de las viviendas. No obstante, doy gracias a Dios por el arreglo de las aceras en la entrada del templo, ya que son frecuentes los accidentes sufridos por las ancianitas".*

Mientras se acondiciona la Plaza de la Revolución para una Misa Multitudinaria, y se ultiman detalles en La Catedral de La Habana, también desde julio, la calle Reina y sus edificaciones en ruinas están siendo maquilladas con pintura, y han asfaltado la calzada. Allí se encuentra la iglesia del Sagrado Corazón de Jesús (erigida por los jesuitas), y considerada una joya arquitectónica, con una torre gótica que se empina a 77 metros, rematada por la cruz de bronce.

La calzada de Reina, que tomó ese calificativo en honor a la reina Isabel II (el nombre oficial es el que nadie le ha dicho nunca: Avenida Simón Bolívar), comienza en El Palacio de Aldama (1840), y termina en el semáforo de Belascoaín. Y se destaca por su antigüedad, por su contenido histórico, y por la confluencia de varios estilos arquitectónicos, producto de una expansión comercial, educativa y espiritual. Allí estaban enclavados innumerables negocios, una sociedad de chinos, dos cines: Cuba y Reina, los Almacenes Ultra S. A, la antigua sede del diario vespertino El País (propiedad de Hornedo), la librería Canelo (que vendía libros viejos y raros), la Cooperativa Médica de Dependientes, la casona donde murió en 1889 el erudito Bachiller y Morales (hoy destartalada), la emisora Mil Diez, y la ferretería Feíto y Cabezón S.A, donde el cubano José Feíto, era el propietario principal, en sociedad con su cuñado, Nicolás Cabezón.

En la actualidad sólo quedan las sombras de ese pasado. Más de medio siglo de abandono constructivo por parte del gobierno han convertido en harapos a la calle Reina. O mejor, para decirlo con las palabras de María Julia, vendedora de café desde la ventana de su hogar: *"¡Santo cielo, ha pasado de ser reina a mendiga!"*. Sobre este tema, nos comenta Javier, bailarín, y vecino del lugar, que *"gracias a la venida de este Papa argentino, están arreglando a la Reina, remendando las fachadas y pintarrajeando sus ojeras. Cuando comenzaron en julio a maquillar, yo pensé que lo harían tanto externamente, como por dentro, pero nadita de eso. Al pedirle a un trabajador que me coloreara la sala-comedor, me contestó: "Tenemos orientado pintar únicamente las fachadas, pero por 25 CUC, estamos jugando ya"*. También Adalberto, residente en Lealtad, nos comentó: *"Por aquí vinieron a pintar hace como once años, y al mes, el cuartico estaba igualito. La misma mugre de siempre"*.

Al indagar entre los moradores sobre el periódico El País, sólo obtuvimos por respuesta: *"Ahí ya no queda ni la mala idea. Eso que usted ve es el casco"*. Y al entrevistar a un ciudadano de a pie, en la esquina de Gervasio, junto al Asilo Gómez Gendra, nos dijo: *"Me dan ganas de llorar por el estado ruinoso del cine Cuba, y del bellísimo edificio de los Laboratorios Vieta-Placencia, que interiormente está inhabitable, y pertenece a la empresa Infomed. Además, hay un montón de casas en altos que perdieron los techos"*. Finalmente, una señora que ejerce como manicure, y que prefirió el anonimato, concluyó: *"Aunque me tilden de loca, yo digo lo que pienso. Este maquillaje sirve para ocultarle al Papa el desastre causado en Cuba por quien tú sabes, y aún más, para que no compruebe que el gobierno está pidiendo el agua por señas"*.

Lunes, 17 de agosto del 2015

Hemos cambiado la vaca por la chiva con los refrigeradores chinos

Entre las últimas acciones emprendidas por Fidel Castro antes de abandonar por enfermedad el poder en el año 2006 están el cambio de los tradicionales bombillos por otros ahorradores, así como la repartición a los núcleos familiares de las ollas de presión, y por último, la sustitución de los antiguos refrigeradores que tenían los cubanos por los de fabricación china, marca Haier, con el objetivo de disminuir el consumo de electricidad en el país.

Transcurridos ya nueve años a partir de la intensa campaña para sustituir el viejo refrigerador norteamericano por el Haier chino, la mayoría de los cubanos no ha podido saldar aquella deuda bancaria adquirida con el estado que ascendía a los seis mil pesos, y lo consideran una estafa. Al respecto, comenta Catalina, una anciana de 91 años, viuda y residente en el Vedado: "Recuerdo aquellas caras jóvenes de los trabajadores sociales, que vinieron a cambiar los bombillos, y posteriormente nuestros refrigeradores. Jamás imaginé que tendría tanta preocupación por la deficiente iluminación de la casa con la instalación de los nuevos bombillos ahorradores que se funden rápidamente, y la constante revisión del depósito de agua en estos equipos. Tampoco enfrían como el que yo tenía, un Westinghouse adquirido en 1954 al precio de 217 pesos, y por la compra recibí gratis una caja de arroz El Gallo, y otra de malta, y jamás tuve que repararlo".

Tras fallecer su esposo en 1996, quien era abogado, Catalina heredó su chequera de 225 pesos. A esta anciana desde el 2005 le descuentan mensualmente 59 pesos y aún debe veintitrés plazos para saldar su deuda, unos mil trecientos cincuenta y siete pesos por lo que confesó que posiblemente no le alcance lo que le queda por vivir para pagarlo totalmente.

Otro caso es el de Jorge Ignacio, de 64 años, vecino de La Timba, a quien por poco le da un segundo infarto cuando su Haier chino, apodado por el pueblo como La lloviznita, dejó de arrancar tras padecer uno de los tantos apagones que acontecen en esa zona del municipio Plaza. "Mi padre compró al contado en el año 1957 un refrigerador *yuma*, que estuvo trabajando veinte años seguidos sin problemas. Se le cambió la máquina por una alemana, de la antigua R.D.A, que funcionó bien otros quince años. Después le instalaron otra de uso, y al poco tiempo tuve que comprarla carísima en la tienda en divisas, con un dinerito que le enviaron del Norte a mi esposa. Nunca hubo que reparar la chapa externa, y con volverlo a pintar ya resolvía. Decimos cambiarlo por el chino que continuamos pagándolo por descuento salarial, y hace poco se tupió, y no enfriaba abajo. Después se quedó sin gas. Un mecánico particular hizo el trabajo. Pero a los pocos días el motor no arrancaba, tras ocurrir un apagón. Por suerte, era el termostato. Porque si es el compresor no hay alambre para enrollarlo en los predios capitalinos; sin embargo, los particulares del campo dicen que sí tienen recursos para arreglarlo. Aquí en La Habana, el estado no posee los motores para sustituirlo, y dice el cartel de la Reparadora de Equipos, sita en 22 y Zapata, en el Vedado, que cuando lo hay cuesta 840 pesos un motocompresor Haier 183. Y donde un condensador importará 407 pesos. En el caso del Haier 08, poner una puerta de conservación vale 212 pesos, la mitad del salario promedio de un trabajador en Cuba".

De igual manera se expresó Gerardo, residente en la calle 18, entre Línea y Calzada, en el Vedado, a quien hace 6 meses se le rompió el tristemente célebre *Lloviznita*. "Imagínate, tengo dos niños pequeños, y el hogar sin refrigerador es una de las peores desgracias para las familias pobres. Inmediatamente lo reporté al único taller que hay en el municipio Plaza. Y cuando vino el técnico estatal dictaminó que la máquina se quemó. Me dijo que debía ser paciente, como los asiáticos, porque había una inmensa cola de espera por esta causa. En estos momentos no se puede hacer otra cosa. Y yo le respondí que al final, hemos cambiado la vaca por la chiva con los refrigeradores chinos".

Cubanet también entrevistó a un hombre sentado en una esquina de la calle 1ra y Paseo, en el Vedado, con un cartel que decía: Compro un frío. "Adquiero estos equipos para cortarlos al medio y convertirlos en neveras para después venderlas en el campo", apuntó.

Varias preguntas se hacen actualmente los cubanos de a pie: ¿Por qué no hay motocompresores para los refrigeradores chinos? ¿Acaso no están garantizadas todas las piezas de repuesto? ¿Qué pasará en el futuro cuando se incremente el número de roturas? ¿A quién se le vendieron las toneladas de chatarra en que se convirtieron los viejos equipos que el gobierno recibió gratis?

Ya se ha puesto de moda en las calles habaneras este pregón: *¡Compro refrigeradores rotos, o funcionando! Cualquier marca. No te molestes más... ¡Dale, que me voy!*

11 de noviembre del 2015

¿Quién salvará las playas del oeste en el litoral capitalino?

Miramar era una de las principales zonas residenciales de la capital de Cuba donde se crearon balnearios antes del año 1959 que funcionaban como clubes de yates y centros sociales para la recreación de las familias acaudaladas y de la clase media. Todos estos centros recreativos fueron nacionalizados, y muchos se convirtieron en los llamados Círculos Sociales Obreros, emplazados en la franja costera del oeste, desde el Torreón de La Chorrera, llegando hasta Jaimanitas, en el municipio Playa. Pero el gobierno revolucionario, tras cumplirse más de media centuria en el poder, jamás se ha preocupado por implementar un mantenimiento sistemático, y mucho menos de ocuparse en serio por la reconstrucción de dichas instalaciones, que a estas alturas ya muestran distintos niveles de depauperación constructiva. Ahí están para demostrarlo, por sólo mencionar algunos casos: el "Feliz Elmuza" (Club Náutico), el "José Ramón Rodríguez" (Casino Español de La Habana), el "Julio Antonio Mella" (Havana Yatch Club), y el Braulio Coroneaux (La Concha).

El Club Náutico se inauguró en 1936, por su propietario Carlos Fernández. Se pagaba una cuota modesta y llegó a poseer más de cinco mil abonados. Ahora su acceso es sólo para aquellos trabajadores vinculados al transporte, la informática, las comunicaciones y la aeronáutica civil. Tuvo en el pasado, además del disfrute de una corta playa, una concurrida pista de baile, apreciada por la juventud, con su área para la orquesta. En estos momentos el pobre servicio que brinda está limitado a las canchas y al consumo gastronómico ligero.

Al lado del Náutico, también por la calle 152, se encuentra el círculo social "José Ramón Rodríguez" (antes fue el Casino Español de La Habana), y que hoy atiende exclusivamente a los trabajadores de la administración pública, por lo que no se permite la entrada al resto de los ciudadanos. Allí, hace unos pocos días, una funcionaria le prohibió a este periodista que tomara una foto exterior del mismo. Una fuente anónima, que labora en las cercanías, asegura que la infraestructura trasera de este club se desplomó hace tiempo, a causa de un incendio, y a nadie le interesa repararla.

A continuación, se alza el Havana Yatch Club (edificado en estilo ecléctico hacia 1886). Es una instalación de recreo con dos muelles de concreto para los yates, convertida en el Círculo Social Obrero "Julio Antonio Mella". Según refiere Luz María, una anciana que fue socia del mismo: "Hace poco me llevaron al club, y se me aguaron los ojos al ver tanto desastre". En la actualidad, comenta un trabajador del Club que prefirió el anonimato: "Toda la edificación está clausurada por peligro de derrumbe. Ya no funcionan la discoteca, ni el Salón de los Espejos, ni la cafetería original. Los fondeaderos están al hundirse. Y los bancos y muros que limitan la playa, así como el quiosco de alimentos, los construimos con nuestros propios recursos". Al presente, sentenció, este círculo, aunque lo administra el Poder Popular, es patrocinado por el Ministerio de la Construcción, que es como decir en Cuba, el Gabinete de la Nulidad.

Sobre el balneario La Concha, incluyendo el parque de diversiones Coney Island, tenían como dueños a tres abogados. Cubanet entrevistó a un salvavidas de La Concha, con más de 30 años de experiencia: "Aquí ya no funciona nada, y como ves, esto son ruinas que duermen en medio de la soledad, el sol y la arena. Para mí, ésta fue la playa más linda de todas. Te contaré lo que me dijo un viejo que trabajó desde su juventud en este centro. Aquí había un bar donde se tomaban los mejores mojitos, más el casino de juegos, el restorán, la enfermería, el espacio de las taquillas donde guardar la ropa bajo llave, las canchas de tenis y hand ball, los terreros para el volibol. La entrada valía un peso, y nunca se discriminó a las personas por el color de la piel, cosa que no ocurría con los demás balnearios. Fíjate, desde esta zona playera podemos observar el desastre costero del otrora aristocrático Havana Yatch Club (donde se rumora que rechazaron el ingreso al magnate Hornedo y al dictador Batista), y en mayor medida se evidencia la destrucción total que muestran las instalaciones del José Ramón Rodríguez. Es como si el dios Neptuno las hubiera agredido con su tridente, y de paso, nos destrozó la plataforma de salto donde se elevaba la gigantesca Botella de Terry Malla Dorada, que yace ahora en el lecho marino".

Alega Julio César, un economista que viene los fines de semana a bucear en la playita de La Concha: "Hace falta que alguien haga alguna cosa por salvar los Círculos Sociales Obreros". Y añade su esposa Casandra, que es arquitecta: "Claro, porque no todos están a punto de abatirse. Como tampoco se puede obviar el exclusivismo que ha generado el propio sistema totalitario, como por ejemplo, la Casa Central de las FAR, pues los militares se apropiaron del Miramar Yatch Club, bautizándolo primero con el nombre de Patricio Lumumba. Y además, el Havana Biltmore Yatch and Country Club, construido en 1928, que poseía caballerizas, campos de golf e idóneas dársenas para yates de gran calado, está hoy destinado al turismo y a la élite dirigente".

Para resumir, utilizo las palabras de un cuentapropista que ejerce en las cercanías de la Rotonda de 120 y Quinta Avenida: "Vivimos en un país donde la prensa oficial cumple la tarea que le han ordenado, la de mantener al pueblo con un vendaje en los ojos, atrapado por la desinformación".

Jueves 8 de octubre del 2015

¡Oh, Quibú, no hay otro río más hedioso que tú!

Muy lejos quedó el manantial de aguas medicinales en sus orillas, hoy, el contaminado río, con sus basureros y sus pestes, es una vergüenza, otra más

¡Oh, río Quibú! El Amazonas es más caudaloso, el Nilo es más largo, pero ¡oh, Quibú!, ninguno es más apestoso que tú". Rimaba el humorista Héctor Zumbado, ante el río de Marianao que alguna vez tuvo aguas cristalinas.

Muy lejos quedó la fama del manantial de aguas medicinales en sus orillas. En el siglo XIX, las visitadas fuentes eran propiedad de doña Beatriz Navarrete. En la lápida que antaño se colocó allí leemos:

Reinando la Majestad Don Fernando VII (QDG) / El excelentísimo Sr Don Dionisio Vives / El Sr Don José Ma. Calvo, Alcalde de primera elección de La Habana / Con el auxilio del Real Consulado / Y de los vecinos, se construyó esta fuente, el 22 de Julio de 1831 / Don Ignacio Tovar dirigió la obra.

Cubanet visitó Los Pocitos, curioso de la legendaria fuente y los vecinos que la rodean. Nos cuenta María Josefa, una ancianita, originaria del lugar, que las aguas del manantial eran llevadas a lomos de mula y en carretones de caballos a las casas de los pobladores. "Ahora como ya lo ves, la fuente y el río están contaminados. No existe la menor voluntad por rescatar la histórica tradición. Y nosotros vivimos dentro la miseria, ya sin las aguas del milagroso manantial, como si navegáramos entre los excrementos, que corren por el río Quibú".

La que alguna vez fue fuente de aguas medicinales (foto León Padrón)

Y concluyó diciendo la viejecita: "Mira, mi hijito, si el mártir José Testa Zaragoza, asaltante del cuartel Carlos Manuel de Céspedes, en Bayamo, y natural de aquí, de Los Pocitos, volviera a nacer, estoy segura de que se enfrentaría sin pensarlo dos veces a esta desgracia de gobierno".

Con el paso del tiempo, esta comunidad que en la República se caracterizó por las excelentes condiciones ambientales, se ha degradado hasta el extremo. Sus casitas de llega y pon sirven para resumir las condiciones de vida de todo un asentamiento poblacional que se extiende por gran parte de la ribera del río Quibú. Son familias que han venido de los campos, y descendientes de esclavos africanos que hubo en esta zona.

Esta barriada —como casi todo Marianao— muestra un cúmulo impresionante de problemas sociales que van desde el deterioro del fondo constructivo, el hacinamiento habitacional, la degradación de las redes hidrosanitarias, las peores escuelas del municipio, la contaminación del río Quibú, hasta todas las formas de violencia. Los Pocitos es hoy una zona marginal, de alta peligrosidad, dentro de la capital cubana.

Entre los años 2006 y 2011 la barriada pareció mejorar por el proyecto Pocitín, una propuesta sociocultural que promovía la educación y el desarrollo del arte, a fin de desmarcar a este territorio de las constantes peleas callejeras y las actividades delictivas.

Cubanet conversó con uno de los gestores del proyecto, que desapareció hace ya cuatro años. Su nombre es Adrián Sosa Blanco, nacido en este barrio, conocedor de la historia de Los

Pocitos, quien además había dirigido la Casa del Joven Creador, conocida por La Madriguera. Su liderazgo le permitió convertirse en uno de los artífices del programa. "Me esforcé en estimular la iniciativa creadora y el apoyo de sus residentes. Habilitamos una nave, en las calles 136 entre 83 y 85, donde se comenzaron a brindar talleres sobre cultura de paz, drogadicción y alcoholismo, atención a la niñez, entre otros problemas que afectaban el barrio. Nos visitaron artistas de prestigio nacional. El proyecto logró cambiar la imagen negativa de Los Pocitos".

En el 2010 la prensa local reconoció que Pocitín clasificaba entre los tres proyectos culturales más importantes de la capital, logrando cambios positivos en la mentalidad de los residentes.

Infelizmente, la burocracia acabó con el proyecto Pocitín.

Muy lejos quedó el manantial de aguas medicinales en las orillas del Quibú, hoy, el contaminado río, con sus basureros y sus pestes, es una vergüenza, otra más

Martes 3 de Marzo, 2015

ACERCA DEL AUTOR

LEÓN PADRÓN AZCUY (Natural de San Juan y Martínez, Pinar del Río, 1958). Se graduó en 1980 de Técnico Medio en Productos Cárnicos. Mas tarde cursó estudios universitarios hasta el tercer año de la carrera de Ingeniería Química de los Alimentos. Se incorporó a la oposición democrática en 1995. Fundó en julio del 2002 el Movimiento Liberal Cubano, y en mayo del 2007 crea el Partido Liberal Nacional Cubano. Fue el presidente de ambas organizaciones. En el año 2011 comenzó a trabajar como periodista independiente. Ha publicado sus artículos en diferentes páginas digitales, tales como: Cubanet, Primavera Digital, Cubaencuentro, Miscelaneas de Cuba, APLP y otras. Además, es el autor del Blog leonlibredecuba, insertado en el portal de Voces Cubanas.